Thorstein Bunde

Veblen

有闲阶级论

THE THEORY OF THE LEISURE CLASS

索尔斯坦·邦德·凡勃伦 著
李风华 译

中国人民大学出版社
·北京·

译者序言

一

索尔斯坦·邦德·凡勃伦（Thorstein Bunde Veblen，1857—1929）是一位美国经济学家和社会学家，以作为资本主义的批判者而知名——这一派的资本主义批判者并不认同马克思主义。凡勃伦出生于威斯康星州的一个挪威移民家族，在 12 个孩子中排行第 4。他 5 岁上学，17 岁进入离家较近的卡尔顿学院。大学期间，他师从约翰·贝茨·克拉克（John Bates Clark），后者是古典经济学的一位名家。1880 年大学毕业后进入约翰·霍普金斯大学攻读哲学，随后转学到耶鲁大学研究经济学，并于 1884 年获得博士学位。待在家里七年之后，1891 年，他在康奈尔大学获得一个经济学教职，开始在《政治经济学杂志》和《美国社会学杂志》发表文章，并于 1899 年出版了其最负盛名的作品《有闲阶级论》。

《有闲阶级论》的基本内容是从社会演进的角度探讨有闲阶级及其相关社会心理现象，大抵上包含了有闲阶级的起源、有闲阶级的生活方式、消费标准、精神特征以及相关文化现象等几个方面的内容。

有闲阶级当然是社会中的上层阶级，凡氏所以如此命名，其义指该阶级的本质性特征为脱离了劳役（而不仅仅是生产），故而有闲。这里的核心概念就在于劳役（industry），上层阶级所从事的活动通常都是非劳役性的，比如政治、战争、宗教信仰、学术研究、运动竞赛等。而下层阶级则从事各种劳役性职务，包括耕种、家务、服侍工作等。区分这两者的关键并非生产与否，而是前者所蕴含的掠夺性成分以及由此生发出来的功勋和荣誉，相反，劳役性职务虽然为社会生产了众多必需品，但因为缺乏掠夺性而为人所鄙视。

有闲阶级的这种特征起源于野蛮时期。凡勃伦将原始的社会发展阶段区分为蒙昧时期和野蛮时期，认为前者是非常平和的社会，而取而代之的后者属于掠夺性文化。在野蛮时期的初始，由于男女两性的差异，男性热衷于进攻掠夺，战争与狩猎成为男性的专有职务，而妇女只能从事辛苦而低贱的种植、烹饪等活动。当掠夺性行为成为族群的惯常行为时，一种至关重要的制度出现了，那就是私有制，有闲阶级也同时应运而生。

有关私有制，凡氏有一个很有意思的观点，即认为私有制与人类生存的目的毫无关系。对政治哲学感兴趣的读者不妨想一想洛克是怎么论证私有财产的起源的。人们所以要财产，其真正的动机是攀比。正如野蛮人对外掠夺或打猎可以赢得荣誉，当族群中的个人利益与集体利益发生了分歧，个人会认为战利品属于自己也是一种荣誉。这样，个体之间的歧视性对比就构成了私有制的心理基础。在这种金钱攀比的过程中，没有人能够保证自己的财富永远保持优势，因此，无论生产力发展到多高的水平，人们也不会停下追逐财富的脚步。

有闲阶级证明其自身的方式有两种：炫耀性休闲和炫耀性消费。休闲即免于劳役，它是拥有财富和社会地位的明证。上层阶级的有闲并非无所事事，他们也有其专门的活动，比如文学、艺术。此外，上层阶级还确立了尊卑有序的礼仪，用以区分不同等级的身份地位。不仅如此，上层阶级还拥有妻子和仆从，其中妻子和走得最近的仆从也可以免于劳役。这里就产生了代理休闲的概念，他们之所以有闲是为了主人更好地休闲。在消费方面，劳动阶级只能消费必需品，而有闲阶级的消费本质上是一种浪费，即从事奢侈的、不必要的消费。当然，上层阶级也会宴请宾客或让自己的妻子和仆从消费一些贵重物品，这里他们所履行的职责就是代理消费，证明其主人的有闲阶级身份。

炫耀性休闲和炫耀性消费在上层阶级的生活方式中的地位根据时代不同有所变化，在野蛮文化时期，上层阶级主要靠炫耀性休闲来证明自己，而在现代社会中，炫耀性消费的比重越来越大。之所以出现这样的情况，是因为人类本性中所存在的一种工作本能。人类本质上厌恶那些没有用处的活动与事物。因此，虽然上层阶级本质上厌恶劳役，但也不得不非常忙碌或者装作忙碌的样子，从事体育、文学、艺术以及公益活动等。相较之下，炫耀性消费反而更能够证明有闲阶级的上层身份。

具体在消费问题上，阶级的影响极其深远。一般而言，每个阶级都试图追求高一层级的消费水平，在这种全社会的攀比环境下，社会地位最高、财富最多的人就直接或间接地决定了全社会的消费观念和习惯。而这其中最重要的就是礼仪性消费。礼仪之所以能够持续存在，其本质原因就在于它方便人们进行金钱方面的歧视性对比。——停一下，大家回想一下我们身边的人情费用，会不会很有同感？凡勃伦的所见所闻是一个多世纪之前的美国社会，但用到我们所在的当代社会，一样若合符节。

人们之间的攀比就是金钱攀比，具体来说，就是比浪费程度的高低。当然，这种浪费一定是能够让人看得见的，即所谓炫耀性浪费。说到这里，我突然想到知乎上的一个题目："为什么吃饭吃得干净会被人嘲笑？"这是一个有学术含量的问题，凡勃伦，你怎么看？总之，浪费，尤其是在他人面前浪费，乃此世之消费准则。不是谁都有钱，普通民众为了在人前有面子，就不得不减少一些他人看不到的支出，还有就是节育。在这些方面，由于学者们的社会地位相对较高，但收入又难以匹配，因此这种打肿脸充胖子的情形最突出。

人们之所以乐于浪费，不能简单地用其效用或预算约束来解释——这种新古典的套路正是凡勃伦所要反对的。它当然正确，但正确得毫无意义。在凡氏看来，炫耀性浪费的动机是荣誉，这是野蛮时期的掠夺性文化传承至今的特质。由于这种偏爱浪费的动机，人们往往在宗教或仪式上极尽奢华。而在日用品的消费上面，则更偏爱高价商品。比如手工银制汤勺要比机制铝勺贵上百倍，而功能并无两样，人们却坚持认为前者更为美观。现在说到审美了。凡勃伦认为，人们的审美观念本质上受到金钱荣誉准则的支配。比如，人们普遍认为猪、羊、家禽不美观，而驯化了的猫、狗、鸽子等是美观的。其实，根本原因就是后者花的钱多，而且还没有什么实用性。这样，有闲阶级正可以借助它们来实现内心深处的歧视性对比。当然，对于这里所说的猫和狗，最美的当然都是一些名贵的宠物，一般人家是养不起的。同理，机器制品其实比手工制品往往更为实用，但有闲阶级都非常鄙夷这类人人只要花点小钱就可以用上的东西。它们都尽可能用手工制品，嘴上的理由是美观，而深层的动机很简单：你们用不起啊！

凡勃伦还专门为服装的消费心理和动机写了一章。服装穿在身上，每个人都看得到。因此，购衣的主要动机是为了体面，至于御寒保暖倒在其次。好的衣服不但要贵，而且要令着装者不方便干活儿，要让人一看而知，此人绝非体力劳动者。在这方面，女性服饰的设计尤其典型。高跟鞋、长裙，所有这些都在向人展示自己的浪费和有闲。有时甚至以损害身体健康为代价，这其中最有名的就是欧美的紧身胸衣和中国的三寸金莲。面子最重要，生命算什么！不过，时装会流行，下层阶级会模仿上层阶级。而上层阶级当然不会傻乎乎地在原地等待。等你们赶上来，挖空心思的设计师又整出新的式样供上层阶级来进行炫耀性浪费。就这样，由上层阶级带动的全社会盲从的时尚之旅永无终止之日。

说完了消费，本书接下来探讨有闲阶级的精神世界。有闲阶级的精神世界有如下几个重要的特征：第一，保守。有闲阶级生而保守，它们总是本能地倾向于抵制改革。之所以如此，是因为环境总是在变，穷人较容易屈从于环境的压力。而有闲阶级的过度奢华使它们不思改革。此外，凡氏还提到一个现象，即最穷的民众也是保守的，因为贫穷已经使他们丧失了幻想美好未来的能力。说到这里，我觉得有必要对政治学界的一个神话讲两句。这个神话认为，中产阶级是政治稳定的中坚力量。依凡勃伦的看法，上层有闲阶级才是真正保守的力量，但是由于该阶级处于一种被模仿和学习的地位，因此，其保守性往往被下面的其他阶级所效仿，并发挥出远远大于其阶级人数的力量。两者孰是孰非？窃以为凡氏的看法能够解释中产阶级神话或相关问题，逻辑上更具有理论性。而中产阶级神话本身尚是有待证实或解释的对象，显然不足以构成本源性的基础定律。第二，掠夺性。有闲阶级起源于野蛮时期的掠夺性文化，今天之所以仍然能够保持这一气质，是因为上层阶级准入和退出的优胜劣汰过程。凡是比较平和友善的，早已被淘汰。第三，尚武精神。现代社会中大部分人已经丧失了尚武精神，但上层阶级保存较多，原因就是掠夺性文化的遗存。尚武精神最突出的表现就是体育竞赛。体育竞赛的精神就是凶暴与狡诈，它们本质上不利于集体经济利益，但因为契合金钱文化的本质，故流行为风尚。请允许我这里离题讲几句中国体育的举国体制。过去几十年来，中国体育的举国体制曾经受到过一定的批判，其理由不外乎是体育竞赛是国家的面子工程，中国应当向西方学习体育的社会化和职业化，云云。但是有些体育的阶级分析论者指出，在社会化和职业化主导的西方体育界，阶级的影响极其深刻。许多成本很高的体育为上层白人所垄断，而有色人种只能通过足球、篮球、拳击等训练成本低但上升通道狭窄（所谓“一将功成万骨枯”也）的体育方式实现个人社会地位的上升。第四，信赖运气。对运气的迷信起源于万物有灵论，认为事物有自身的意志，并主导其发展。万物有灵论后来发展为一种拟人论（anthropomorphism），即认为神与人同形同性的说法。这样，面对因果关系难以解释的时候，人们就托之于神。迷信运气最突出的表现就是热衷赌博。读到这里，让人精神一振的是，凡勃伦认为 18 世纪以来的自然法理论不过是一种淡化的拟人论而已。凡勃伦提及这一观点时，真是非常非常轻描淡写。可在我看来，即使不是原子弹，至少也算得上是精确制导的常规炮弹了。现在中文政治哲学领域实在太多自然法的拥趸了，真希望这枚炮弹能够炸出一片干净地来。

最后，凡勃伦还单独分析了与有闲阶级密切关联的几种文化现象。第一，宗教。宗教崇奉的心理动机和体育竞赛类似，都相信事物中的超自然力量。现代工业社会本质上不利于宗教的生存，因此人们对于宗教的热忱大大消退。但有一些人例外，一个是上层有闲阶级，另一个是下层阶级的游手好闲之徒，因为这两个群体并未直接处于工业制度之中。此外，中产阶级的妇女和儿童也比较信教，这本质上是一种代理休闲行为。美国南部还存在着一些上层有闲阶级，故那里的宗教气氛也比较浓厚。第二，妇女运动。有闲阶级的动机是歧视性的，但是现代社会也有非歧视性的动机与现象。其中比较突出的就是“新妇女运动”，该运动的口号是“解放”与“工作”。很多人对此不理解，其实这是妇女致力于摆脱代理休闲和代理消费的角色的期望。第三，高级学识。在现代教育制度中仍然有相当程度的复古成分，保留宗教因素，盛行体育运动，而最突出的一点就是古典人文科学备受推崇。一些高校保留古典学的一个很重要的原因就是不实用，而且要耗费大量时间来学习。因此，它的价值就在于让有闲阶级向世人昭示，自己不用从事生产劳役，故而具备了荣誉性质。

二

本书的书名是《有闲阶级论》，是关于制度的经济研究。因此，凡勃伦也被视为制度经济学的创始人。制度经济学在20世纪前半叶曾经影响广泛，自后来新古典经济学有了保罗·萨缪尔森、肯尼思·阿罗等一大批名家崛起后，很快凋落。虽然新近有了一个新制度经济学，但其实两者并无实质的传承关系。唯有一些理论与论述的片段被后人所借用或追问，比如所谓消费的凡勃伦效应、节制生育的动机、经济现象的演进等等相关但表述迥然有异的问题。

钟政在蔡受百译本的前言中对凡勃伦进行了深刻的阶级分析和思想倾向上的批判——凡氏如何违背了马克思主义，如何成了资本主义的辩护士。结论是，凡勃伦的理论只是众多“寻找为资产阶级制度辩护的新方法和新形式”中的一种。这看得我好心疼！放在美国的主流学术传统——不管是经济学的新古典，还是政治学的自由主义——中，凡勃伦都是一个很大的异类。已经沦落到这个地步，咱们就没有必要去再踩两脚了。马克思主义是文化思想学术知识中最重要的传统之一，在美国也是如此。而凡勃伦已经故去，无论你愿不愿意，都不会再有一个凡勃伦学派存在和发展。所以，我们大可不必像

20 世纪 60 年代的前辈学者那样，生怕读者们一不小心就上了作者的当，从此抛弃自家的思想。

因此，怎么样也得找出凡勃伦一些有用的东西，让读者觉得，这本书很有价值。价值在哪呢？咱们从马克思主义的角度来看吧。《有闲阶级论》这座房子，不管凡氏本人当年花了多大的心血，现在住人也是不可能的了。毕竟缺乏现代住房的一些基本条件。不过，如果我们细心点，我觉得，一些砖瓦梁木、画栋雕饰，有什么用得上的，咱们就尽管搬。房子没了，建筑材料也别轻易扔，咱们要节约不是。

为这，我还特地花了一些时间去找文章。在中国知网用“凡勃伦”和“马克思”同时以篇名检索，只有几篇文章从制度的角度进行思想比较。制度分析真有那么重要吗？在本书中，尽管凡勃伦也研究制度，但毕竟“有闲阶级”才是正题。重要的话说三遍：其实凡勃伦更在意的是阶级分析和批判！其实凡勃伦更在意的是阶级分析和批判！！其实凡勃伦更在意的是阶级分析和批判！！！在这一点上，他与马克思的立场是比较接近的。——这是他的一个传记作者道格拉斯·多德说的。就连一个叫博尔赫斯的文人都能够看出来，其《私人藏书》中说凡勃伦“不折不扣地信奉社会主义理论”。凡勃伦肯定不是马克思主义者，但也肯定算不上马克思主义的真正敌人。他的许多观点暗合马克思主义，这说明他还是比较有良知的。言归正传，我以为，至少以下几个方面是值得马克思主义的阶级分析尝试吸取和借用的。

第一，从消费行为的角度来分析阶级的行为，可以看作对经典的阶级分析的一个补充。经典的阶级分析是极其有力的，其直接深入生产领域，观察所有制、生产控制①以及相应的分配领域，可以说抓住了经济社会生活最核心的内容。但是，经典分析并未穷尽阶级分析的所有可能性，在消费领域，

① 我使用“生产控制”一词而不是通常教科书上的“人们在生产中的地位和相互关系”一语，因为它更为简洁。关于这个概念的重要性，有兴趣者可以参看拙文《论秦汉至明清中国社会为小生产社会——兼论封建社会论的内在逻辑矛盾》(《史学月刊》，2013 年第 8 期）对这个概念的辨析。

凡勃伦的分析有不少见地，只要我们不被其框架所囿，那么吸收和借鉴该方法对于发展马克思主义的阶级分析还是有一定价值的。

以魏晋玄学为例。两汉朝廷尊儒，儒学渐次成为中下阶层实现纵向社会流动的重要手段。比如王充，虽然满腹诗书，仕途落寞，但从一介孤儿成为州县官员，也还算得上一种成功的人生。倘或放在魏晋时期，让他与世家大族的子弟竞争，结果不可能更好。世家子弟不用干活儿上班，家里养得起，正可以炫耀性休闲。相聚时大家喝酒吃肉，你来我往不亦乐乎。醉醺醺的一句话，往往故意反逻辑，听者似懂非懂，自然要相互吹捧。更妙的是，世家子弟日常起居中的种种妙语，往往有人记录传播，可以早早就进入品评者的眼中。因此，玄学构成世家大族阶级上升的壁垒手段。至于那些出身卑微的人，充其一生进入下品就已经足够了。所有种种，极其贴切本书有关炫耀性休闲和高级学识的论述。

第二，本书强调了中下阶层的攀比性以及由此对上层阶级的依附，这可以拿来补充经典的阶级分析。经典阶级理论的着眼点是革命斗争，因此对于这种社会流行的攀比依附风气并未着墨过多。这当然不是因为经典马克思主义作家不了解这些，而是因为这些依附行为并不构成社会结构变动的力量，它无法解释整个社会的变迁。因此，这些依附行为无法在经典理论中占据重要地位。无论如何，对于一个承平时期的阶级行为而言，个体之间的金钱攀比以及由此导致的阶级依附现象，仍然有值得研究的价值。

坦率地说，我们正处于这样一个阶级分化的时代。网络经济的出现，虽然在初始造就了一批新贵乃至首富，但实际上，网络经济更有助于价值规律的两极分化。因为网络可以将许多原本是地方性的市场和产品转化为全国性的市场和产品，比如餐饮、零售、电影消费、外卖、出租车等。在这个过程中，资本借助于网络建立全国性乃至全球性的经济势力。与这一经济过程相适应的消费现象是，粉丝对于明星偶像的狂热跟从。“国民老公”“国民岳父”等语词背后散发着浓厚的羡富情绪，其实质就是凡勃伦所指出的金钱攀比和消费上的崇富现象。在某种意义上，凡氏此论可以作为马克思意识形态理论的一些注脚。上层阶级通过攀比来贯彻自身的生活方式，包括金钱观念、消费标准等。这样，上下层阶级就逐渐形成了没有多大差别的气质。马克思认为，“统治阶级的思想在每一时代都是占统治地位的思想。”①广义来看，此处的思想当然可以包括凡氏所强调的消费心理和行为。

最后但却非常重要的是，凡勃伦对于有闲阶级的掠夺性的分析与批判极其有力，对流行的崇富观念来讲堪称一剂绝妙的解毒药，也是可供基于马克思主义阶级分析的伦理学分析的好事例。马克思主义伦理学素来认为，从来就不存在所谓的普世价值，因为道德观念有其内在的阶级性。当然，正如前引马克思的话，统治阶级的道德观往往就是占统治地位的道德观。我以为，凡勃伦的批判与马克思主义的立场有较多的契合。

在中国的传统道德评价中，有关富人的道德形象从来都是二元的，既有“为富不仁”的说法，同时也有“富而好礼”“仓廪实而知礼节”的说法。这两种对立的观念体现了社会中不同人群的看法。在今天的中国，哪一种评价占主导地位呢？不妨综合知乎上“什么是富人思维?”“什么是穷人思维?”“富人的思考方式是什么?”等几个热门话题中的高票答案予以分析。通常来说，大家认为富人的特质有：“敢于承担一定的风险”“对生活充满了好奇和思考”“找到自己的关注点并且集中精力，而不是三心二意”“坚持不放弃”“慈善”“善于克制情绪”“善解人意，熟练地换位思考”“常常让别人欠他们人情”“充满冒险精神”“超强行动能力”“胆大心细，极端克制和冷静”“有钱人的思维是整合资源而不是拥有现成的资源”“富人把钱当工具”“富人看得长远，不做一锤子买卖”“富人更理性”“富人敢舍弃”“富人更有大局观”“极强的执行力”“诚信/信义”“自信，甚至偏执”等等。至于穷人，填上相应的反义词即可。这个世界的贫富差距正在扩大，而主导的观念是贫富差距的合理化。

在这种主流观念中，富基本上成为了善的代名词，而穷则综合了一切的负面性质。让我们读一读《基督教的本质》：“宗教是人跟自己的分裂；它放一个上帝在自己的对面，当作自己相对立的存在者。上帝并不就是人所是的，

① 马克思，恩格斯. 马克思恩格斯文集：第1卷. 北京：人民出版社，2009：550.

人也并不就是上帝所是的。上帝是无限的存在者，而人是有限的存在者；上帝是完善的，而人是非完善的；上帝是永恒的，而人是暂时的；上帝是全能的，而人是无能的；上帝是神圣的，而人是罪恶的。上帝与人是两个极端，上帝是完全的积极者，是一切实在性之总和，而人是完全的消极者，是一切虚无性之总和。”①现在，我们只需分别用“富人”和“穷人”取代原文中的“上帝”和“人”。在尼采之后，原来的上帝已经死掉，在世界性的货币拜物教中，富人成为这个时代的上帝。

还能说什么好呢？好在有马克思，有凡勃伦。在一般意义上，富与善本来不相关。穷人和富人都有可能作恶或行善。但是在一个金钱攀比的社会里，富人如果想保持地位或者穷人如果想摆脱其原有的命运，就必然保持其掠夺心（或者说得好听点：进取心）。当然，这并不是说成功的富人都违法犯罪。恰恰相反，多数富人的所作所为都符合这个时代的法律和道德。正如艾伦·伍德和胡萨米就马克思主义如何看待剥削问题的争论一样，富人的剥削和掠夺都符合其时代的正义观，但这绝不意味着，马克思主义满足于现存的主流道德观。②《共产党宣言》对于资产阶级的历史作用给予了高度评价，但并不妨碍马克思同时对资产阶级的虚伪道德和社会观念予以最深刻的批判。《有闲阶级论》虽然不能做到《共产党宣言》那般的历史穿透力和批判视角的内在张力，但是也在提醒我们，在一个更为宏远的历史视角中，有闲阶级道德观的有限性和虚伪性。

一个重要的作者的价值当然不止如此。即使在阶级分析方面，我也没有那个能耐挑出所有的有价值之处，更何况在女权主义、社会心理、行为经济学、演进理论等还大有其他余地可以开采冶炼的视角——当然，还有制度经

---

① 费尔巴哈. 基督教的本质. 荣震华，译. 北京：商务印书馆，1984：67.

② 两者的讨论文章见 Allen W. Wood，“The Marxian Critique of Justice”，*Philosophy and Public Affairs*，Vol. 1，No. 3（Spring，1972）；Ziyad I. Husami，“Marx on Distributive Justice”，*Philosophy and Public Affairs*，Vol. 8，No. 1（Autumn，1978）；Allen W. Wood，“Marx on Right and Justice：A Reply to Husami”，*Philosophy and Public Affairs*，Vol. 8，No. 3（Spring，1979）。我曾有文章介绍这一争论［李风华，胡玉梅. 资本主义与正义——评马克思研究中的伍胡之争. 湖南师范大学社会科学学报，2009（5）］。

济学。所以，我亲爱的读者，你大可以根据自己的需求来决定带走哪些有用的材料。

三

窃以为，学术翻译，首要在于术语准确，只有这样，才有助于把握原作者的本意，而有心的读者还能够借此探究原著虽未明确揭示，但实则蕴含的与其他经典理论的潜在对话。严复曾云："一名之立，旬月踟蹰。"名之为义大矣哉！我从事翻译工作已有 10 多年，自己也经常在阅读译本时遇到译名不一的困惑，深知立名之不易。所幸的是，汉语学术的概念系统基本确立，译事传统亦有百余年之久，我辈后来者所受沾溉既多，只需多花些时间去搜剔比较，往往能找到较为准确并在现有学术界所通行的译名。

《有闲阶级论》最早有蔡受百先生的译本，近几年来，许多出版社纷纷又推出新的译本。笔者所搜集到的，有近 10 本之多，于此可见《有闲阶级论》在当代读者心目中的重要地位。总的来说，这些译本基本上都是遵从蔡受百先生的译本，然后或多或少有所增减。我的翻译自然也不能例外。只是翻译时间在后面，所见版本既多，从而有了可以择善而从的优势，因此也多少有了一些改进的地方。这里略举几例重要术语的译法的取舍，以冀读者稍稍理解作者之用意与译者之苦心。

有几处重要译名从现有不同的译法中选择。比如：

1. conspicuous leisure 和 conspicuous consumption 这两个概念堪称本书的核心概念，大意指上层阶级通过让人看得到的休闲和消费来证明自身的社会地位。蔡译分别作"明显休闲"和"明显消费"，其他译本有作"一目了然的休闲"和"一目了然的消费"。应当说，这两种译法比较准确地把握了 conspicuous 的字面意义，但所使用字词的学术性不强，很容易被读者忽略，视为一种普通的修饰词。因此，我从李华夏译本和程猛编译本，译为"炫耀性休闲"和"炫耀性消费"。另外，pecuniary emulation 多数译者作"金钱竞争"，唯李华夏译本作"财力的攀比"、程猛编译本作"金钱的竞赛"。考虑到竞争所对译的英文词为 competition，是指经济生活中往往导致成败输赢的比拼，而 emulation 一词本身并无输赢之义，而更倾向于模仿、攀比、竞赛等义。因此，本书也从李华夏译本，将 pecuniary emulation 译作“金钱攀比”，emulation 则视情况译作“攀比”或“竞赛”。①此外，还有一些枝节性的概念和术语，也尽可能取众家之长。

2. industry，industrial，non-industrial 和 industrial exemption。自蔡译后，译者通常将它们分别译为生产、生产性的、非生产性的和工业脱离。窃意汉语的“生产”或“工业”与本书有关前现代社会的 industry（尤其以第一章、第七章为著）原意有间。证诸原文，大抵指上层阶级不愿意从事比较辛苦的劳役，非但脱离生产，而且以有闲为其显著特征。因为有些非生产性的工作，比如酒店服务，也非常辛苦。由于 industry 在当代几乎成为一个普通名词，看上去并不起眼，但若混同当代通译做法，很大程度上将忽略凡氏的独特用意。事实上，从一个更广的学术史角度来看，这个概念的侧重点涉及本质上不同的理论体系。我们拿凡勃伦与斯密比较：斯密着眼于生产与非生产之分，旨在揭示国富国穷之故；而凡氏则着眼于劳役与有闲之别，探讨上层阶级维系壁垒之因。凡勃伦取劳苦义而非生产的最重要例证是第一章，其中原始社会男子的打猎具有生产性，但被后人误认为是原始劳役。显然，凡氏认为后人的理解有误，因为对于打猎的男子来说，获得猎物是一种荣耀，证明自己的掠夺功劳。因此，猎人的高级地位并非来自打猎的生产性，而是它的非劳役性。同一句中 productive 与 industry 同出，而蕴义皎然有别，于此可见凡氏本义。故我取 industry 此语中的“working hard”义，而将上引词语分别译为“劳役”“劳役性的”“非劳役性的”和“摆脱劳役”，只有在涉及现代社会时，才译为“产业”“工业”。我曾见不少读者评论某个译本让人难懂，其中还特别提到“工业脱离”，亦可见不分上下文语境，将 industry 一律对译“产业”或“工业”的做法有失妥当。

---

① 有必要指出的是，凡勃伦有时也使用 competition 一词，两者似乎不存在本质性的概念区别。比如第九章他就同时用过 regime of competition 和 regime of emulation。

顺便讲一句题外话。凡勃伦使用 industry 将前文明时代的“劳役”与现代社会的“工业”联结起来，其中颇蕴深意。我们这个时代的常识是，现代工业本质上是科技革命的结果。而在凡氏眼中，两者都是有闲阶级所排斥的对象，因为干活儿辛苦，而且没有什么荣耀。由于这种阶级意识作祟，故有闲阶级往往不愿从事实业（即使涉及产业，那也是与所有权有关，而非技术或劳役），而沉湎于炫耀性休闲或消费。凡氏所以能够打通现代工业与史前苦役之处，大抵在于有闲阶级的心理取向以及由此生发的社会攀比环境和人性特征。此论颇有创见，其理论之利弊都很突出，需要读者取舍。

3. barbarian 和 savage。这两个概念是指文明时代之前的两个年代，在凡氏理论中分别涉及妇女地位、消费方式、攀比倾向等许多重要的概念与判断。蔡译一般情况下，分别译为“未开化的”和“野蛮时期的”，后来诸译本从之。barbarian 与 savage 之分源自摩尔根，凡勃伦应当读过摩尔根的著作，非常熟悉原始社会的文献，因此两者的区分非常清晰，不可混同。蔡译较早，虽然偶尔混译，但大体上还是比较清晰的。其他译本混同的地方稍多。证诸恩格斯《家庭、私有制和国家的起源》的中文译法，通常将 barbarian 译为野蛮时期，而将 savage 译为蒙昧时期。基于中央编译局译本的权威性和学术地位，本书悉数改从经典通译。有心的读者，自可以借此比较凡勃伦与恩格斯在概念使用上的细微差异，以及社会达尔文主义的演化观与马克思主义的社会发展观的异同。

4. selection 和 adaption。这也是本书的一个关键概念，它指的是社会生活竞争过程中的优胜劣汰，适者生存。从字面意义上讲，应当译为选择与适应。蒙昧时期，人们诚实守信、爱好和平、心地善良；但过渡到野蛮时期，由于普遍的掠夺性文化，只有那些凶狠残暴、自私自利、党同伐异、虚伪狭隘、毫无忌惮地使用武力和欺诈手段的人才能够活下来。而这些人在现代的工业环境中，往往成为了工业巨头等有闲阶级。相反，现代工业社会中的工人或下层阶级则继承了蒙昧时期传承下来的工作本能，因此更多保存了蒙昧时期人们的善良本性。作为一名社会达尔文主义者，凡氏在解释各种特质时，都经常用到这个概念，并且经常简化到只使用 selection 一词来表达此义。如果按照当代一般的语义用“选择”来对译的话，表面上更为简洁。但可以肯定的是，许多语句对于当代中文读者将变得非常费解。因此，我斟酌再三，决定根据具体语境使用“优胜劣汰”或大体相同的词来对译。

翻译工作非常繁重琐碎，而对于译者的学力和文笔要求却颇高。我曾翻译过一些学术著作，虽然成书颇为欣慰，间或赢得一二赞誉，而所憾所缺依然不少。本书我虽然尽力而为，但距离自己的目标仍然有距离。这里，固然有原书晦涩的缘故，也有自己学力不逮的原因——这并不是客气话。本书的翻译，我曾得到我的几位研究生在版本搜寻、对比以及部分段落的初译等工作上的协助，他们是赵会龙、梁家琪、鲍欢、冯娜、万康、丁新宇，在此表示感谢。中国人民大学出版社的刘美昱女士为本书的出版作了大量工作，使本书改进不小，在此致谢。当然，文中所有的错误与疏漏，我是没有理由去推卸责任的。我还要特别感谢高晓斐老师，多亏他的信任和鼓励，我才敢接手本书的翻译任务，并冠上一篇语气颇不正经的译者序言。

作者序

本书旨在讨论现代生活中已成为一个重要经济力量的有闲阶级的地位和价值，但是要把讨论范围严格限制在本标题内是不现实的。因此我们还将关注制度的起源和演进以及通常不列入经济学范畴内的一些社会生活特征。

在某些场合，我们依据经济学理论或人种学通则进行讨论，这在某种程度上可能会让读者感到陌生。绪言将充分阐释这些理论前提的性质，希望由此能够避免理解上的含混不清。相关的理论观点，曾在《美国社会学杂志》第四卷发表的《工作本能与劳动厌恶》（The Instinct of Workmanship and the Irksomeness of Labour）、《所有权的诸种起源》（The Beginnings of Ownership）与《野蛮时代的妇女地位》（The Barbarian Status of Women）一系列论文里作了更为详细的论述。但我们的论证并没有仅仅停留在这类比较新颖的理论上，那样的话会让这些理论丧失其作为经济理论中一个细目的可能价值。我们这样做，就避免了这些新颖的理论由于缺乏权威资料或数据的充分支持而不易让读者更充分地理解。

为了写作方便，同时也为了减少大家误解各种熟悉现象的意义的可能性，本书用以说明或加强论证的一些资料都来源于日常生活的直接观察或借助人尽皆知的事物，而不求之于更深层次中尤为深奥的基础理论。这里所引证的大都是一些平淡无奇、家喻户晓的事例，或者一些和人类生活密切相关却被经济讨论所忽略的现象。希望我们这种信手拈来的率性做法，没有触犯到任何一个讲究文学品味或科学精确的读者的感情。

本书有些理论前提或确切证据源自基础理论，部分学理或推论引自人种学，对于博学的读者而言，这些理论前提都是比较熟悉且易于查考的，寻根溯源应该是很容易做到的。因此，本书没有依据惯例列出所引来源和权威著作的出处。同样，本书所采用的很少部分引文，主要是为了举例说明，我没有加注，因为读者一见了然，随手可得。

目　录

第一章 绪 言

有闲阶级（leisure class）制度在野蛮文化（barbarian culture）的较高阶段获得了最充分的发展，比如封建时代的欧洲和日本。在这类社会里，各阶级之间的划分十分严格。这种阶级差异中最具经济意义的特征，就是不同的阶级均维持其专门职业的区隔。按照习俗，上层阶级可以摆脱劳役，独立于劳役性的工作之外，且注定要从事各种具有荣誉性的职业。在任何封建社会中，最高的荣誉性职业就是从事战斗；而布道服务通常次于战斗任务。要是某个野蛮社会不以好战著称，则祭司职位的荣誉程度就可能跃居首位，而军人的职位则退居其次。但无论是军人还是祭司，这些上层阶级都毫无例外地免于生产劳役，且这项通则是它们优势地位的经济表现。印度的婆罗门正是这些阶级免于生产劳役的最好例证。在那些处于野蛮文化的较高阶段的社会里，我们将那些都通称为有闲阶级的群体细分成几个次层级，同时这些次层级间都有不同的职位划分。整个有闲阶级包含贵族与祭司层级，再加上它们的大部分随从。因此，有闲阶级的职务相应地呈现多样性，但都具有非劳役性（non-industrial）的经济特征。大体而言，这些非劳役性上层阶级所承担的职责可以归为以下几项——政治、战争、宗教信仰及运动竞技。

在较早但不是最早的野蛮时期，有闲阶级的区隔倒不是那么清晰。不论是阶级之间还是有闲阶级职务之间的区分，都没有那么严密和复杂。波利尼西亚岛民（Polynesian islanders）的生活，就能充分体现这一发展阶段的特性；只有一点例外，由于当地缺乏凶禽猛兽，所以狩猎行为在他们的生活等级体系中并未享有光荣的地位。还有一个很好的事例是中世纪萨迦时期（the time of thc Sagas）的冰岛部落。这里各个阶级之间和专属于每个阶级的职务之间都有着极其严格的区分。体力劳动、生产活动以及所有需要每日劳作才得以维持生计的工作，都是下层阶级的专属职务。这类下层阶级包括奴隶、从仆，一般还包括所有的妇女。如果贵族阶层中有若干等级，则高阶贵族的妇女通常可以免于生产劳役，或至少免于从事各种各样较为卑贱的体力劳动。上层阶级中男性对一切劳役性职务不仅不参加，而且按照传统习惯是不容许参加的。他们所能从事的工作极其有限，不外乎前面提到过的那几种，即政治、战争、宗教信仰和运动竞技方面的活动。这四个方面的活动主宰着上层阶级的生活方式。而对于最高层——国王或酋长——而言，这些活动是社群的通则和传统习俗所允许的仅有的工作。实际上，在等级体系已确立得十分清晰的社会中，甚至连运动竞技是否由最高阶的成员来担任都有待商榷。对于有闲阶级中较低的几个等级来说，也可从事某些别的职务，但必须是从属于上述有闲阶级典型职务的其中一项。例如，像武器、军备及战船的制造和保养，马匹、鹰犬的打扮和驯养，祭祀圣器的备办等类似工作。下层阶级不能从事这种次级的荣誉性工作，除非这类工作带有明显的劳役特征，而且和典型的有闲阶级职务没有多大关系。

如果我们从这种典型的野蛮文化阶段回溯到野蛮时期的低级阶段，那就不能再找到体系完备的有闲阶级形式。然而，野蛮时期的较低阶段却展现了由有闲阶级体制所产生的习俗、动机及环境，以及有闲阶级早期成长的步骤。世界各地的游牧狩猎部落，就可以说明这一分化过程中比较原始的阶段。北美的任何一个狩猎部落都是适用的事例。在这类部落中，几乎没有明确的有闲阶级。职能的划分和在这个基础之上形成的阶级区分是存在的，然而上层阶级所免除的劳役远不足以达到适用“有闲阶级”称谓的程度。处于这一经济水平的部落，在经济上的划分已到了男女的职位具有明显差别的程度，而这种差别具有歧视性。依照习俗，在几乎所有的部落中，妇女都要从事某些工作，而这些工作再往前发展就成为劳役性职务。男性不参加这些卑贱的劳役，他们生来就是要从事打仗、狩猎、运动竞技和宗教信仰方面的职务的。在这一方面，通常存在着极其严格的区分。

在野蛮时期的较高阶段，劳动阶级与有闲阶级的区别是十分明确的，同时这一区别正与上述职务上的划分毫无二致。随着职业逐渐多样化和专业化，由此形成的分界性就促使劳役性工作从非劳役性工作中分离出来。在早期野蛮时期，男性所从事的行业和往后发展的劳役性工作毫无关系。这些行业在之后的发展中只剩下诸如战争、政治活动、运动竞技、学术研究及宗教崇奉等不列入劳役性工作的工作。其中仅有一些显著例外，即捕鱼行业中的部分劳动和诸如武器、玩具和运动用品的制造这些难以归类为劳役性工作的轻便劳动。从本质上来说，整个劳役性工作的范围，皆是源自原始野蛮社会中划分给妇女的工作。

在野蛮时期的较低阶段，男子的工作对维持团体生活的重要性丝毫不亚于妇女所担任的工作。男子较之妇女所作的同样多的贡献，有时体现在其为这个族群提供食物以及其他必要消费品的供应上。的确，男子工作的这种“生产性”（productive）特征如此显著，以致传统的经济论述把猎人的劳动作为原始劳役（primitive industry）的典型模式。但野蛮族群对此说法并不苟同。它们认为自己并非劳动者，并且不能和妇女划分为同一层次，也不能将其劳动成果和妇女从事的烦琐杂役相比较，跟妇女的工作混淆不清。男性与妇女的工作之间存在着根深蒂固的不相称性，在所有的野蛮族群里皆是如此。男子的工作可能有利于族群的延续，但人们觉得，由于男子工作手段的优秀和有效，绝不能和妇女平凡的辛勤劳动相提并论。

如果在文化标尺上再退后一步，即处于蒙昧（savage）时代，各个族群中的工作区分仍然非常含糊，同时阶级和工作的歧视性差异也更加缺少一贯性和严格性。关于这种蒙昧文化，要在其中找到合适的例证是相当困难的。一些被归类为“蒙昧”的族群或社群，大部分都是从较为先进的文化阶段中倒退而来。但仍有一些族群很明显不是由于退化所致——依然烙有某些原始蒙昧的印记。它们的文化与野蛮社会的不同之处在于缺少有闲阶级，且大都缺少有闲阶级所赖以产生的敌视态度或敌对精神。这些不存在经济阶级的原始蒙昧族群，在整个人类群体中只占一个极小的部分。而经历过这种文化阶段的代表性例子有安达曼（Andamans）部落或尼尔基里山脉（Nilgiri Hills）的托达斯（Todas）部族。这些族群最早与欧洲人接触时就不存在有闲阶级，从这一点上看，它们的生活方式几乎可以说是独具一格的。或者还可以援引虾夷岛的虾夷族（Ainu of Yezo），及布希曼族（Bushman）和爱斯基摩族群（Eskimo）等实例。但以此作为例证是否合适，还需求证。关于某些普韦布洛（Pueblo）部族是否归类为蒙昧部落则更加难以确定。上述所列举的族群，大部分似可以归为从较高的野蛮文化退化的例子，它们的现有文化水平并不在原有文化水平之上。如果是这样的话，这里援引的这些例证可能就需要做一些修正。即使如此，将其看作好像是真正的“原始”族群作为例证说明时的论证效果依然是一样的。

这些缺乏界限分明的有闲阶级的社群，还有几项社会结构和生活方式上的相似特征。它们都是小型团体且其结构简单而古老；它们大都和平相处、安土重迁；它们都十分贫穷；并且私有财产制在它们的经济体系里不发挥主宰作用。但这并不是说它们是现存部落中规模最小的社群，也不是说它们的社会结构在各个方面都是分化程度最低的；更不必然包括一切不具有明确私有财产制体系的原始社会。应当注意的是，这类原始人类群体似乎最爱好和平或天性崇尚和平。的确，这类社群的成员面对武力威胁或欺诈的场合时，所表现的显著特质依旧是十分温顺，软弱无能。

根据较低层次发展阶段的那些部落的一些风俗习惯和文化特质，有闲阶级制度是从原始的蒙昧时代过渡到野蛮时代后逐渐涌现的；或者更确切地说，是从一种和平相处的生活习惯到坚决好战的生活习惯的转变中逐渐演变形成的。有闲阶级能以固定形式出现的必要条件是：（一）该族群必须具有以掠夺为目的的生活习惯（从事战争，或者大规模的狩猎活动，或者两者兼具），也就是说，在这种情况下，那些构成初始有闲阶级的男性，必须对那些经武力斗争及权谋倾轧的伤害已经习以为常；（二）维持生计的必需品必须是十分充足的、能轻易获取的，从而对于该社会中的绝大多数人来说，能使其免于从事日常劳务。有闲阶级制度是早期人们对各类职务施加歧视的自然结果，根据这种歧视性区别，人们认为有些职位是有价值的，其余的则不然。根据这种古老的歧视性区分，凡是有价值的职位是指那些可以归类为功勋（exploit）的工作；毫无价值的则是那些必要的日常劳动，不含任何功勋的成分。

由于这种歧视性区分在一个现代工业社会里几乎没有什么显著的意义，因此经济学者也很少关注这个方面。若基于现代常识性的经济学说，歧视性区分似乎流于形式且缺乏实质意义。然而，这种区分却形成了一种普遍的、根深蒂固的观念，甚至在现代生活中也十分常见，例如，我们习惯性地厌恶仆役职务。这是对个人的尊卑性质的一种歧视。在文化发展的早期阶段，功勋这一成分在日常生活结构中愈显重要的关键因素在于——个人的武力对事件的演变是否具有立即而明显的影响力。很多利益较大程度上都集中于这一点。因此，基于此种背景所作出的歧视，今日似乎就不及当时更具强制力及明确性。于是，作为演进过程中的一个事实来看，它有着实质上的区别，并具有确切不移的、令人信服的根据。

对于一些事务的习惯性看法取决于某种利益取向，当利益取向有所变动时，则经常据此来判断事务的依据也随之发生变化。如果事务的特征受到当时的主流利益群体的关注，那么这些事务的特征就显得鲜明而真实。假若有谁对现存的事务常依据另一观点来理解，并基于不同的目的来评价，那么对他来说，任何现有的歧视性区分理由都毫无意义。任何情况下都需要把行动的各种目的和方向加以区分和分类，因为这是贯彻一种有用的理论或建构一种生活方式不可或缺的习惯。基于规范性的特殊观点或特殊内涵，对生活上的事务予以分类，取决于区分该事务时所追求的利益。因此，随着文化的发展而逐渐变化的不仅包括歧视性区分的依据，还包括对事物进行分类的程序准则。由于认识到处理事务的目的已经改变，所以观点也应随之改变。由此可见，在某一文化阶段，某种类别的行动或某种社会阶级被认为具有显著性及决定性的特征，在随后的任何文化阶段却不再保有在分类上同等的重要价值。

但是，这类标准和观点的变化只能是渐进的，并且某一观点一旦被接受，很少会被颠覆或完全废止。劳役性和非劳役性职务之间的区分仍遵照传统习惯，而这种现代的区分是野蛮时代区分功勋和杂役的变形。像在这些方面的职务，如战争、政治、宗教信仰和文娱活动，在众人的理解中，其本质不同于辛勤提供物质生活手段的劳务。今天在这一方面的确切分界线虽和早期野蛮时期的等级有所区别，但这种广泛性的区分却依然存在。

实际上，如今众所周知的常识性区分，是无论什么努力，只要其最终的目标是利用非人体（non-human）的事物，就会被看作是劳役性的。人们对他人的强制利用是不算作劳役性活动的；但是所有为增进人类生活而进行的对非人体环境的有效利用的各项努力，都被归类为劳役性活动。参照那些充分保持和沿用古典传统的经济学者的言论，人类“征服自然的力量”（power over nature）是工业生产力的特征。这种征服自然的生产力量，可看作是包含人类制服兽类和驾驭一切自然力的力量，由此可见，人类与下等动物之间就产生了一条界线。

但在不同时期，当人们抱有不同的见解时，这条界线跟我们今天所划分的并不一致。在蒙昧时代或野蛮时代的生活方式下，这条分界线是在不同的场合、运用另外一种方式划分的。在所有处于野蛮文化的社群里，有两类综合现象，其间弥漫着一种敏锐的对比意识：一类是野蛮人自身，另一类是他们的粮食。与现代的流行看法有所不同的是，它们对于经济现象与非经济现象之间存有对立感。这种对比意识不存在于人类与下等动物之间，而存在于“有生气的”（animate）事物与“无生气的”（inert）事物之间。

我们宁可格外小心地解释一下，此处以“有生气的”来表达的野蛮人类观念，不同于“有生命的”（living）所表达的含义。“有生气的”一词并不包含所有有生命的事物，但却涵盖许多别的事物。像暴风雨、瘟疫、瀑布这些令人惊吓的自然现象都被看作是“有生气的”；而水果及药草，甚至一些如苍蝇、蛆虫、旅鼠、绵羊等不甚珍贵的动物，除非以集体形态出现，否则通常都不会被认为是“有生气的”。这里使用这个词时，其间不一定含有事物本身具有的灵魂或精神。在笃信万物有灵论的蒙昧人或野蛮人的理解中，有些事物具有一种实在的或假想的行动能力，故而令人畏惧；上述概念所指的就是这类事物。这个分类项下包含各种范围广泛的自然客体和现象。对于不求甚解的人们来说，这种对无生气和有生气的分野仍然存在于其思维习惯中，并对人类生活和自然演变进程的基础理论产生极其深远的影响。但这种分野对我们日常生活的渗透并不那么有效，或没有像其在文化和信仰的早期阶段所造成的实际后果那样影响深远。

在野蛮人看来，精细地加工和利用无生气的自然所提供的事物，虽然是一种活动，但和处理“有生气的”事物及力量的那种活动相比，有着很大差别。其间的分界线或许有些含糊不清及变化不定，但这种广义的区别，确切并真实地影响了野蛮人的生活方式。即野蛮人会对列入有生气之类的事物进行带有某种目的的活动。由于这种带有目的性的活动的开展，便赋予了某些客体或现象一种“有生气的”面貌。每当天真质朴的野蛮人碰到意料之外的活动时，只能以其现有的说法来解释——而这种说法是直接从其自身动作的感觉中获取的。因此，活动本身和人类的动作就趋于一致了，并且在这个限度内，活动的客体就成为了人类的代理人。应以不同于应付无生气的事物的态度和技巧来迎战具有此类特性的现象。能够合理地处理好类似现象，应是一项颇具功勋的工作，而不是生产性的工作。这里所要求的是勇武而非勤奋。

根据这种天真地将事物区分为无生气的和有生气的指引，原始社会群体的活动倾向于划分为两种类型，用现代的措辞，可称之为功勋和劳役。劳役是制作者的巧手用被动（“无意识”）的材料创造出一件新事物并赋予其新用途的努力；而功勋，就其成果对活动者有效用这一点而言，是将其他主体以前为了其他目的所耗费的精力，转化成是为了其本人的目的的努力。根据野蛮人对“无意识之物”（brute matter）这个词汇所赋予的深层意义，我们将继续对其进行讨论。

所谓功勋和杂役之间的差别和男女两性之间的差别是相同的。两性之间不但在身材、体力上存在差异，或许在气质上的不同更具决定性，而正由于这个因素，才促成早期相对应的劳动分工。由于男性较为果敢、强壮，较能胜任突发及剧烈的劳动，还有较长于自决、自主、积极争取及进取（或攻击），因此关于功勋范围内的大部分活动都归于男性。在原始族群的成员中，两性之间在体格与生理上的特征以及气质上的差异可能是很细微的。拿我们所熟知的更为古老的社群，如安达曼部落来说，两性在这方面的差异可以说是微不足道。但一旦从体格和敌视态度上的这类差异出发向前演进，形成了职能上的分化时，两性间原来的差异本身将趋于扩大。尤其是如果族群所处的自然环境或动物习性将再磨炼它们的坚忍不拔的美德时，一个为了适应新的职务安排所进行的优胜劣汰过程（selective adaptation）就从此开始。更多的坚定、敏捷和奋勇的男性特质对以捕捉大型猎物为日常活动的族群而言是迫切需要的，由此势必加速扩大两性之间的职能分化。一旦某个族群和其他族群发生敌对状况，这类职能的分歧就促使功勋和劳役的区分更加明显。

在这样一个以掠夺为主的狩猎族群中，战争和狩猎逐渐成为健壮男子的专职。妇女则从事其他必要的工作，还有些族群中不适合男子工作的其他成员都因此而与妇女做同类的工作。但男子的狩猎和战斗行动都具有同类性质。两者都具有掠夺的天性，战士和猎人都是强占他者的所有，都是不劳而获。他们这种凭武力和机警所从事的侵略活动迥异于妇女们对物资所进行的辛勤和平淡无奇的工作。前者不能算作生产性劳动，反而是靠夺取来获得物资的一种行为。这类行为正是野蛮部族男子的工作，在其充分发展形态下，与妇女的工作有极大的分歧，这个时候任何方式的努力，如果不涉及武力的使用，是不值得由男子去做的。一旦这种传统习惯得以持续，社会常识就将其列入行为的准则。结果在该文化阶段里，对于一个有自尊的男性来说，任何的劳役或占有，除非是在勇武的基础——武力或欺诈——上进行，否则都是违背道德的。这种掠夺性生活习性经过长时期的延续而在族群中根深蒂固，健壮男性的责无旁贷的任务，就是消灭那些在生存竞争中企图抵抗或逃跑的竞争者，消灭那些顽强的敌人，把他们降为奴隶。许多狩猎部落在理论上对功勋和杂役进行区分是如此地执着和细致，因此，男子在猎杀猎物后，必须由妇女将其带回家，自己则绝不能从事这种下贱的工作。

上面已经指出，这种功勋和杂役之间的区分，是一种对不同职务的歧视性区分（invidious distinction）。那些列入功勋一类的职务都是有价值的、荣耀的、高贵的；对于其他不含这类功勋成分的职务，尤其是那些隐含屈从或投降意味的职务，都是毫无价值的、卑微的、不体面的。关于尊严、价值或荣誉这类概念，当应用到个人或行为上时，对阶级的演变及阶级区分，都具有至关重要的意义。因此必须对这个概念的起源和意义加以阐述。其心理上的依据或许可大致说明如下。

出于优胜劣汰的结果，男性成为行动的主体，从他自身的角度出发，男性是展开内在冲动活动——“有目的”的活动——的一个中心。由于男性是某个行动的主体，因此他在每一次行动中都力图实现某种具体的、客观的、非私人的目的。由于受到成为一名执行者动机的驱使，男性开始喜欢具有成效的工作，而讨厌无效的劳动。他所看重的是事物的实用性或效率性价值，蔑视不切实际、浪费或无能。这种偏好或习性可以被称作工作本能（instinct of workmanship）。当生活的环境或生活传统引起人与人之间在效率上进行经常性的比较时，工作本能就会转化为人与人之间一种攀比式或竞技式的较量。较量的结果会达到什么程度，大部分取决于该群体的天性。在一个惯于对个人进行竞技式较量的社会，人们追逐的目标就是近在眼前的成就，因为这项成就本身的效用就是博得荣誉的基础。要博得荣誉，避免诋毁，个人的效能就应被展示出来作为证据。结果，工作本能演变成力量的攀比式炫耀。

当处于社会发展的原始阶段时，当团体仍习惯于和平，或者说是习于定居的生活，并且私有制还没成形时，个人的效能主要且最合适的手段是担任某些可促进族群生活的职位。在这样一个族群的各成员之间，经济类攀比的存在主要还是通过生产的实用性攀比来实现。但此时攀比的诱因还不足够强烈，并且攀比的范围也并不足够广泛。

当团体由和平相处的蒙昧生活形态过渡到掠夺性生活形态时，攀比的条件就发生了变化。攀比的机会和诱因，不论是在范围方面还是迫切程度方面，都有了很大的扩展和提高。随着男性活动的“功勋”色彩越来越浓厚，狩猎者或作战者相互之间也就出现了越来越广泛且习以为常的较量。在男性的思维习惯中，勇武的实体证据——战利品，就作为生活的点缀品这一基本特征而显得至关重要。在打猎或袭击中所得的捕获物、战利品，就作为武功卓越的铁证来表彰。侵略成为被嘉许的行动方式，而战利品则充当成功侵略后的确凿证据。在这种文化阶段里，人们所能接受的是，自我肯定被公认且被尊敬的形式就是竞技，并且经由夺取或强制获得的能够用来使用的物品或劳务，就理应成为确证竞技胜利的符合惯例的证据。因此，存在一种相反的情形，即物品以被掠夺以外的方式取得，凡有地位的男性都是不屑一顾的。基于同样的道理，不管是从事生产性的工作，还是偏重于对私人的服务，都同样受到嫌弃。于是，一方面是通过夺取而获得的功勋和占有，而另一方面则是劳役性工作，两者之间产生了歧视性的区分。劳动（labour）由于受到蔑视，遂有了惹人厌恶的特性。

关于"荣耀的"（honourable）这个词，原始的野蛮人认为，在还没有受其本身的派生物以及随后兴起的同类概念所掩盖前，别无他意，仅指对超强力量的肯定。所谓"荣耀的"，其意义就是"令人敬畏的"；"可敬的"（worthy）指的是"占有优势的"。一次尊贵的行动，说到底别无他意，只是一次公认为成功的侵略行动。当侵略指的是与人类和兽类进行斗争时，被公认为十分荣耀的活动就是对强健有力的肯定。而远古人们对一切力量的展现，都习惯于以个人秉性或"意志力量"来诠释，更强化了传统上对这种强健有力的重视。在野蛮部落中以及在较为进化的民族中都流行着用以表示尊敬性质的形容词，其通常都被赋予尊崇这一朴素意义。在对酋长的称呼和向国王及上帝寻求慰藉或请求宽宥所使用的形容词和尊称中，常体现出握有实权的这些人物有一股不可抗拒的摧毁力量。即使到了如今较为文明的社会，依然会出现如此情形。有一例子足以佐证此说，即依旧存在着喜爱在纹章的图案设计上采用较为凶暴的鸷鸟猛兽形象的这种偏好。

当原始的野蛮人常识性地理解价值（worth）或荣耀（honour）时，夺取生命——将顽强的竞争者（不论是人还是兽）加以杀害——是无比荣耀的。而杀戮这项高级任务是作为行凶者占有优势的表现，给每一次杀戮行动和该行动所使用的工具及配件都蒙上了一层价值的光彩。武器是荣耀的，而使用武器，即使是用在田野间索取最下等生物的生命，也成为一项荣耀的职务。与此同时，劳役性工作相对地令人厌恶。不仅如此，在惯常的理解下，操作生产的工具和器材有损健壮男性的尊严。于是劳动变得招惹人厌。

这里假定，在文化演进过程中，当原始男性族群从初始的和平相处阶段过渡到下一阶段之后，该族群公认的特有任务就是战斗。但这并不意味着在过渡阶段发生了突变，从一个未曾间断的和平及亲善的生活阶段转向稍晚或较高级的生活阶段时，战斗才刚开始；也不是说在过渡到掠夺性文化阶段以后，一切和平的劳役活动都不复存在。可以肯定地说，在社会发展的每一个早期阶段，有些战斗是避免不了的。战斗或多或少都是为了争夺异性。我们所熟知的关于原始部落或类人猿的一些生活习惯，都足以证明这一点，而众所周知的人类天性中易受刺激因素所提供的证据，更强化了这个观点。

因此，或许有人会提出这样的异议：本章所假设的这样一个和平共处生活的初始阶段根本就不存在。在文化演进过程中并没有这样一个在此之前从未发生过战斗的转折点。但现在的问题不在于是否曾发生过战斗，也不在于战斗是偶尔发生或间断发生，甚至是经常发生及习惯性发生；问题在于何时出现一种好战成性的心理架构——一种以好战的立场来评判事物的普遍习性。只有当该族群中成员的习惯性、公认的精神状态已然是掠夺性的态度，当现实生活论述话题的主要特征是战斗，当人们对一切的人和事，已经习惯于从战斗的立场来作出判断时，才能说是已达到了掠夺性的文化阶段。

由此可见，文化发展中的和平相处阶段和掠夺性阶段的真正对立之处不是机械式的差异，而是一种精神上的差异。精神状态的变化是族群中物质生活发生变化的自然结果，随着物质环境有利于掠夺性态度的形成，精神状态就逐渐发生了变化。掠夺性文化（predatory culture）的最低要求限度就是从事劳役的限度。除非生产方式的效率已经发展到超过从事劳役之人的生计所需，并有余裕到值得为此一战的地步，否则掠夺就不能成为任何族群或阶级惯常使用的手段。因此，能否实现从和平向掠夺的转变，关键在于技术知识和工具使用上的进步。同理，当武器的发展使人类成为难以驯服的动物以前，掠夺性文化在早期势必是不可能实现的。当然，工具和武器这两者的早期发展，只是从两个不同的角度来观察的同一事实。

某一族群即使经常使用武力，只要其未将战斗放在日常思维的最显著位置来作为男性生活的主要特征，则这一族群的生活状态就被认为是和平相处的。某个族群也许在某种程度上已经达到掠夺性状态，因此其生活方式和行为规范，也或多或少在该限度内受掠夺性敌意的支配。因此，文化的掠夺性阶段是通过掠夺性的倾向、习惯及传统的积累式成长而逐步形成的；之所以促使了这方面的成长，是因为该族群的生活环境发生了变化，而这种变化所发展和保留的是那些有利于掠夺性生活而不利于和平相处的人类天性的特质及传统与行为准则。

原始文化曾存在如此一个和平相处阶段，这一假设的主要依据来源于心理学而非人种学的推论。此处我们略过其具体的推断过程。下文讨论关于人类的特质在现代文化体系下的存活问题时，还会稍稍涉及这个问题的有关证据。

第二章　金钱攀比

在文化演进的历程中，有闲阶级（leisure class）和所有制是同时出现的。这是势所必然，因为这两种制度源自同一种经济力量。在发展的初始阶段，它们只不过是社会结构中同一普遍事物的不同方面罢了。

通常情况下，为了便于研究，我们将有闲阶级和所有制看作社会结构的两大元素。一味排斥劳动并不能造就有闲阶级；同样，使用和消费商品的这一机械性事实也不能构成所有制。因此，当前的研究同懒惰习性的起源无关，与为个人消费提供有用物品的起源也无关。这里研究的问题，一方面是传统有闲阶级的起源和本质，另一方面是作为固有的或基于公正合理法则所享有的个人所有权（individual ownership）的起源。

有闲阶级和劳动阶级相互分离的初始形式，蕴藏于野蛮时期初级阶段男女之间劳动分工的差异。同样，所有权这一制度的早期形式就表现为族群中强健男性对女性的所有权。若想更为准确地把握这一野蛮状态下的生活理论，或许可以用更加通俗的方式来表达，即女性为男性占有。

毋庸置疑，在男性占有女性这一风俗形成之前，已经存在着某些有用物品为个人占有的情况。现存的一些原始部落中并没有占有女性这一习俗，就证明了上面的判断。该类部落中，所有成员，无论是男性还是女性，都具有占有（appropriate）许多有用物品为个人私用的习性。但这些有用物品都不会被视作归占有者和消费者所有（own）。这一对琐碎物品私人占有和消费的习惯做法并没有引发所有权问题；也就是说，并不会引发常见的对外在事物要求公正处理的声索。

显然，对女性的占有始于野蛮时期女性俘虏的俘获。将女性作为有用的战利品，这似乎是掳获她们的初始动机。这种将从敌人中俘获的女性当作战利品的做法，造就了一种所有制婚姻（ownership-marriage）的形式，以男性为主的家庭单位由此得以诞生。随后，奴役的范围就扩展至其他俘虏及本族群的下级成员，而所有制婚姻的范围也从俘获的女性那里扩展至其他女性。因此，在掠夺性生活的环境中进行攀比（emulation）的结果就是，一方面造就了基于强制的婚姻形式，另一方面形成了确立所有权的习俗。在发展的初始阶段，这两种制度是难以区分的；且两者均源于成功男性的欲望，即通过展现其一些功勋的持久效果来佐证他们的英勇。与此同时，两者也助长了普遍存在于掠夺性社会中的征服偏好。所有权的概念从对女性的占有，延伸至对这些女性勤劳工作所获得物品的占有，所有权的内涵由此发展到同时包含人和物的阶段。

一个以物为财产的明确制度就这样逐渐成形。然而即使是在文化演进的晚近阶段，用于消费这一物资的实用性已经成为其最突出的价值元素时，财富也从没有丧失过作为所有者优势地位尊贵表征的效用。

凡是存在私有财产制度的地方，即使是这种制度并没有得以充分发展，经济演进过程中总会呈现出人与人之间为物质财富而相互竞夺的特征。在经济理论中，尤其是在那些信奉新古典主义学派的经济学家那里，习惯性地将追求财富解读为本质上是为生存而争夺。毋庸置疑，在低效的工业化初期，很大程度上为生存而争夺就是其特质。这也是“物资匮乏”（niggardliness of nature）时代的特征——人们为求生存而艰辛劳作、不懈抗争，换来的却仍是贫困不堪。但是在一切进步社会里，当前的技术早已超越了早期阶段。目前，生产效率已经达到这样一种高度，即能为生产者提供远超维持生计的物品。在全新的生产力基础上，将进一步追逐财富宣扬成人们为提高生活舒适度而展开竞争，这对于经济理论来说再正常不过了——这里所谓的“舒适”主要是指物品消费所带来的物质享受感。

通常情况下，物品的获得和积累会用于人们的消费——无论是由物品所有者本人直接消费，还是由附属于他的家庭消费。就本书的研究目的而言，后者的消费理论上等同于前者的消费。物品用于消费至少是合乎经济理论法则的，理论上的必要考量也仅限于此。以上消费类型自然可视为是消费者的物质需求，即物质享受，或其所谓的更高一级需求，如精神上、审美上、智力上等诸如此类的需求；而较高层次的需求是通过物品的消耗予以间接满足的，所有经济学的研究者都知道这一点。

然而，从某种意义上讲，只有远离物品消费的原始意义，才能提供不断进行物品积累的动机。所有权的根本动机就是攀比；在所有权所生成的各种制度的演进中，在所有制所能影响到的全部社会制度的演进中，这种动机仍起着积极作用。财富赋予人们荣誉感，但这却是一种歧视性区分（invidious distinction）。因此，就物品的消费和积累，尤其是财富的积累来说，没有什么能够比攀比动机更具有说服力的了。

然而，不容忽视的一点是，在一个几乎所有物品都是私有财产的社会中，获取维持生存必需品对于贫困成员来说就是一种持续存在的强大动机。维持生存和增进物质享受，在某些时段可能是那些通常没有财富积累，惯于从事体力劳动，甚至连生存都受到威胁的贫困阶级追逐利益的主要动机；但在随后的讨论过程中，我们就会发现即使是那些身无分文的贫穷阶级，物质需求动机的优势也并非如常人所想象的那样具有决定性。另外，就那些主要关怀财富积累的成员和阶级而言，维持生存和物质享受这样的动机更是从来没有起过重要作用。所有权源起并最终演化为一种与维持最低限度的生存无关的人类制度的依据。从一开始，主要动机就是财富所带来的具有歧视性的荣耀感，在以后的任何演进阶段，除了暂时的和例外的情况，没有任何其他动机能够取而代之。

最初，财产被视作一次成功侵袭所掠夺的纪念品或战利品。只要一个族群还没有同原始社会组织脱离太远，只要该族群仍同敌对者保持密切联系，那么侵夺物品或俘虏的主要效用就体现在侵夺者与被侵夺者之间的歧视性对比（invidious comparison）上。至于区分个人及其所属集团之间利益的习性，则显然是后期发展过程中形成的。在侵夺中，获得贵重战利品的人与同族群中其他成绩稍逊的人之间的歧视性对比，毫无疑问是追逐利益的主要动机，尽管一开始这并不是物品价值的主要因素。一个族群勇猛与否仍主要取决于男性，并且战利品的占有者总是将自己视为其族群尊严的维持者。这种以团体的视角评判侵夺而来的功勋，仍见诸社会演进的后期阶段，尤其是涉及战争中的荣誉时。

然而，一旦个人所有权的惯例开始得以巩固，私有财产所依存的进行歧视性对比的观念就会逐渐发生改变。事实上，该转变只不过是另一个转变的反映。所有权由初始阶段，即通过侵夺和抢占获取物资的阶段，开始逐步过渡到以私有财产（奴隶）为基础的后续的初级产业组织阶段；游牧部落发展成具有一定自给能力的产业社会；随后，财富逐渐不再被视为成功侵夺的明证，而是被视作物资占有者比族群中其他个体更有优势的证明。如今，歧视性对比主要变成占有者和其族群中其他成员之间的对比。尽管财产仍保有战利品的特性，但随着文化的发展，财产逐渐变成族群成员在游牧生活中以准和平方式进行所有权竞赛时所赢得的战利品。

在社会日常生活中，人们的劳役性活动逐渐取代了掠夺性活动；在男性的思维习惯中，积累财产越来越比抢掠和剥夺战利品更能成为体现一个人的优势和成就的惯常表征。因此，随着定居产业的发展，作为惯常的声誉和尊严基础的财富占有，相对来说变得更加重要和有效了。这并不是说其他更多、更直接的显示威力的事例不再能够博得敬重，也并不是说成功的掠取或军事侵夺不再能够赢得群体的赞扬和钦佩，或激起成就稍逊的竞争者的嫉恨；而是说凭借赤裸裸的强大武力来赚取荣誉的方法，在适用范围上越来越窄，在应用频度上也是越来越少。与此同时，通过积极进取的产业活动博得声誉的机会，以及凭借准和平方式在游牧产业中进行财富积累而赚取敬重的机会，在范围和有效性上都变得越来越大。更重要的一点在于，财产与英勇的战绩和卓越的功勋不同，现如今它已经成为权衡成就可敬程度的最容易辨识的证据了。财产也因此成为人们博得敬重的惯常性依据。若想在社会中保有一个受人敬重的地位，那么财产某种程度上就是必需的。若想保持一个好名声，获取并积累财产也将是不可避免的。一旦积累财富就这样成为公认的效能标志，那么占有财富就会具有这样的——博得尊荣与否的唯一决定性依据——特征。对财富的占有已经成为赚取声望的惯常性依据，而无论这种财富是通过个人积极进取的努力所得，还是被动地从别人那里继承转移而得。财富的占有刚开始仅是作为效能的表征罢了，现如今在大众的意识中，它已经成为一项极值得称赞的行为。眼下财富不仅赋予占有者荣誉，而且本质上财富自身都是值得敬重的。经过社会进一步地演进，由祖先或其他前辈转移而来的财富甚至比个人努力所获得的财富更能博得尊重。但这样的区别产生于金钱文化的后期演进阶段，关于这一点将会在下文适时予以论述。

尽管占有财富已经成为博得一般声誉和斩获不受指摘的社会地位的依据，但是威力和侵夺可能仍然是赢得大众最高敬意的有力根据。这是因为对于那些长期生活在掠夺性文化规制中的种族群体来说，掠夺的本性以及随之而来的对掠夺效能的赞赏，在它们的思维习惯中已是根深蒂固了。一般而言，在战争中所展示的非凡掠夺效能，或在治国理政中展现的准掠夺效能，依然是人们所能够企及最高荣誉的凭由；倘若在社会中仅想拥有稍微不错的地位的话，那么财富的获取和积累将会取代以上方法成为博得钦佩的手段。若想在社会中保持令人敬重的相当地位，那么拥有一定的、难以计数的而又能达到惯常标准的财富将是必不可少的；这正如在早期掠夺性阶段，对于野蛮人来说，满足原始部落在体能耐耗性、智力灵活性以及熟练运用武器等方面的标准要求是必需的一样。博取声誉的必要条件，一方面是特定的财产标准；另一方面是勇猛的标准。任何对以上两个标准的超越都会受到人们的钦佩。

然而，对于那些达不到上述标准——虽有些模糊但众所公认——的社会成员来说，则意味着他们将会遭受到同伴的嘲讽；结果他们就会妄自菲薄，这是因为自我尊重通常建立在邻人对他敬重的基础上。除非是些性情怪异的人，否则没人能够在其同伴的鄙夷面前始终保持自尊心态。自然，例外事例也是显而易见的，尤其是在那些具有浓烈宗教信仰的人之间。但这些所谓的显然的例外却并非真正的例外，因为这类人通常依靠一些超自然的见证者，对他们的所作所为进行基于想象的赞许。

因此，一旦占有财产成为博得大众尊重的依据，它也必将成为自满自足——我们所谓的自尊——的必要条件。在任何物品都由个人独自保有的社会，个人要想保有一个平和的心态，就势必要保有与他同类同伴相当的物品；如果能够保有比其同伴更多的物资，那就更加令人快意了。一旦新有所获，个人就会逐渐适应一个全新的衡量财富的标准。显然，在这个全新标准之下，人们不可能比在早期标准下获得更多的满足感。无论如何，总是会有这样的趋势，即以目前的财力为基础进而寻求更大财富的增长；这反过来又孕育了使人感到满足的全新标准，以及一个全新的与邻人相比的金钱等级划分标准。就当前所涉及的问题而言，与其他社会成员在财力方面对比中获得较高的等级排名，这就是积累的目的所在。对于一个普通的、正常的人来说，如果在对比中处于显而易见的劣势地位，那么他将陷入漫长的愤懑其命运的苦闷状态；然而一旦达到社会或其所属社会阶级所认同的通常财富标准时，那种漫长的愤懑感将会让位于无休止的争夺欲，以期不断拉大他与平均标准之间的差距。歧视性对比不可能总是有利于某个人，这就使得在金钱声誉竞赛中参与者不会甘于满足相对其他竞争者的比较优势。

总之，事情的本质就在于，财富欲求在任何人那里都不可能得到满足，拥有平均或普通财富就知足常乐显然是不可能的事。社会财富正常增长的部分，无论分配得多么公平公正，都不可能有助于减少人们的欲望，这是因为我们每个人都渴求比他人有更多的财富积累。倘若正如某些人所设想的那样，积累的动机仅是维持生存和物质享受，那么整个社会的经济需要将毫无疑问在产业效率提高到某点时得到满足。但实质上，人们进行奋争其实就是以歧视性对比为基础而展开的争夺声誉的竞赛，由此，企图达到一个确定的目标就成为不可能的事了。

我们不能将上面所讲的理解为，获取和积累的动机就是为了在金钱等级地位对比中获得优势，进而博得同伴的尊重和羡慕，除此之外再无其他动机。如今，在现代产业社会财富积累的每个阶段，从需求中获得不断增进的舒适度和安全感就是人们的一种动机；尽管在舒适度和安全感方面得以满足的标准反过来又深受金钱攀比（pecuniary emulation）这一习俗的影响。这项攀比在很大程度上不仅塑造着个人物质享受和体面生活的方式方法，还决定着其日常消费的目标指向。

除此之外，有钱就有势，这也是积累财富的一个动机。在早期社群生活中，个人与其所属族群尚处于一种整体的混沌未开状态，个人的生产生活与其族群紧密相连，族群生活自然就是该时期生活模式的主色调。然而，当人们逐渐脱离野蛮文化之后，这一特性——贪图成就，厌恶徒劳的动机——并未消失。当人类社会进入掠夺性时期，狭义上的利己主义成为了生活的主轴，以上偏好仍然伴随着人类，以至成为塑造其生活方式的普遍特征。赢得成就以及厌恶无效劳动这项偏好仍是重要的经济动机。该偏好转变的要么仅是其表达形式，要么则是人类活动指向的短期目标。在个人所有权体制下，毫无保留地达到意图的最可靠的方法就是获取和积累物品；当人们更进一步地意识到利己主义在人与人之间所引发的对照攀比时，追求成就的偏好——工作本能——就渐渐演变成在金钱成就上超越他人的动力。此时，个人在与他人歧视性金钱对比下的相对成就成为了行动的惯常性目的。当前，公认的合乎情理的付出努力的目标，就是为了达到这一成就，即在与他人对比中获得有利于自己的对比结果；因此，对无效劳作的厌恶在很大程度上被认为是与攀比动机紧密相连的。这种结合对于所有的不足以及劣势痕迹都予以坚决的抵制，从而加剧了金钱地位的斗争。所谓有目的的努力，逐渐地主要指这种能够指向或引发对占有财富进行更加值得钦佩的炫耀的努力。因此，在所有促使人类积累财富的动机之中，金钱攀比的动机无论是从范围还是强度上来讲，都是独占鳌头的。

或许无须再解释，当使用“歧视性”（invidious）这个术语时，并非刻意去抑扬、褒贬此术语描述的任何现象，也无吹嘘或惋惜之意。“歧视性”在这里属于学术用法，用来描述人与人之间的对比，其目的在于依据人们在审美或道德观念上的相对价值将人们分等分级，以此来判断和确定自己或他人在心理上的满足程度。这种歧视性对比就是对人们的价值进行评价的一种方式。

第三章　炫耀性休闲

关于金钱攀比，上文已作了概括叙述，如果没有受到其他经济力量或攀比过程其他特征的干扰，那么这种金钱斗争的直接影响只是使人们勤劳和节俭。金钱攀比所以取得这样的结果，很大程度上是因为，到目前为止在下层阶级获取货物的通常手段是进行生产性劳动。这对一个以农为本的定居型社会的劳动阶级而言尤其真实，该社会财产的划分已相当细致，且其法律和习俗能够保障这些阶级或多或少拥有它们所生产成果的一定份额。在任何情况下，这些下层阶级都不能避免劳动，所以劳动这个污名并不会大大贬低它们，至少对它们阶级内部来说，并不有失身份。相反，由于劳动是它们认可和接受的生活方式，它们会为在工作上的高效率而竞相自豪，这通常是它们唯一可以参与的竞赛方式。对于那些只能通过提高生产效率和节俭方面而获得财物并进而攀比的人们而言，以财力博取声誉的竞争多多少少会提高勤奋和节俭的程度。但正如下文中将会提到的，竞赛过程中的某些次级属性，对于不论在金钱上处于劣势还是处于优势的阶级在这些方面的攀比，都会发挥很大的限制与调整作用。

不过，对接下来我们要讨论的金钱上处于优势的阶级来说，情形有所不同。虽然这个阶级也拥有勤奋与节俭这两种动机，但其行为受到金钱攀比中某些派生要求的限制竟这么大，以致任何勤劳的企图实际上都受到了抑制，且任何导向勤奋的刺激都无济于事。这些攀比的派生要求中最有力、也是实施范围最广的一个，是不得从事生产性工作的要求。该项要求在文化处于野蛮阶段时显得特别真实。在掠夺性文化时期人们的思维习惯中，劳动是软弱无能或服从主子的表现。因此，劳动是卑微低下的标志，有身份、有地位的男性不屑为之。这种传统观念将劳动视为是自轻自贱的举措，这种观念相沿至今，永不消失。不仅如此，随着社会文化的演进，这种观念已经固化为古已有之且不容置疑的成规，从而获得了公理般的力量。

想要获得并维持人们的尊重，仅仅拥有财富或权力是不够的。财富或权力必须提供证据，因为尊荣是在授予这些证据基础之上的。财富的证据不仅仅是让别人对自己的权势产生深刻的印象，及让自己对权势的意识保持活力和警觉，并且在营造和维系本身的自我满足方面作用也是不小的。除了最低文化阶段外，在所有文化阶段，一个身心健康的人，如果能够有一个“体面的环境”并豁免于“卑贱的职责”就会感到安慰，感到活得有尊严。如果这个人被迫脱离了他惯常的习惯标准，不论在他的生活的物质环境方面，或其日常生活的内容方面，即使不在乎同辈们的毁誉，他也总会感到这是有损体面的。

人类生活态度中那种古老的理论上的尊卑之别，时至今日依然保持着强大的影响力。这种影响力之大，使得阶级较高的人对世俗形式的劳动，很少不抱有本能的反感。对于在我们思维习惯中与卑贱服务有关的业务，我们特别抱有强烈的感觉，认为这类工作在外观上是不雅的。所有的高尚风雅人士都认为，传统上由仆人们来做的工作，在精神上也是污秽的。粗俗的环境、简陋的（即廉价的）住所以及一般的生产性工作势必受到毫不犹豫的谴责和躲避。这些都跟追求精神层面上满足的生活——“高尚的思想”——不相容。从希腊哲学家时代起直到今天，那些有思想的人一直认为，要享受一个有价值的、优美的甚至是无可挑剔的人类生活，首先必须享有某种程度的休闲，避免涉足类似为供应人类日常生活需要而进行的劳役性职务。在所有文明人的眼中，休闲的生活不论就其本身还是其所产生的后果来说，都是美妙的、高贵的。

其他有关休闲及财富的证据的直接价值和主观价值，毫无疑问很大一部分是从属性的、派生的。这种价值，一部分是以休闲作为赢得别人尊崇的手段时的功用的反映，一部分是心理调剂的结果。从事劳动，既已在习惯上被认为是处于劣势地位的证明，因此出于心理上的武断，劳动也就被视为本质上是卑贱的。

在掠夺性文化阶段，以及特别是紧接其后的准和平（quasi-peaceable）的最初阶段，休闲生活是金钱力量的最简捷、最确凿的证明，也是占主导地位的证据。当然，这里始终存在着这样的假定，即这些休闲者除了“有闲”以外，日子也显然过得很从容、很舒适。在这个阶段，财富的主要内容是奴隶，以及由于拥有财富和权力而得来的利益，其形态主要是个人的劳务和个人劳务的直接成果。因此，炫耀性地不参加劳动就成为金钱上的优越成就的公认标志，就成为博取声望的公认指标。而反过来说，因为从事生产性劳动是贫穷和屈服的标志，所以这类人就无缘在社会上取得崇高地位。于是在盛行金钱攀比的情况下，勤劳与节俭的习惯并没有获得普遍接受；恰恰相反，这种攀比方式对生产性劳动的参与间接地起到消极作用。从文化很早阶段流传下来的古老传统，一向轻视劳动，然而即使没有这样的传统，劳动由于已成为贫穷的证明，也不可避免地被赋予了不光荣的色彩。掠夺性文化的古老传统，认为生产上的努力对于体格健壮者来说是不值得的、应当避开的；而这一传统在由掠夺性的生活方式向准和平的生活方式转变以后，不但没有被丢弃，反而有所强化。

即使有闲阶级的制度没有跟个体所有制的初次出现同时兴起，但由于生产性工作已与低人一等的观念联结在一起，有闲阶级制度无论如何都将成为所有制产生的早期后果之一。值得注意的是，有闲阶级虽然在掠夺性文化开始时已经在理论上存在，但随着文化从掠夺性阶段转变到下一个金钱阶段，这个制度有了一种全新的、更加充实的内涵。正是从这个时候开始，一个“有闲阶级”不但在理论上存在，而且在事实上已形成。有闲阶级制度，也就是从这个时候起以完整的形态出现的。

在掠夺性文化阶段，有闲阶级和劳动阶级的真正区别，在某种程度上只是形式上的区别。这个时候体格健壮者，对于在他们看来属于卑贱类型的劳役，小心翼翼地置身事外；但他们的活动实际上对团体的生计有很大的贡献。在紧接其后的准和平的生活阶段，其主要特点通常是出现了动产奴隶（chattel slavery）、牧群和放牧仆役；这时生产事业已经有了进一步的发展，社会的生计已经无须再依赖打猎或其他可归类为功勋的任何活动。从这个时候起，有闲阶级生活的主要特质是明显地不参加一切实用性的工作。

当该阶段处于其存活史上的这一成熟阶段时，它正常的、特有的职务，同它早期阶段的职务在形式上非常相像，仍然是政治、战争、体育竞赛及宗教信仰。有些过度拘泥于复杂理论细节的人可能要说，这类职务未尝不附带地、间接地具有“生产性”（productive）；但应当要注意的是，在这里的问题上有决定意义的一点是，有闲阶级从事这类业务，其通常的、表面的动机，绝不是在于通过生产性的活动来增加财富。在这个文化阶段，也像在其他文化阶段一样，所以要从事政治活动或战争活动，至少有一部分是为了活动者可以从中谋求到金钱利益；但这种利益是在劫夺和侵占的光荣方式下获得的。这类业务属于掠夺性而非生产性工作。类似说法或可以适用于打猎这一活动，但也有些不同之处。当社会完全脱离狩猎时代以后，狩猎逐渐分化为两种不同的业务。一方面，这是一种贸易，是为了利益而进行的，从这一点来看，侵占成分几乎是不存在的，或者至少不是充分存在的，因此不足以消除其作为一种营利事业的性质。另一方面，狩猎也是一种娱乐——只是为了满足掠夺性冲动的一种活动，因此它并不能带来任何可观的金钱激励，却多少含有些明显的侵占成分。唯独当打猎演进到上述后一类发展形态——完全清洗掉手工劳动的气息——才是值得称道的，是应当列入成熟的有闲阶级的生活方式之内的。

摒弃劳动不仅是体面的、值得称赞的，而且是保持身份地位、礼仪的一个必要条件。在累积财富的早期阶段，以财产作为博取荣誉的基础这一主张显得非常直接而迫切。这时摒弃劳动是拥有财富的习惯证明，也因此是社会地位的公认标志；于是由财富带来价值这一牢不可破的观念，带来了对休闲更强烈的要求。事件引起注意的特点，正是事件本身的特点。结果是，依照人类天性中既定的法则，旧习惯立刻牢牢抓住了这项公认的财富的证据，把它看作其本身就是立下极大功劳而可贵的，从而把这种观念安置在人们的思维习惯中。而与此同时，生产性劳动在同样的演变过程中则成为在双重意义上都是内在无价值的事物。这种习惯势力最终使得劳动在社会大众的眼光中不仅是有坏名声的，而且对于那些高贵的、生而自由的人来说，在道德上是不可行的，更是与有价值的生活不相符。

这类有关劳动的禁忌，对各阶级在产业上的分化产生了进一步的后果。随着人口密度的增加，以及以掠夺为目的的族群逐渐成长为一个安定的工业社会，支配着所有制的管理机构及社会习惯，也因此扩大了其范围，增进了其巩固程度。这时要用简单的劫夺方式来累积财富已不切实际，并且从逻辑的一致性而言，要通过勤劳来取得财富，对自命不凡却又身无分文的人来说也同样是不可能办到的。他们面临的只有两个选择，要么沦为乞丐，要么贫困潦倒。因此，炫耀性休闲准则在任何地方如果能不受干扰地按照它自己的趋势前进，就一定会出现一个从属性的、在某种意义上是冒牌的有闲阶级——它们过着穷困潦倒、朝不保夕的生活，但在道义上又不能为了追逐利益而卑躬屈膝。今天，我们不难看到一些曾经享过荣华、而今却一败涂地的绅士淑女。这种普遍对极其轻微的体力劳动所表达的深恶痛绝，在所有文明以及金钱文化比较落后的民族中都是比较常见的。在那些习于举止文雅而又情感细腻的人当中，对体力劳动的羞耻感如此强烈，以至在紧要时刻，甚至连自我存活的本能都会完全丧失。例如，我们听说波利尼西亚地区的某些酋长，为了保持优美的姿态，宁愿挨饿也不愿用自己的双手把食物送进嘴里。这种行为或许是因为——至少有一部分是因为——酋长身上被附加了过度的圣洁和禁忌。这种禁忌有可能通过酋长双手的触摸传递到其他东西身上，因此他所接触过的任何东西都不适合人类食用。但是，这种禁忌本身就是从认为劳动无价值或者把劳动看作与道义不相容的这类观念衍生而来的；因此，即使从宗教的意义上来解释，也可以认为，波利尼西亚酋长的举措比表面上所看到的，更加符合“有闲即光荣”的准则。有一个更好的例子，或者至少不那么会引起误解的例子，法国有位国王据说由于道德上过分恪守保持优美姿态的礼节而丧失了性命。这位国王在烤火，火势越来越旺，而专为其移动座椅的侍从官刚好不在场，他竟然毫无怨言地忍受烈火的烘烤，这让他尊贵的身体被熏烤得无以挽救。他虽然牺牲，但这样做却终究让国王保全了其最神圣之躯免受卑贱的玷污。

> 为苟全性命而丧失人生的意义，
> 诚乃人生之大不幸。

前面已经说过，“休闲”一词在这里使用，并不意味着懒惰或无所作为，而意味着非生产性地消耗时间。时间消耗在非生产性活动的原因是：（1）生产性的工作被认为无价值感；（2）以此证明有经济能力负担起闲散的生活。但休闲绅士的整个生活并非都在旁观者的目睹下度过，这些旁观者会对尊崇的休闲美景留下深刻印象，并以这个理想方案构成其生活方式。休闲绅士的生活中必然有些时间退出了公众视野，为了有个好名声，花在这部分的私人休闲时光也要有令人信服的例证。他们应该找到一些方法证明退出了公众视野也依然过着休闲日子。这一点只能间接地做到，那就是把在休闲时间得来的有形且持久的成果展示出来；这在某种程度上同他所雇用的工匠和仆役们的情形相似，他们也是把为取悦主人而制作的有形且持久的产品展示出来。

生产性劳动的持久证据就是其生产的物质产品——通常是一些消费品。至于侵占的持久证据，获得它们并展示出来的一般做法是，展示它的有形结果，像纪念品或战利品。发展到后来阶段，证明侵占的通常办法就是用一些荣誉的徽章或勋章作为侵占行为的习惯的和公认的标志，同时以此来表明所体现的侵占成就的大小或级别。随着人口密度的增加以及人际关系的日趋繁复，所有生活细节都得经历一个精心安排和选择的过程。而在这一演进过程中，战利品或纪念品的使用就发展成为一套级别、职称、学位及勋章的制度，其中最典型的例子如纹章、奖牌及荣誉勋章。

从经济的观点来看，休闲被认为是一种工作，这种工作在性质上同侵占生活是紧密结合的。这种休闲生活所特有的作为其高雅标准的成就，跟出于侵占的战利品有许多相同之处。但狭义的休闲，和侵占以及表面上是生产性活动但无实际用途的工作有所不同，它通常不会留下物质产品。因此，休闲在过往表现的标准通常采取“非物质”的商品形式。这类过往休闲的非物质证据是，准学术或准艺术的成就，以及对人类生活没有直接提升作用的一些有关做事方法和琐细事物的知识。举例来说，我们这个时代就有弃而不用的语言及玄学知识、有关正确拼写的知识、有关造句与韵律学的知识、各类家庭音乐与其他家庭艺术的知识，还有有关时尚服装、家具及设备的知识及有关游戏、运动、饲养动物诸如家犬、赛马秘诀的知识等。所有这些品类众多的知识的最初产生并由此蔚为时尚自有其合理的动机，这一动机也许完全不同于以此表明人们的时间没有花费在生产性的工作上的想法；但除非这些成就可以证实为非生产性消遣时间的证据，否则它们就无法流传下来，并保有作为有闲阶级的惯有成就的地位。

在某种意义上说，这些成就或许可以归类为学术的分支。但除了这种学术研究以外，还有一系列的社会事例表明，这类成就已渐渐脱离学术领域，转而融入了肢体习惯与灵巧的领域。这就是一般所谓仪态及教养、礼貌谈吐、礼节和正式仪式的礼数。这类事情更方便强制性地供人观察，也因此，这些成就更广泛和硬性地被认定是达到可敬的休闲程度所需的证据。值得一提的是，所有被归类为仪态这个大项目下的礼仪活动，在以炫耀性休闲作为荣誉标志的那种风气最盛行的文化阶段，在人们心目中占有一个很重要的地位，其重视程度超过了后面的发展阶段。在准和平的生产阶段，作为一位出生高贵的未开化者，是出了名地考究礼仪，在这一点上，仅只有稍后时期那些极端讲究礼仪的人才勉强比得上。的确，这是众所周知的，或至少目前看法是这样的：社会自脱离父权阶段以来，仪态日趋败坏了。许多老一辈的绅士，看到现代社会处于较佳阶段中，人们的仪态和举止都缺乏教养，而不免感慨万千。而在那些多愁善感的人士眼里，纯工业阶级中仪式性规范的败坏，或生活的庸俗化，已经成为现代文化中的主要祸根之一。这些规范败坏在事物繁杂的现代人手中——他们对那些反对意见不屑一顾——足证礼节是有闲阶级的产物和象征，且只有在讲究身份的制度下才得以蓬勃滋长的事实。

仪态（manners）的起源，或更恰当地称仪态的出处，毫无疑问，没有比从那群举止优雅而孜孜不倦地履行以显示其仪态是花时间学来的人身上看得更明白。对仪态举止的创新和精致的要求，其直接目的在于要使关于美观或关于表情方面的新方式达到进一步的有效程度。礼貌谈吐的仪式规范之所以萌芽及成长，大部分是由于想要博得好感或展现善意，一如人类学家及社会学家所假定的那样。而这一原始动机在后期发展的任何阶段，几乎都出现在那些彬彬有礼之人的行为中。我们得知，仪态有一部分是属精心策划的姿势，而有一部分是象征性及习惯化以后的遗风，代表着过去主导地位、个人经历或个人阅历的举止。在很大程度上，它是身份地位关系的表达，它用动作来表示的关系，一方面是统治，另一方面是屈从。在现代所推崇的生活方式中，凡是持有掠夺性思维习惯而因此抱有主宰和屈从的处世态度的，必然极端重视繁文缛节，并且在戮力遵守等级和称号的仪式性礼数方面，同准和平游牧文化下的野蛮人所持的理想相近。某些欧洲大陆国家正是为这类精神遗风提供了很好的例证。在这些社会里，人们关于对仪态具有内在价值的重视程度，就如对远古理想的类似态度。

礼仪（decorum）最初是一种象征性和辅助性的肢体动作，并且仅仅在代表作为表彰的事实及内涵时才有作用。而今礼仪已经在慢慢变质，只因人们在日常交往中普遍地忽视其所象征的事情。在此时此刻的大众思维里，仪态与生俱来就有实质性作用。在很大程度上仪态所取得的神圣独特性，与其当初预想的事实毫无关联。不遵守礼仪准则已然让人心生厌恶，而在日积月累的熏陶下所形成的良好教养不仅是人性优越的外在表现，还是人类有灵魂价值的内在风貌。能够激起我们本能反感的因素，没有什么可以跟冒犯礼仪相比。只要我们努力遵守好成规仪式性礼数，并且赋予其丰富的内在效用，那么几乎没有人能够区分因为不守成规而引发的反感与由于冒犯者人品低劣而引发的反感之间的差异。不守诚信尚可原谅，不守规则绝不可宽恕。“仪态塑造个人。”（Manners maketh man.）

更有甚者，在当局者和旁观者皆能感知仪态拥有此内在功效的情况下，这种想法仅仅只是礼仪及教养所以约定俗成的近因。另一种显而不露的经济基础在于，礼仪耗费了大量的时间和精力而用于休闲或非生产性的这种高贵特质。缺失了时间和精力就无法培养出良好的仪态。渊博的知识和良好的习惯是在日积月累的不断实践中所获得的。精致的生活品味、典雅的仪态及良好的生活习惯是有涵养的充分体现，因为优秀的教养需要足够的时间、实践及费用来保障，显然这是那些将精力和时间耗费在劳作上的人所望尘莫及的。渊博的知识是让人眼见为实的有力佐证，足以证明那些有良好教养的人，在其不被关注的那段时间，可敬地专注于获取这种无利可图的修养。一言以概之，仪态的价值就在于其为休闲生活提供足够的证明。正因休闲是凭借财力换取名誉的众人皆知的方式，所以，反过来说，修习礼仪也是那些追求财力上地位较高的人所应该履行的义务。

在旁观者看来，安享的休闲生活能够留下多少有形的人皆可睹的成果，就有多少可用来提升名誉。它们是有力的证据，可以用来衡量与同为追逐名誉的竞争者进行对比的标准。但如果仅仅是摒弃劳役，并且不把邀荣取宠当作一回事，这仍然能够造就一种彰显高贵的仪态及典雅的风度。尤其是在这种休闲生活经过世代更替的传承后，会给人类的发展形态留下绵延不断又见微知著的影响，在个人的气质内涵及行为举止方面影响更为显著。但一切来源于休闲生活潜移默化所形成的习惯，及所有耳濡目染而获取的礼仪熟练度，只要有提升的空间，就应时刻不忘尊崇的休闲标志，如饥似渴地去汲取，再通过专业性及系统性的实践将这些无须劳动的外在标志淋漓尽致地表现出来。简而言之，如果此时此刻有人能够竭尽全力不惜代价地去争取，就会在有闲阶级的礼数熟悉度的应对上百尺竿头更进一步了。从另一方面来说，花在这上面的物质和精力越多，熟练度越高，其有关产生不了利益或无直接使用价值的礼数的证据越充分，从而其所获取的名誉越佳。因此，要想使得自身的良好仪态愈发彰显，忍受修养礼仪所耗之心力是不可避免的。于是乎，礼仪的细枝末节都进化为一种全方位的修炼，所有意图取得名誉之人都必须严格遵从。进而言之，炫耀性休闲在另一方面已然发展为德行上的勤劳操习，以及致力提高辨识能力的品味培养，比如辨析何为符合礼节的消费物品，何为高雅地消费它们的方法。

这里值得一提的是，刻意的模仿和精心的训练会使得个体及其仪态等方面形成一些病态的或其他特异的变化，而人们则利用这种变化造就了一种文化阶级——往往会收到非常满意的效果。在这种情况下，经由通常所说的趋炎附势的手段，许多家族和宗族都摇身一变，成为所谓的名门望族。这类迅速演变成为名门望族所带来的结果是，它们在担当富有名望的休闲阶级的适用性上并不弱于另一类人，后者在财力礼节上接受了较长时间的训练，但是训练的强度却较差。

此外，就合乎礼节的消费手段和方法而言，还需要衡量其与当下受到尊崇的繁文缛节规定的符合程度。在这些规定的理想程度方面，人与人之间是存在差异的，并且这些差异也是可以进行比较的。根据人们在礼仪和教养方面的累进程度，可以有效地对他们进行等级划分。人们对该项声誉的授予方面通常保持公正的信念，这是以对有关公认事物的偏爱准则的符合程度为依据的，一般并不会有意考虑到候选人的财力地位和所拥有的休闲程度；但是声誉的授予一直是以炫耀性休闲准则为依据的，实际上，声誉标准也一直处于不断变化和修正的过程中，从而更加符合该准则的需要。因此，区分等级的最切近的依据有可能是另一种，但是通行的原则以及持久良好教养的测验所需要的则是真真正正的时间。在这一原则的范围之内，在细节方面可能具有许多相当大的变化，但是这些变化都是一些形式和表达方式上的变化，其实质依然如故。

许多在日常生活中的礼貌是关心和好意的一种直接表达，我们在解释这些行为存在和受到赞许的原因时，大都没有必要追溯到任何获得声誉的潜在背景；但是在谈到礼仪守则时，情形却又大不相同。后者是地位的表现。任何一个稍稍留意的人都不难明白，我们对待仆人和经济上仰赖于人的弱者的态度，就是身份上居于优势地位者的态度，尽管与原始粗暴统治时期相比，这种情况已经得到了很大的改善，缓和许多。同样，我们对待上级，或在很大程度上对待同辈的态度，都或多或少表达了一种卑微谄媚的态度。看看那些心性傲慢的绅士和贵妇蛮横的表情，就证明了其所拥有的经济独立和优越性，并且传达出“这才是正确和优雅”的说服力。在这种既没有比它们更高的、也很少能够与之并肩的最高的休闲阶级中，礼节获得了最全面也最成熟的表现；也正是这一最高阶级赋予了礼仪一种明确的形式，使其成为下等阶级的行为规范。也正是在这里，我们可以明确地看出，礼仪是身份地位的一种规范，是与粗俗的生产性的工作不相容的。他们具有一种与生俱来的自信和居高临下的谦虚，他们习惯于需要他人的谄媚，不需要考虑未来的态度，这些都是一位绅士与生俱来的权利以及准绳；对于普通大众而言，他们对此的理解还远远超过这些，认为这些都是身价不凡之人所具有的内在属性，出身寒微的平凡大众在其面前都甘愿退让，低首下气。

正如之前章节所说，我们有理由相信，所有权制度是由具有人身的所有权开始的，尤其是拥有对妇女的人身所有权。取得这种财产的动机显然有以下几个方面：（1）统治和强迫的倾向；（2）所有者利用这些人来作为其拥有权威的证明；（3）利用他们的劳役。

私人服务在经济发展中具有独特的地位。在准和平的生产时代，尤其是在这个时代工业还处于初步发展的阶段，利用劳役的效用似乎通常是获得人身财产的主要动机。奴仆的价值就在于其能够提供服务。但是这种动机的主导地位并不是由于奴仆所具有的其他两个效用的绝对下降所导致的，而是由于生活情形的改变使得奴仆所具有的最后一种效用变得尤为重要。妇女和其他奴隶受到高度重视，他们不仅能够成为财富的证据，也是积累财富的一种手段。在一个以畜牧方式为主的部落中，他们就与牲畜一样，是部落获取利益的一种普遍的投资方式。在某种程度上，女性奴隶已经成为准和平文化阶段下经济生活中的一种特征。有时，对于生活在此文化阶段下的民族而言，她们甚至已经成为一种价值单位——例如在荷马时期就是如此。凡是有这种情况的，毫无疑问，动产奴隶以及一般都是奴隶的妇女则成为了生产系统的基础。在这个系统之下，人与人之间最重要且最普遍的关系就是主仆关系。此时，被公认的财富证据就是拥有大量的妇女，现在还需加上负责服侍主人并为主人创造商品的其他奴隶。

此后，就出现了劳动分工。为主人提供私人服务和服侍主人已经成为一部分奴隶的专职任务，因此，那些全职投入在劳役性工作中的奴隶，与其主人之间的直接关系则变得越来越远。同时，那些专职为主人提供私人服务的奴隶则逐渐脱离了为获利而从事的生产性劳役。

这种脱离一般劳役性工作的渐进过程，通常是从主人的妻子或者正妻（the chief wife）开始的。当社会发展到以居于定所为生活习惯之后，从敌对部落掠取妇女作为妻妾的方法已经不能够作为惯常供给的来源。处在这一文化发展阶段的社会中，正妻通常需要具有高贵的血统，而这项事实则正好加快了正妻脱离粗俗工作的进程。至于高贵血统这一概念的起源及其在婚姻制度中所处的地位问题，我们在这里无法深入探讨。就当前的目的而言，只需说明是由于其家族长期累积了巨额财富并拥有某些世代传承的特权，才使得其被尊称为拥有高贵的血统。具备这种条件的女性是受到众人欢迎的结婚对象，这样不仅可以同她有权势的亲属结盟，而且其与丰厚的物品和巨大的权势连接在一起的高贵血统，能够带来无与伦比的优越感。然而她仍然是其丈夫的动产，正如她在成交之前是其父亲的动产一样，只是那时她同时还拥有其父亲的高贵血统。因此，若是让她从事与其奴仆相同的劳役，这在道义上与其高贵的血统难以相容。虽然她是完全隶属于其主人的，并且在其所处的社会阶层中，她占据的社会地位低于男性成员，但是，由于高贵的血统可以沿袭的这一特点，她的地位仍然高于一般奴隶；并且，一旦这种原则成为一种约定俗成的权威之后，就会使得她在某种程度上具有一定的休闲特权，而休闲特权也是高贵血统的主要标志。由于受到系出名门的世袭原则的推动作用，只要其主人的财力能够支持的话，正妻免于劳动的范围也就会逐渐扩大，直至包括一切卑贱的劳役以及手工劳动在内。随着生产事业的发展，财富也就越来越集中到少数人手里，而上层阶级传统的财富标准也就有所提高。如同随着时间的推移，由脱离手工制作逐渐到脱离卑贱的家居劳役的趋势一样，这种趋势也势必会延伸到其他妻妾（如果有的话），也将会扩展到那些直接服侍主人的奴仆身上。如果一个奴仆与主人的关系越远，那么其免于劳役的希望也就更加渺茫。

如果主人的财力负担得起的话，其对私人服务也会越来越重视，这样的话，就会促使侍从或贴身奴仆这一阶级产生。作为财富和荣誉化身的主人，其举手投足都非同小可。为了他在社会中的声誉，也是为了其尊严，他需要拥有一些专职的奴仆，能做到随传随到，并且不能因为其他的闲差而耽误这些奴仆的专职工作这样一件大事。实际上，这些专职奴仆用于炫耀的效果要远高于其实际的服务功能。当然，这些奴仆并不仅仅是具有简单的炫耀效果，他们需要讨好主人，尤其还需要满足主人的“支配欲”。事实上，家庭器具的不断增加也确实需要更多的劳动力；但是，增添的这些器具通常是为了博取更好的声誉，而不是为了更好地享乐，因此用在这方面的奴仆所占的比重不会很大。这类劳役的效用可以由大量更为专业的奴仆来提供。因此，就会导致家务奴仆和贴身奴仆之间的区别和分化越来越大，这类奴仆也就会日益脱离生产性劳动。他们存在的本质是为了证明其主人具有支付能力，因此，这类家务奴仆所需承担的职责也就越来越少，到最后，他们的服务也就变成了徒有虚名而已。对于那些与主人关系最近，随时听从主人调遣的奴仆而言，情形更是如此。因此，这些奴仆的效用很大一部分是在于他们脱离生产性劳动的炫耀上，并且这种脱离能够证明其主人的财富和权势。

这种为了表现其炫耀性休闲而雇用一批负责特殊职责的奴仆的风俗发展到一定程度后，人们发现，男性从事这种需要亮相的任务比女性更受欢迎。男性，尤其是体格健壮、外貌俊俏的男性，比如作为跟班和其他贱役，显然要比女性更为威严，花费也更高。在展现出浪费更多的时间和耗费更多的人力方面，男性显然比女性更适合这种工作。因此在休闲阶级的经济体制中就发生了这样的变化：那些早期在父权体制下辛苦劳作的家庭主妇以及女佣，现在则变成了贵妇和随从。

在所有的等级和生活方式以及经济发展的任何一个阶段，贵妇和随从的休闲不同于有自有权利的绅士所享有的休闲，她们的休闲是一种在表面上看起来很辛苦的职务。在很大程度上，这种职务是以辛勤服侍主人或是不辞辛劳地维护和制作家居器具的方式呈现的；因此，这项休闲职责，仅仅只是指这一阶层很少或从不参与生产性劳动，并不是指不参与任何形式的劳务。贵妇或家务奴仆的职责往往足够繁重，他们所要承担的事务通常对于家族安乐很有必要。只要这些劳务有助于主人和其他家庭成员的身心健康，都可以被看作是生产性劳动。只有扣除有效工作之外的剩余部分，才是休闲的表现。

但是在现代的日常生活中，许多被归为家居管理的劳务，以及文明人在生活享受中所需要的“有用事务”，实际上都是属于仪式性质的。因此，把它们归为本章所说的“休闲”是十分恰当的。为了生活得体面，甚至舒适，这类劳务都是迫切需要的，尽管如此，这类劳务仍然主要或全部都是属于仪式性的。由于这类劳务具有仪式性的意思，它们就尤其不可或缺，因为我们已经养成需要这类劳务的习惯，一旦缺少，在仪式方面我们就会被认为是没有规矩、有失分寸。当缺少这类劳务时，我们会感到不舒服，但并不是因为直接造成身体上的不舒服；在没有经过训练去区分习俗的好与坏的品味时，这类劳务的缺失也不会引起人们心里的怨愤。既然如此，那么耗费在这些劳务上的劳力就应该被归为休闲，并且，如果这类休闲是由经济独立、具有自主权的家长之外的其他人表现出来的话，则这种休闲就被称为“代理休闲”（vicarious leisure）。

由家庭主妇和家仆进行的代理休闲，在家庭总管的监督下，可能会经常发展成苦役，尤其是在名誉竞争处于紧张激烈的时候，愈发是这样的。在现代生活中，这不足为奇。这种情况一旦发生，这些由家事劳务组成的奴仆阶级职责，或许将其称之为虚掷的勤奋要比代理休闲更为确切。但是代理休闲这个词的作用在于不仅说明了此类家事职务的缘由，而且直截了当地彰显了诸如此类事务的实质经济基础。因为这些职务的核心功效在于将财力名誉归结于主人或其家庭，而之所以如此，是需要有足够多的精力和时间，并且要炫耀性地虚掷财富才能做到这一点。

这样一来，一个附属性或衍生性的休闲阶级则应运而生，它的功能是为了对原发性或合法的休闲阶级的利益进行规范而开展代理休闲，这种代理休闲阶级与休闲阶级本身的不同之处在于其生活形态的独特性。从表面上看，主人阶级的休闲不单单是摆脱劳役，而且将休闲视为改善主人自身美满的生活和提升福祉的一种途径。相反，一般来说，奴仆阶级免于生产性劳动的休闲并非为了让它们自身真正到达身心放松的目的，而是一种被迫强加的行为罢了。也就是说奴仆的休闲并非自身的休闲，只要他的身份是名副其实的奴仆且又同时不处于休闲阶级本身的最底层位置时，其休闲通常被美其名曰

“专业服务”，借以促进主人生活变得更加美满。这种从属关系在该奴仆的生活态度上得到了明证。在经济发展的漫漫长河中，诸如此类的情形在妻妾者身上也屡见不鲜。也就是说，只要家庭由男性当权的情况不变，他们在这期间作为奴仆的主要身份就始终不会改变。为了顺应休闲阶级生活方式的需要，奴仆不仅要保持臣服的态度，而且还得将臣服的特殊训练在实践中发挥出应有的效果。奴仆或妻妾不仅要履行既定的职责，同时保持卑躬的姿态，而且更重要的是，其所作所为应当表明，他们对服从的技术非常熟悉，能够圆熟自如地遵守那些有用且明确的服从准则。这种在服从关系上展现的专业性和技巧性，时至今日仍然是雇主高薪聘用奴仆的主要参考依据，也是调教有方的家庭主妇的主要优点之一。

作为一个好的仆人，他首先必须知道的就是他的地位。仅仅知道如何达成某些既定的结果是远远不够的，最重要的是他要知道以什么适当的形式去达成这些结果。家务劳动与其说是一种机械性功能，毋宁说是一种精神上的功能。它逐渐形成一个仪态举止方面的精细系统，尤其规定了奴仆在执行代理休闲时的种种规矩。任何违反这些规矩的做法都要被弃用。摒弃这些做法不是因为它们缺乏效率，甚至也不是因为它们缺乏谦卑屈从的态度和气质，归根结底是因为，它们显示了奴仆欠缺费时的特殊培训。私人服务的特殊培训所耗费的成本不仅有时间还有精力，如果奴仆经过了这种培训，它足以表明，该仆人从未干过生产性劳动，从而令人一望而知其代理休闲的效用。这样训练有素的服务，不仅能满足主人对熟练手法和优良服务的本能性喜爱，而且本身也构成一个证据，表明它比一个未经训练的人的单纯的炫耀性休闲要耗费更多的精力和费用。如果绅士的管家或仆人执行职务时，其应对主人的桌子或马车的方法不合规矩，这表明该人的旧有职业可能是耕作或放牧，那样的话可太糟了。这样笨手笨脚的做法表明，主人没有为其奴仆提供专门的训练。仆人需要在一个严格的培训形式下训练有素，否则花费了时间和努力，也无法完成需要的特殊服务。这意味着，如果仆人的表现很差，表明主人缺乏这方面的支付能力，因为仆人的主要用途就在于证明主人的支付能力。

刚刚说的话可能会让人觉得，缺乏训练的仆人的坏处在于直接表明主人的生活不够奢华或贪图实惠。当然，实际情况并非如此。这两者之间的联系没有那么直接。到处都会发生这样的情况：从一开始，无论事情本身是以什么形式存在的，一旦我们认为它很好，就很容易引起共鸣，然后就形成一种思维习惯，认为它本质上就是正确的。但为了使该行为准则维持不坠，就必须获得与该准则相容的习惯或性格倾向的支持，或者至少不与它相抵触。代理休闲或炫耀性消费服务，是畜养奴仆的主导动机。只要准则存在一天，可以毫无疑问地断定，任何减少奴仆训练的建议都是无法接受的。我们对昂贵的代理休闲的需要，其间接性的后果是，通过淘汰机制而引导我们品味的形成，并产生相应的是非观念，对那些不同的做法抱有反感，并把它清除掉。

随着公认的财富标准不断提高，畜养奴仆以及利用仆人作为展示奢华的手段也经历了一番改进。拥有及蓄养奴仆用于生产财物，固然证明了财富和实力，但蓄养奴仆却不让他们从事任何生产性的工作，能充分证明其拥有更多的财富和更高的地位。这种原则催生了一个奴役阶级，奴仆的人数越多越好，他们唯一的职责就是等着主人的使唤，从而证明主人有能力消费大量非生产性劳务。于是分工就在这些奴仆或随从人员之间产生了，这些人的一生都消耗在维护有闲绅士的荣誉上。结果是，有一部分人为主人生产物品，另一部分人通常由主人的妻子或正妻带领着，替主人进行炫耀式休闲，从而证明主人可以承受财力的巨大耗费，而不影响其优越富裕的地位。

有关家庭服务业的发展和性质这个带有理想化和描绘性的概述，在某个文化阶段最接近其本质，本书将其命名为产业的“准和平”阶段。在此阶段，私人服务第一次上升到经济机构的位置，并且在这一阶段，私人服务也在社会生活方式中占有举足轻重的地位。在文化序列中，准和平阶段出现于掠夺性阶段之后，这两个阶段是野蛮时期中相衔接的阶段。其特点是在形式上遵守和平与秩序，但是在这个阶段，生活仍然有太多的强制和阶级对立，所以，此阶段还不能被称为完全和平阶段。从经济以外的观念来看，此阶段可以被称为身份制阶段（the stage of status）。身份制可以很好地概括在这个阶段中人与人之间的关系的处理方法，以及该文化水平下的精神状态。但是作为描述性词句来表现行业的普遍状态，以及指出经济进化至此的发展趋势，“准和平”似乎更加妥切。就拿同属西方文化的各国来说，经济发展的这个阶段可能已变为过去时；只有人数极少但地位显赫的部分人例外，他们仍深陷于野蛮文化特有的思维模式而无法自拔。

私人服务依旧是具有重大经济意义的一个因素，尤其在关于商品的分配和消费方面；但即使在分配与消费问题上，它与以往相比，其重要程度仍然要略逊一筹。代理休闲的黄金发展时期已经消逝，而不是现在的情况；目前这方面最好的表现仅仅遗留在上层休闲阶级的生活方式中。现代文化在很大程度上归功于更古老阶段的传统、惯例和思维模式的保存，这才使其具有广泛的认可度和持续的发展性。

在现代工业社会里，为日常生活提供便捷舒适之用的机械器具已高度发达。正因如此，贴身奴仆，或者更确切地说，任何形式的家庭佣人（除了依早期的习惯传统遗留下来的按荣誉准则行事的人之外），现在已经很少见，唯一的例外可能是用来服侍体弱多病者和精神衰弱者的仆人。但这样的仆人应当列入受过专业训练的护士一类，而非家庭佣人一类，因此雇用他们是一个表面的例外，并不是一个真正的例外。

举例来说，当今中等富裕家庭之所以雇用仆人，其原因（表面上）是，该家庭成员不能在方便的情况下从事这样一个现代家庭所需完成的工作。其理由是：（1）他们所承担的“社会责任”太多；（2）他们所负荷的工作任务繁重且工作量太大。这两个原因可以申述如下：（1）在强制性的礼法准则下，这样的家庭成员具有表面上把时间和精力付诸炫耀式休闲实践的必要性，其方式是出访、旅行、参加俱乐部、义务缝纫、进行文体活动、进入慈善机构等诸如此类的社会功能。那些将时间和精力耗费在这类事务上的人士认为，参加种种这些活动，以及偶尔出席一些需要服饰装扮和其他炫耀性消费的场合，并非心甘情愿却又不可回避的。（2）在商品的炫耀性消费的需求下，生活中的各种器具，如住房、家具、古玩、衣柜、餐饮等，已经逐渐变得这般精致却又烦琐，因此如没有别人帮助，就不能做到合乎礼节。对雇主来说，与那些协助其满足礼仪上常规工作的受雇者亲身接触，并不是一种欢愉的事，但还是得忍受他们的存在并支付薪酬，以此来支使他们分担此类繁重的工作（这同时还伴随着家庭物资的耗费）。家庭奴仆及侍从这个令人侧目的特殊阶级的存在，可以视为主人为金钱礼节这一精神上的需要而作出的身体舒适方面的让步。

在现代生活中，代理休闲的最大表现是所谓的家务职责。这些职责的意义正迅速发生改变，它的存在更多是为了家庭名誉的展示，而非仅仅只顾及一家之主的个人名誉。如果将一个家庭视为一个全体单位，那么它的立足点就是一个表面上拥有平等地位且是基础成员的家庭主妇。当如此运作的家庭与古典传统的婚姻所有制的基础出现背离的情况时，家庭职责自然而然就会与原始意义上代理休闲的范畴相背离，除非这些职责是由被雇佣者来履行。换句话说，代理休闲只可能建立在讲究身份或雇用劳务的基础之上。如果讲究身份地位关系在任何时候的人类交际活动中销声匿迹的话，那么代理休闲也将不会出现在随之而来的大部分生活中了。但还需补充说明的是，虽然在某种意义上来说稍有些变化，但是只要家庭制度存在，即使一家之主的地位已经不再集权于一身，这种家庭为取得名声考虑而进行的非生产性劳动仍然必须被归类为代理休闲。此时的休闲是为了“准个人”（quasi-personal）的整个家庭服务，而不是像从前那样，为拥有家庭经济主导权的家长服务。

第四章 炫耀性消费

在上章中叙述代理休闲阶级（vicarious leisure class）的演变及其从一般的劳动阶级中分化出来时，曾经提及过进一步的分工，即在不同的仆役阶级间进行的分工。其中一部分人，主要是那些以代理休闲为职业的人，逐渐承担起一种新的、附属的职责——商品的代理消费。这种消费方式最突出的表现是仆人身穿特定服饰，住宽敞的仆役宿舍。另外一种代理消费，虽然不那么显眼或那么有效，但却更加广泛流行，就是家庭主妇和其他成员在食物、衣服、住宅和家具方面的消费。

远在家庭主妇这一身份产生之前的某个经济发展时期，作为一种金钱力量（pecuniary strength）的证据，财物的专业化消费（specialized consumption）已经逐渐形成一种复杂的系统。消费分化的初始萌芽要早于任何甚至可以称为金钱力量的事物。它可以追溯至掠夺性文化的最初阶段，有些人甚至认为这方面最初的分化要比掠夺性生活更早。财物消费中这种最为原始的分化与后来我们所熟知的那些分化极为相似，它们在很大程度上都是属于礼仪性的，不同于后者的是，前者并不以财富的积累来加以区分。作为财富证明的消费职能，可以视为是一种派生的发展。这是通过一种选择性手段来适应新目标的方法。人类的思维习惯中早已存在，根深蒂固。

在掠夺性文化的早期阶段，经济上唯一的分化，就是存在于健壮男子组成的光荣的上层阶级（honourable superior class）和劳动妇女组成的卑贱的下层阶级（base inferior class）之间的广泛差别。根据那个时候普遍流行的理想生活方式，消费女性所生产的物品是男子的职责。至于落到妇女头上的消费，则仅仅只是她们工作的附带品：这是使她们继续劳动的一种手段，而不是为了充实和安抚她们的生活。不从事生产的消费是光荣的。首先，这是英勇的标志，也是人类尊贵的表现；其次，这种消费本身是一种实质上的光荣，特别是对更有价值的事物的消费。高级食品，时常还包括一些珍贵的装饰品的消费，成为妇女和儿童的一种禁忌；并且对于下层的男性（奴隶）而言，这种禁忌对他们同样适用。随着文化的进一步发展，这种禁忌可能转变成一种严格程度不一的单纯习俗；但是不论支撑这种差别的理论基础是什么，也不论它是一种禁忌或者是一种更为普遍的习俗，传统消费的这种特征并不会轻易改变。当到达准和平的生产阶段（quasi-peaceable stage）以后，随着动产奴隶制被确立为基本制度，在严格程度不等的情况下所遵守的普遍原则是，劳役阶级（industrious class）只应当消费仅能维持他们生存的必需品。就本质上而言，奢侈品和生活享用品专属于有闲阶级。在禁忌之下，某些食物，更为确切地说是一些饮料，是严格地预备给上层阶级享用的。

饮食礼仪上的差异，在酒水和麻醉品的使用上最为显著。如果这些消费的代价是昂贵的，那么它们就被认为是高贵和光荣的。因此，下层阶级，主要是妇女，禁止使用这类兴奋剂，只有在那些以极低的代价可以买到的地区例外。从远古时代直至父权制盛行的整个时期，这些奢侈品一向都是由妇女负责筹备和管理的，而享用这些奢侈品则是出生高贵、有教养的男性的特权。因此，过度使用兴奋剂所带来的醉态及其他相关的病态，对他们来说往往是一件很有面子的事。再进一步来说，它成了那些能这样放纵的人优越地位的标志。某些民族将这种过度放纵而造成的病态，看作是一种男子气概的象征。甚至出现这种情况：由于这种放纵引起的某些身体上病症的名称，在日常生活的言谈中逐渐成为“高贵”或“文雅”的同义词。当然，只有在较早的文化阶段，这种由放纵恶习造成的病态才习惯被看作是优越地位的标志，并且往往成为一种受社会公认的美德。但这类放纵的恶习所带来的荣誉习俗保留如此之久，以致富人阶级或贵族阶级任何过度放纵的行为，其所受到的指责都大大减轻。这种传统的歧视性差别，即使在如今更加进步的民族，也依旧强大。在那些有闲阶级树立的榜样对社会习俗的形成有巨大影响力的地区，很明显可以看出在兴奋剂的享用上妇女仍很大程度上受传统禁忌的约束。

这里所描述的上层阶级的妇女在兴奋剂的使用上有较大的节制，可能因不合逻辑地过分渲染而导致违反了常识。但事实上任何关心此事的人都不难理解，妇女受到如此大的节制，部分原因归结于当时强制性的社会习俗。一般来说，这种习俗在父权制传统——妇女作为一种动产的传统——保留有强大的势力。在某种意义上，这项习俗在范围和程度上都已经受到很大限制，但它原有的意义丝毫没有丧失。这种传统认为妇女是一种动产，只需要消费维持她们生存的必需品——除非进一步的消费有助于她主人的享乐和获得美好的声誉。从真正意义上来讲，奢侈品的消费是为了消费者自身的享乐而进行的。它也因此成为主人的一种标志。主人以外的其他人只有得到默许才能进行这样的消费。在大众的思维习惯已经深受父权制传统影响的社会里，我们总能找到有关奢侈品禁忌的残余，至少在某种程度上，不自由或从属阶级使用奢侈品是遭受习俗反对的。尤其重要的是，从属阶级使用奢侈品，将会明显地损害主人的享受和愉快。人们还会根据其他理由质疑这是不合法的。在西欧众多保守的中产阶级看来，从属阶级使用各种兴奋剂，即使没有触犯禁律，也应当受到指责。并且有一点是意义重大、不容忽视的，在日耳曼文化下长期受到强大的父权制礼节束缚的中产阶级中，妇女在麻醉品和酒精饮料上受到的禁忌是最大的。妇女应当在考虑其主人利益的前提下进行消费，这一通则被认为是正确并且有约束力的，它现在受到许多方面的限制，特别是随着父权制传统的衰落，限制的条件也越来越多。这里出现了一个明显的异议：妇女对衣着和家庭日用品的消费对于这个通则明显是个例外。但在效果看来，这个例外也仅仅是表象上的，并无什么实质意义。

在经济发展的初级阶段，通常来讲只有有闲阶级才能享有物品的无限消费权，尤其是对那些高级物品的消费，观念上也只有有闲阶级才能进行最低生活需求之外的消费。随着和平阶段的到来、私有财产的出现和以劳动工资或小家庭生产为基础的工业体系的形成，这种限制开始逐渐消失，至少是在形式上消失。但在早期的准和平阶段，通过有闲阶级制度影响后来经济生活的各种传统习惯开始逐渐形成，并得以巩固。上述原则就获得了一种传统法律的力量。它已经被认定为是消费必须遵守的一种规范，而且任何与之相关的背离都将被视为异类，迟早会在后来的发展中被清除。

可见，在准和平阶段的有闲绅士，不仅他的生活消费远在维持生存必要和保持身体健康所需的最低限度之上，而且他所消费的物品都是经过挑选的、特殊化的商品。在食品、饮料、麻醉品、住所、服务、装饰品、服饰、武器及军事配备、娱乐品、护身符和神像等的消费上，他都可以尽情享用最好的。他所消费的物品逐渐进行改善的最主要动机和最直接的目标，毫无疑问在于质量提升和精心改造的商品更有利于他个人的享受和福利。但这并不是这些消费的唯一目的。这里还存在荣誉标准，凡是按这种标准进行革新，就能使之延续下去。既然对于这些更加精美的物品的消费是一种财富的象征，它就成为一种光荣的行为。相反地，消费不足和消费质量低劣则成为卑贱和屈服的标志。

这种在饮食等方面质量上的精心挑选与辨别，不仅很快改变了有闲绅士（gentleman of leisure）的生活方式，而且影响到他的锻炼行为和智力活动。他不再仅仅是一个成功且进取心强的男子——他成为了一个有权势、有资源和胆识的人。为了避免愚笨粗俗，他还必须提高自己的品味，因为就某些细节上来辨识消费品的高低贵贱，现已成为他的一种义务。他在价值不等的美食、男性饮料、随身饰品、适当的衣着、建筑、武器、竞技、舞蹈以及麻醉品方面成为一个行家。这类审美能力的培养需要时间及勤奋，这就对绅士提出了这方面的要求，使他改变原有的休闲生活，或多或少在学习上付出努力，学会怎样适应一种表面上的休闲生活。这就要求他必须尽情地消费各种合适的物品，同时与之紧密相关的是，他还必须知道如何以恰当的方式来进行这些消费。他的休闲生活必须遵循常规，这就出现了上一章节所提到的礼仪问题。高贵的礼节和优雅的生活方式，正是炫耀性休闲（conspicuous leisure）和炫耀性消费（conspicuous consumption）的两个评判标准。

对贵重物品的炫耀性消费，是有闲绅士博取声誉的一种手段。即使手中握有大笔财富，但仅靠他个人的努力，若没有他人从旁协助，是不足以证明他的富有的。于是通过馈赠昂贵的礼物、举行豪华的宴会和进行各种娱乐活动，将能够帮他带来朋友及竞争者。礼物和盛宴除了单纯地夸耀外，可能还有更好的缘由，但很久以前就取得了这方面的效用，并且这种特性一直延续至今。因此，它们在夸耀方面的效用，长久以来已成为这类习俗所依据的实质基础。奢侈的娱乐集会，如馈赠礼品或舞会，尤其适用于夸耀的需要。通过这种方式，设宴者将想要与之攀比的竞争者邀请过来，作为达到目的的一种手段。竞争者在代替东道主进行消费的同时，也见证了东道主无法独自应对的那些超额的珍贵物品的消费，而且他还是东道主崇尚礼节的见证人。

举办奢华的宴会，当然还有其他较为适宜的动机。节日集会的风俗可能源于一种喜好或宗教观念。这些动机仍出现在后来的发展之中，但再也不是唯一的动机了。后来有闲阶级的节日活动和宴会，依旧是少许服务于宗教的需求，更大程度上是满足个人消遣和娱乐的需要。这些宴会还带有歧视性目的，并且这一目的很容易实现，因为在公开的动机中，其表象却是非歧视性的。这些愉悦的社交活动的经济效益丝毫不会减弱，无论是在物品的代理消费方面，或是在展示礼仪成就取得的艰难和巨大花费方面。

随着财富的积累，有闲阶级在功能和结构上进一步发展，于是阶级内部开始出现分化。那是一个或多或少精心设计的等级体制。财富的继承及由此形成的门第的世袭进一步促成了这种分化。随着门第的世袭，产生了强制性的休闲继承。一些名门望族将高贵血统传承给后代，但这种传承可能没有留下足够的财富让后代维持高贵的有闲生活。由此产生了贫穷的有闲绅士阶级，这在前文已有所提及。这些半特权的有闲绅士只能划归到等级制度中的一个分层。那些就出身或财富而言，或者两者都接近较高或最高品级的富裕有闲阶级的人，他们的地位居于出身低下和财力不足的人之上。那些等级较低的，尤其是贫穷的或者边缘的有闲绅士，借助投靠或效忠的方式依附于身份较高的人。这样就可以从主人那里获取荣誉，或者得到进入有闲生活的途径。他们成为其主人的奉承者、随从或仆役，得到主人的豢养及支持，他们是主人等级的指向标和多余财富的代理消费者。这些附属的有闲绅士同时也拥有少量的个人资产，因此，他们当中有些人不是代理消费者，其他的也仅是部分代理消费者。他们当中的许多人，是由主人的侍从和奉承者组成的，因此可能被归类于不具资格的代理消费者。还有一点，这类人中的大部分以及许多较低级别的贵族，或多或少也有一些属于自己的代理消费者，例如他们的妻子和孩子们，他们的仆役、侍从等。

有一条通则贯穿整个代理休闲和代理消费的等级制度。那就是，这些工作必须按某种特定方式，或在某些特定场合由某些佩戴特定标识的人来执行，以此清楚地显示这类休闲或消费是属于主人的，并且随此消费而新增的荣誉也是主人的。这种消费或休闲对于他们的主人或保护人来说是一种投资，其目的是为了增加自己的荣誉。至于宴会和犒赏，其目的再明显不过了。这类大庭广众之下进行的活动，使所有的荣誉立即归于东道主或主人。如果休闲和消费是由仆役和侍从替代执行的，但荣誉依旧会归于主人。因为他们就在主人的身边，以至人们一看便知他们的休闲和消费是从何而来的。后来以这种方式博取荣誉的人逐渐增多，这就需要更加明显的方式来证明这种休闲所带来的荣誉归属于谁，于是制服、徽章和特定服饰成为一种时尚。穿上制服或特定服饰很大程度上是一种附庸，甚至可以说是一种奴役的标志，不论是实质上的或是表象上的。这种着装的人可以粗略地分为两类——自由的和奴性的，或者说高贵的和低贱的。他们所进行的劳务因此也有高贵和低贱之分。当然，在现实工作中这种划分并不是严格一致的，卑贱劳务中比较上乘的和高贵劳务中比较低下的，通常由同一人来执行。但是一般性的区分不该因此而被忽略。会给此事增添一些困惑的是，这种以执行劳务的性质来作为高贵与低贱的区分基础的方式，会受到所服务对象的等级或穿着谁的特定服饰所附带的荣誉和羞辱的干扰。所以，但凡是理应有闲阶级从事的工作都是高贵的，例如行政、作战、狩猎、武器及其装备的管理等。简而言之，所有表面上具有掠夺性的工作都归于此类。另外，那些理应由劳动阶级进行的工作都是低贱的，如手工艺或其他生产性劳动，仆役及类似的工作。不过一项原本低贱的工作，如果为极为高贵的人服务，就很有可能成为一项光荣的职务。

例如，皇室的婢女或者皇后的贴身侍女，又或是国王的御马官或其御犬饲养官等。最后提到的两种职务涉及某一普遍原则。就如此处提到的，每当仆役工作直接涉及作战及狩猎等首要休闲工作，很容易得到一种光荣的特性。按照这种方式，原本低下的一类职务很可能附上光荣的色彩。

在产业和平发展的后期阶段，雇用一支无所事事却全副武装的军团作为随从的习俗逐渐消失。原来只需佩戴主人或保护人标志就可进行的代理消费，缩减至由穿着特定服饰的仆役来进行。所以，毫不夸张地说，特定服饰成为了奴役的一种标志，甚至可以说是卑贱的标志。武装侍从的制服通常还带有一点光荣的性质，但当特定服饰成为仆役专有的标志后，这种光荣的特性就随之消失了。几乎所有被要求穿上特定服饰的人都会对制服感到厌恶。我们脱离奴隶制盛行的时期还不太远，所以仍能十分清楚地感受到被划归为奴仆的痛苦。这类厌恶感甚至出现在某些公司要求其雇员穿着特定服饰作为制服来以示区别的时候。在这个国家，此种厌恶感竟发展到如此程度，就连被要求穿着特定服饰或制服的政府官员，不论是文官还是武官，都对此产生反感，虽然这种感觉是比较轻微或模糊的。

随着奴役制度的消失，依附于任何一位绅士的代理消费者的数量，总体上呈现下降趋势。至于为这位绅士进行代理休闲的人数也在减少，甚至更为显著。一般情况下，这两类人的数量是相同的，但也不是完全一致。首先被委派执行这些职责的依附者一定是妻子或正室。由此可以预见，在制度发展的后期，当惯常执行这些任务的人逐渐减少，妻子终将被保留到最后。在社会的较高层级里，这两种类型的服务是被大量需要的，在工作上妻子多多少少需要一群仆役来协助。但是当我们沿着社会层级自上而下观察，所有代理休闲和消费均由家庭主妇独自承担的现象就会出现。在从属于西方文化的社会中，这种现象就出现在较低层次的中产阶级（lower middle class）中。

然而这里出现了一种奇妙的反常现象。在这个较低层次的中产阶级中，一家之主竟然没有理由进行休闲，这已成为一个普遍的事实。迫于环境的压力，休闲已经被弃用。但中产阶级的妻子为了家庭及其主人的好名声，仍进行着代理休闲的工作。在任何现代化工业社会中，顺着社会阶层而下，一家之主所进行的炫耀性休闲事实上已在相对较高的层级里消失。中产阶级的家主迫于经济的压力，转而依靠自己的双手从事一定工作来维持生计，他们所从事的职业通常带有很大的生产性，与如今的普通商人无异。派生出的事实——由妻子展示的代理休闲和消费及仆役们提供的辅助性的休闲和消费，仍是现在的时尚。作为追求荣誉的一种习俗，这是不容忽视的。一个男人尽自己最大的努力去工作，为的是使妻子能适当地展现出当时公认的代理休闲的程度，这已成为一种常见的现象。

当然，这种情况下妻子所展示的休闲，绝不是简单地出于闲散或懒惰。这种休闲总借着某种工作或家庭职责或社交活动进行掩饰，但仔细分析，这些活动除了显示她不需要从事任何盈利的或实用性的工作，再也没有任何其他企图了。正如前文谈到礼仪时所提及的，中产阶级家庭主妇花费大量时间和精力所进行的家庭日常工作，大多属于这种性质。并不是说家庭主妇用心照料家务所产生的美观与整洁方面的效果，不能取悦深受中产阶级礼仪影响的男子们，而在于这种家庭装饰与整洁效果所体现的品味是在礼仪标准选择性指导下形成的，并且要投入大量精力来为之证明。这些效果之所以可以愉悦我们，主要是因为我们已经被告知这些效果是令人愉悦的。于是家庭职责中又增添了关于格局与色调的搭配以及如何达到审美这一层次的其他布置。无可否认，在这些布置中有时的确达到了某种实质性的美学效果。这里要着重说明的一点是，关于这类舒适的生活，家庭主妇的努力都是在传统习俗的指导下进行的，而这些传统则源于时间和物质的炫耀性消费法则。如果要达到美观和舒适的效果——假使真的实现了，那多多少少也是带有一定偶然性的——这些成就必定是依靠浪费精力那个伟大的经济法则相关的手段或方式而取得的。在中产阶级的家庭行头中，那些最优秀的“可见之于人”的部分，一方面是炫耀性消费的项目；另一方面是证明家庭主妇从事代理休闲的工具。

借家庭主妇之手来进行代理消费的要求，即使在财富大幅下降甚至低于进行代理休闲所需的水平时，它依然有效。这时，礼仪上的整洁及任何浪费精力的行为，即使存在也不多见了。显然也不会有意识地去进行表面上的休闲消费，然而礼俗上仍要求妻子炫耀性地消费某些物品，以维持家庭及家长的好的名誉。于是，这种古老制度演变到后来，家庭主妇，不论实际还是理论上，最初是作为男人的苦力或动产——生产物品供男子消费——已经成为男子生产物品礼仪上的消费者。但在理论上，她们清清楚楚是男子的动产，因为惯常从事代理休闲和代理消费是没有自由的奴仆永久的标志。

这些由中产阶级和下层阶级家庭所进行的代理消费，不能算作是有闲阶级生活方式的直接体现，因为这些家庭的财富等级已不属于有闲阶级之列。甚至可以这样说，有闲阶级的生活方式在这里降低了一个层次。就声誉而言，有闲阶级是处于社会结构的顶端的。因此，它们的生活方式和价值标准成为博取荣誉的社会规范。遵从这些标准并力求最大限度地接近，成为了所有较低等级应尽的义务。在现代文明社会里，社会各阶级间的分界线已越来越模糊不清和瞬息万变了。在这种情况下，上层阶级所设定的荣誉准则，轻松地将其强制性的影响贯穿整个社会阶层并延伸至社会最底层。其结果是，每一社会阶层的成员都将他们上一阶层流行的生活方式作为自己礼仪上的标准，并尽其全力去达到这种理想的生活状态。一旦失败，他们就有丧失尊严的危险。因此，他们必须遵循公认的法则，至少在表面上达到这一点。

在任何高度组织化的工业社会里，良好的声誉终究是以雄厚的财力为基础的，而展示财富力量从而赢得或维持声誉的手段就是休闲和对物品的炫耀性消费。因此，顺着等级向下，只要它仍可能实现，这两种手段都是流行的。在较低的阶层中使用这两种方式，大部分的职责都被委派给家庭的妻子及孩子。在更下一层，任何程度的休闲，甚至是表面上的，妻子都已经无法负担。但物品的炫耀性消费仍需由妻子和孩子来执行。家庭中的男子也可按此方式来做一些事情，他们通常也的确这样做了。但继续往下进入贫困阶层——处于赤贫的边缘——男子，同时还有其子女，实际上不再为表面的风光而消费贵重物品。妇女仍是家庭在财富礼仪上唯一的代表者。社会上没有一个阶级，甚至是作为最贫困的阶级，通常也不会放弃所有的炫耀性消费。除非处于迫切需要的压力下，否则对于此类消费范畴内的最后的一点项目都不会放弃的。在财富礼仪所带来的最后一点装饰或点缀被抛弃之前，必须忍受巨大的痛苦及不便。世界上没有任何一个阶级或国家会屈服在物质需求的压力之下，而不去追求更高层次的或精神上的满足。

根据以上关于炫耀性休闲和炫耀性消费的发展情况的调查来看，两者之所以都具有博取荣誉的效用，是因为两者都具备浪费这一共同要素。在前一情形当中是浪费时间及精力，后者则是浪费物品。两者都是展示财富的方式，并且照惯例被认为是对等的。两者之间的选择，仅仅是一个宣扬谁更便利的问题，除非选择时受到其他来源的礼仪标准的影响。在经济发展的不同阶段，基于便利考虑，人们会偏向于选择这种或那种方式。问题是在取得他人认同时，这两种方式哪种更有效。在不同的环境和不同的方式下，这个问题是由惯例来解决的。

只要社区或社会组织的规模足够小，并且联系紧密到连最细小的事情都能有效地被所有人知晓——也就是说，只要个人博取荣誉所处的人情环境还局限于他的熟人和邻里闲谈的范围内——如此则两种方法的效用是一样的。所以在社会发展的初级阶段，两者的效用大致相同。但当社会进一步分化，就不得不接触更为广泛的人类环境。消费开始超越休闲成为礼仪的惯常表现方式。在后来的和平经济发展时期，这种情况就更为显著了。通信工具和人口的流动将个人置于大众的观察之下，而要评价某人的荣誉，没有比在众人直接观察之下来展示他的财物（或许还有礼仪）更好的方法了。

现代工业组织通过另一条路径产生同样的作用。现代工业体系的紧张状况经常将个人与个人、家庭与家庭联系在一起。但他们之间也仅是一种并列关系，再也没有任何意义上的相关性了。跟我们接近的人，简单地说经常连我们社会意义上的邻居都不是，甚至连熟人都不是。然而他们一时的好评仍具有高度的效用。我们要想使日常生活中遇到的毫不相关的旁观者对自己的金钱力量留下印象，唯一可行的方式就是不断展示自己的支付能力。在现代社会有更多的人参加大型聚会，而在场的人们却对他人的日常生活一无所知。这些场所包括教堂、剧院、舞厅、旅馆、公园、商店等类似的地方。为了给这些偶遇的旁观者留下深刻印象，并在他们的注视下保持一种自我满足的心志，必须把自己的金钱力量彰显得淋漓尽致，使任何人顷刻便能了然于心。显而易见的是，目前的发展趋势是：相较于休闲，人们更重视炫耀性消费的作用。

还有一点也是显而易见的，在人们广泛交往和人口流动性最大的社会里，将消费作为获取荣誉的手段及坚持认定其为礼仪要素，更能发挥出最大效用。炫耀性消费在城市人口收入中较乡村人口收入占据更大比重，城市的炫耀性消费的需求确实更为迫切。结果是，为了维持美好的表象，前者过着仅供糊口的日常生活的程度比后者高许多。于是出现了这种情况，举例来说，美国农民和他的妻子及儿女们与一个同等收入的城市工匠家庭相比，在衣着上显得过时，同时在行为方式上也更加粗鲁。这并不代表城市人口天生就更加渴望炫耀性消费所带来的特殊自我满足感，也不是说乡村人口就不看重金钱礼仪。这只是表明，这类现象引起的反应及其产生的短暂效用在城市更加明显。因此这种以消费展示财力的方式普遍被采用，而且为了在竞争中超越他人，城市人口将他们的炫耀性消费的通常标准又提升到更高水平。其结果是，为了展示一个更高层次的金钱礼仪，城里人不得不在这方面花费更多。凡事得符合这一较高的传统标准就变得有强制性。随着等级的提升，这种礼仪标准越来越高，并且还要求维持一个美好的表象，否则就会丧失现有的社会地位。

与乡村相比，消费在城市中成为体现生活水平更为明显的标志。在乡村人口中，消费的地位在某种程度上被储蓄和家庭享乐所替代，后者以邻里间闲谈为媒介，同样可达到类似金钱声誉的目的。这类家庭享乐和放纵的休闲，不论发生在哪儿——当然大部分可归类于炫耀性消费的项目，储蓄的情况也是相同的。工匠阶级的储蓄存款较少，毫无疑问在某种程度上是和他所处的环境相关的。对于工匠而言，以储蓄作为一种宣传手段的效率比那些住在农村或小村庄的人要差得多。在后者中，每个人的家务，尤其是每个人的财力状况，大家都是心知肚明的。仅就其本身而言——以最低程度考虑——工匠和城市劳动阶级同受其挑拨，也许储蓄数额不会那么明显地减少。但其积累的作用，通过适当地提高开支标准，它对储蓄发展趋势的抑制作用将是巨大的。

在公共场合小酌、做东及吸烟已成为城镇劳工、手工艺人以及城市人口中的下层中产阶级的一种习惯。这成为此类荣誉准则影响人们行为的一个最合适的例子。印刷工人可被归类于这种以炫耀性消费为时尚的阶级，并且它经常带来一种受人抨击的显著后果。这类阶级在这方面之所以有这种特殊习性，通常被认为是由于这类阶级深信的某些道德标准具有缺陷，或者是由于职业上某种不确定的因素对它们产生的影响所导致的。那些在普通印刷厂的印刷车间工作的人，大致情况可概括如下：在任何印刷厂或任何城市习得的技能，在其他的印刷厂或城市同样适用。也就是说，由专业训练而形成的惯性是很轻微的。而且，这种工作需要高于一般水平的智力和普通知识，这样受雇者相较于其他人能更好地利用劳动力需求在各地区间的细微变化进行迁移。因此，这种由思乡之情造成的惯性也是十分微弱的。与此同时，该行业的高工资使地区间的迁移变得相对容易。其结果是印刷工人的流动性极大，可能大于任何其他同等界限分明和数量相当的工人团体。这些人经常和新认识的群体打交道，并彼此建立一种短暂的或偶然的联系，但他们在此时的好评还是很有价值的。人类爱慕虚荣的天性通过友好的感情而加强，导致他们向着能满足这类需求的方向任意挥霍。这里和其他的场合一样，习惯加之时尚就会成为风俗，并和已有的礼仪标准融为一体。下一步就是以此礼仪标准为出发点，并向着同一方向进行新一轮的推进——因为仅凭同业中人死守的最低浪费标准而不进一步挥霍，将无法获得他人的认可。

由此可见，印刷工人比普通工人更加挥霍成性，至少在某种程度上归因于业内的流动及人际间的交往过于短暂。但这种对浪费行为高度需求的本质，无非由于那些展示财力和金钱礼仪的性格偏好。这也使法国自耕农极其吝啬，而美国的百万富翁致力于建学校、医院和博物馆。如果这种炫耀性消费的标准没有在某种程度上被人类的另一种相反的天性所抵消的话，就城市中的工匠或劳动阶级目前所处的情况来看，不论他们的工资或收入有多高，要他们从事任何储蓄在逻辑上都是不可能的。

不过，除财富及其表现外，还有其他的荣誉标准和多少带有强制性的行为规范。而且其中有一些会加强或限制炫耀性消费这个广泛的、基础的准则。单从宣传的有效性做一个简单的考察，我们有望发现休闲和物品的炫耀性消费在起初的金钱攀比中是势均力敌的。此后，随着经济的日益发展和社会规模的扩大，休闲可能会被逐渐弃用。而财物的炫耀性消费，无论是绝对的还是相对的，其重要性都在与日俱增，直到它吸收所有可利用的产品后仅剩维持生活所需的必需品。但是事情发展的实际状况与这种理想的计划有所出入。在和平文化阶段，休闲在最初是居于首要地位的，无论作为财富的直接标志还是作为礼仪标准的一个元素，休闲都占据一个远高于财物的浪费性消费的地位。从那以后，消费的势力逐渐增强，到现在它已毫无疑问地居于首位，然而距离吸收除生活必需品外的所有生产还是有很大差距的。

休闲在早期作为博取荣誉手段所处的优势地位，可追溯至古代对工作的高贵与低贱进行区分之时。休闲之所以光荣并变得具有强制性，部分是因为它表明免于从事卑贱的劳动。古代对阶级进行高贵与低贱的区分，是基于工作有贵贱之分的歧视性区别；在准和平发展阶段的初期，这种传统的区分方式发展成礼仪的强制性规范。当时休闲和消费一样，仍能充分有效地作为财富的证明，这样就更强化了它的优势地位。当个人还处于人类环境比较狭小、文化比较稳定的阶段，加之轻视一切劳动的古老传统，休闲确实如此有效，以致产生大批贫穷的有闲阶级，甚至产生将社会生产限制在最低生活需求标准的倾向。这种对生产的极端抑制之所以能避免，是因为奴隶的劳动；他们在比博取荣誉更严格的条件下进行强制生产，被迫生产出远超于工人阶级生活最低需求的产品。炫耀性消费作为荣誉来源的基础，之所以在后来出现了相对下降，部分是由于消费作为财富象征的有效性出现相对增长，也有部分可归因于另一种努力，这种努力与炫耀性消费相反，甚至在某种程度上是相对立的。

这个相反的因素就是工作本能。如果环境允许，这一本能会使人们重视生产效率，以及一切对人类有用的事物。它会使人们反对物质或精力的浪费，人人都有这项工作本能，即使在恶劣的环境下，它也可以发挥出来。因此一项开销，不论实际上它是多么浪费，它至少会在虚伪的表象下找到似是而非的借口。在特殊环境下，这项本能会演变为一种追逐名利的品味以及一种针对阶级贵贱的歧视性心态，这些在前面的章节中已得到印证。这项本能一旦与炫耀性消费的准则相抵制，它所表现的并不是对实质效用的坚持，而是对明显无用的事物的憎嫌以及美感上的厌恶。作为一种本能感受，工作本能的指引作用就是主要地、直接地触及那些明显或表象上违背其要求的事物。正因为这种感受在反省后才会有所体会，所以当事物达到实质性地违反其要求之前，这种反应通常比较迟钝且缺乏约束力。

只要一切劳动全部或通常由奴仆来完成，则生产性劳动的卑劣性将在人们的思想中长存，以致工作本能很难向生产的有效性方向发展。但是当社会由准和平发展阶段（以奴隶制与身份制为特征）进入和平发展阶段（以雇佣劳动和现金支付为特征），这项本能会发挥越来越重要的作用。此后它开始积极塑造人们关于何为价值的观念，并且至少使其成为自我满足的辅助规范。抛开一切无关因素，那些在任何方面都不想有所成就或没有立志为人类造福的人（成年人）毕竟是极少数的。这种工作本能的倾向，在很大程度上可能被追求光荣的休闲或逃避礼仪束缚等更具直接约束力的动机所掩盖。因此它只能以一种伪装的形态出现，例如：打着“社会义务”、准艺术或学术成就、住宅的经营与装饰、妇女义务缝纫活动或服装改良以及精通衣着、纸牌、划船、高尔夫等各种娱乐活动的名号来进行。但事实是，我们不能用这些在环境压迫下而作出的无意义的事情来证明这种工作本能已经丧失，这无异于让一只母鸡孵一窝瓷制鸡蛋，它不可以用来证明这只母鸡失去了孵化的本能。

现代有闲阶级所从事的活动往往带有目的性，但它们都极力避免任何与个人或集体利益有关的生产性活动。这正是现代有闲阶级和准和平阶段有闲阶级的态度差异的体现。正如前文所说，在较早的时期，占主导地位的奴隶制和身份制，除单纯的掠夺性目的外，轻而易举地排斥其他任何方式的努力。那时还有可能发现倾向于武力侵略、压制敌对部落或武力镇压部落内部从属阶级的日常工作。这样就可以减轻有闲阶级的压力，宣泄它们的精力，而不多借助任何实际或者只是虚有其表的有效活动。从事狩猎活动在某种程度上有着相同的作用。当社会发展成为和平的产业组织，当土地得到充分利用，狩猎的机会变得微乎其微时，追求目的性活动产生的压力不得不寻求其他方向的出路。随着强迫劳动的消亡，附着在有效工作上的耻辱感也不再那么强烈了。然后工作本能开始逐渐发挥作用，并更加持久和稳定。

有闲阶级的最恰当的活动方式已发生了改变，从前精力的发泄以掠夺性活动为主，现在部分转移到表面上有用的活动上。表面上无意义的休闲已经开始被弃用，尤其表现在平民出身的广大有闲阶级中，它们与悠闲自得的传统作风格格不入。但排斥一切带有生产性质的工作，这种博取荣誉的规范仍然存在，并且对于任何有实用性或生产性的工作，除了偶尔的尝试之外是绝不允许进行的。结果是有闲阶级所进行的炫耀性消费发生了细微的变化，但主要是形式而非实质上的改变。这两种需求之间矛盾的调和全凭各种手段的掩饰。各种繁文缛节和礼仪性的社会职责兴起，许多组织被创立，但都是顶着煞有介事的名义而进行的徒有其表的改良。于是人来人往，交往话题不断，到头来谈论者可能根本没考虑到谈话内容到底有什么实用的经济价值。同这类煞有介事的活动紧密交织在一起的是，虽然不能说一定，但通常或多或少有着为了某些严肃目标而进行的值得称道的努力成分。

代理休闲这个比较狭隘的领域也发生了相似的变化。不同于在父权制全盛统治时期那样整天无所事事地消磨时光，和平发展阶段后期的家庭主妇终日忙于家务。关于家庭劳务发展的显著特征，上文已经作出了说明。

在炫耀性消费的整个演变过程中，就财物、劳动或人类生活方面来说，其间最为明显的含义就是，为了有效增进消费者们的好名声，必须进行奢侈品方面的支出。为了博取好的名声，就不免造成浪费。单单进行满足生活必需品的消费是毫无价值可取的，除非是同那些连维持生计的必需品都短缺的赤贫者相比。不过这种比较仅是最乏味和最无吸引力的一种礼仪标准，根本形成不了一种消费标准。除财富外，生活标准还有可能在其他方面进行比较。例如：在道德、体质、智力或审美能力方面的对比。所有这些方面的对比如今仍然流行，而且它们通常和财力的较量紧密联系在一起，以致与后者很难区分。当前在智力和审美的能力和水平方面的评比上，这一点尤其突出，因此我们往往将实际是金钱上的差别视为美学或智力上的差异。

“浪费”（waste）这个词的使用，在某个方面上来说并不准确。在日常用语中这个词往往带有潜在的贬义。此处之所以用这个字眼是找不到更好的词来描述同一范围内的一些动机和现象，而且在论述人类生产或生活的不合理开支上并不包含贬义。按照经济学的理论，此处所指的支出与其他任何地方的支出并无多大区别。这里称之为“浪费”，是因为这项支出从总体上来说是一种精力和支出的浪费或误用。如果消费者选择这样做，相较于其他不会受到责难的消费形式而言，就解决了这种选择对它的相对效用问题。不论消费者选择何种形式的支出，并且不论他抱有何种目的而作出选择，他的偏好决定了对自己的效用。就单个消费者来看，关于浪费的问题不在纯经济理论范围之内。所以使用“浪费”这个词作为专业术语，对于消费者在炫耀性浪费准则下所寻求的目标或动机并无贬低的意思。

但就另一理由来讲，有一点是值得注意的，“浪费”这个词在日常生活用语中的确暗含有对浪费行为的贬低之意。这种常识本身的含义正是工作本能的一个显露。这种对浪费的普遍排斥意味着，一个普通人想要过得安宁，就必须能从一切人类努力及人类享乐中看到全体人类生活及福祉的提升。要想取得绝对的认可，任何经济事物必须经得起非个人效用的考验——以全人类效益为出发点进行衡量，任何人与他人相比较所取得的相对利益或竞争优势，均不符合这种经济良心。因此攀比消费也得不到这种经济良心的认可。

严格地说，除了基于不平等的金钱力量攀比而导致的花销，其他消费均不能归入炫耀性浪费之列。但是为了将任何已知的项目或要素归入其名下，并不一定需要进行这项消费的人承认其属于这种意义上的浪费。时常会发生这种情况：生活标准的某项要素，在开始时主要是浪费性的，而到最后在消费者的理解下成为一种生活必需品。并且通过这种方式，它将变得同消费者的其他习惯性支出一样不可或缺。许多消费项目有时可归于此类，并可用作这一原则适用情况的说明，例如地毯与挂毯、银制餐具、服务生的服务、丝质礼帽、硬领上衣以及许多珠宝饰品和服装等。这些事物的使用习惯一旦形成并演进成习俗，就变得不可或缺。然而，是否将它们列入浪费（按照这个字眼的学术意义来理解）范围之列，并无多大关系了。要测试某种消费是否属于浪费范围之内，关键问题在于它是否直接有助于全人类生活水平的提高，是否能够客观地推动生活的进程。因为这是工作本能的判定基础，而且这种本能是任何经济真理或经济适应性问题诉求的最高法院。这是一个依据常识作出公正裁定的问题。因此，问题不在于在现有的个人习惯与社会风俗环境下，某一项支出是否有利于消费者个人的满足或内心的安宁；而在于，抛开后天的嗜好以及习惯和传统礼仪标准后，其结果对享受或充实生活是否有利。通常情况下的支出，只要它所依据的风俗起源于不公平的财富比较的习惯，就会被归于浪费这个头衔之下——只要没有金钱荣誉准则或相对的经济成就的支持，就难以形成既定的习俗和规定。

很明显，某项既定的支出并不需要完全属于浪费性的，才能被归于炫耀性浪费的范围内。同一物品可能既是有用的又是浪费的，而它对于消费者的效用可能是有用与浪费以多种变化的比率组成的。消费性物品甚至是生产性物品，通常是这两种元素的组合，来共同构成其效用的成分。一般情况下，浪费的要素在消费品中趋于占据主导地位，但在供作生产性用途的物品中，情况恰好相反。甚至在某些乍看之下纯粹是虚有其表的物品中，也总能找到一些至少表面上有用的目的。另外，即使是为了某些特定工业生产程序所设计的特殊机器和工具，以及供人们生产用的最简陋的器具，在仔细审察之下，通常也可以找到炫耀性浪费的因素，如果我们据此断定其不具备丝毫的有效性，这是极为不妥的。而对于任何基本上具有实用性质的物品，贸然断定它不含一丝浪费性成分，这样也是不妥的，只是谬误程度稍轻而已。

第五章　生活的金钱标准

对于任何现代社会的大部分人，其最直接的消费支出超出了舒适生活所需要的程度，与其说是在有形消费的奢侈程度上刻意胜过他人，倒不如说是他们期望在商品消费的数量和等级上达到传统的礼仪标准。这种期望并不是由一个严格不变的标准所支配，也就是说，人们的期望不是一定要达到这个标准或超过这个标准就没有更进一步的动力。这个标准是弹性的，如果人们有充分时间来适应金钱能力的任何增长，且随着这种金钱能力的增长，人们在新的更大范围的消费中获得了便利，那么这个标准还可无限扩展。让一个人适应因为财富增加而提高的消费很容易，但如果让他退回到原来的低层次消费显然要困难得多。许多习惯性消费项目经分析证明几乎纯粹是浪费，因此这些消费也就纯粹是荣誉性的，但这类消费一旦被归入礼仪消费水平一类，且成为一个人生活方式不可或缺的一部分之后，要放弃这类消费相当困难，就如同要放弃那些直接影响他物质享受甚至可能是对生活和健康十分必要的那类消费一样。也就是说，比起“低层次”的仅仅用于想要身体健康和维持生计的消费来说，那些能够带来精神享受的明显浪费性的荣誉消费可能会变得更加不可或缺。众所周知，从“高层次”的生活水平降下来，其难度不亚于从一个本来就相对低的生活标准再降一步，尽管前者只是精神层面的损失，而后者可能涉及物质生活享受的实质性减少。

在炫耀性消费方面退步非常困难，而要进一步提高则相对容易；事实上，后者的发生几乎是理所当然。但也有例外，当一个人提高炫耀性消费的条件已经成熟，但他却没有提高消费水准，人们往往觉得无法理解，从而指责这些没有做到的人寒酸小气。反过来讲，对财富增加的刺激作出迅速回应则被认为是正常现象。这表明，一般指导我们消费行为的标准并不是那个已经达到的普通日常消费标准；而是一个我们目前做不到，或者说努力才能达到的理想消费标准。努力的动机就是攀比，这是一种总想分出高下的比较心，刺激我们去胜过那些本来自认同属一个阶级的人们。实际上，在日常谈话中会有这样的说法：每一个阶级会忌妒和攀比比它高一层次的阶级，然而它几乎不会和比自己低一层次或远在自己之上的阶级作比较。也就是说，同其他方面的攀比一样，我们在消费方面的礼仪标准由声誉上高我们一等的人们的惯例所设定。由此类推，特别是在阶级差别不那么突出的社会里，一切有关声誉和礼仪的规范及消费方面的标准都可逐级追溯到社会地位和财力都属于最上层的阶级——富裕的有闲阶级——所习以为常的惯例和思维定式。

大体上来说，这个最高阶级定义了何种生活方式才算得上得体的、光荣的生活方式，而且它们有职责用最好、最理想的形式，通过教诲和示范去提出这个社会的改造方案。但较高层次的有闲阶级只有在特定物质限制下才能实行这种准神职（quasi-sacerdotal）的职权。一旦涉及任何礼仪问题，它们不能随意改变或逆转大众约定俗成的思维习惯。要改变人们的思维习惯且使任何改变深入人心都需要时间，尤其是改变社会地位远离光鲜阶级的那类阶级的思维习惯，则需要更多的时间。当群体之间的流动性低或各个阶级之间的间隔更远、差别尤其悬殊时，改变过程会更加缓慢。但如果假以时日，有闲阶级关于社会生活中的细节和形式问题的自由裁量权会非常大，而涉及荣誉的实质性原则问题，这种改变仅仅局限于可容忍的狭小范围之内。它的榜样作用和规则束缚力指示着它之下的一切阶级，但当它制定戒律来作为博取荣誉的形式和方法传给下一阶级，并在低阶级中形成惯例和精神态度时，这种权威的指示在明显浪费标准的选择性指导下发生作用并受到工作本能不同程度地调节。除上述两个规范之外，还要加上一个广泛的人性原则——掠夺性意图（the predatory animus），它的普遍性和心理内涵介于刚刚提到的两个规范之间。下文将讨论这种意向在塑造公认的生活方式上的效果。

因此，荣誉准则要去调节特定阶级的生活方式，就必须与这一阶级的经济环境、传统习惯以及精神上的成熟度相适应。需要格外注意的是，某一礼仪上的习俗，无论初始时它具有多高的权威，也无论它多么切合荣誉所需的基本要求，随着时间的流逝，或是在传到金钱地位较低阶级的过程中，它被发现与文明民族礼仪的最终基础——在金钱成就方面进行歧视性对比这个目的适用性上——背道而驰，那么它就绝不能持续存在。

很显然，这些消费准则在决定任何社会、任何阶级的生活标准方面有很大的影响。反过来讲，更明显的是，任何时期、任何阶级中盛行的生活标准，对于荣誉性消费将采取什么形式，以及这一“较高层次”的需要将在多大程度上决定人们的消费同样有很大的影响。从这方面来讲，已经形成的生活水准所发挥的控制作用主要是消极的，它的作用几乎仅仅在于阻止已成为习惯的炫耀性消费水平后退。

生活标准是一种习惯使然。它是回应某些刺激所采取的一种习惯性标准和方法。从一个习以为常的生活水准下滑的困难就在于打破一种已经形成的习惯。而生活水准的提高则是相对容易的，这意味着生活进程是一个渐次开展活动（unfolding activity）的过程，而且，无论何时何地，只要自我表达受到阻力并被削弱时，生活进程就会毫不犹豫地向新的方向开展。但是，当表达习惯已经形成时，它就会沿着这样一个特定的、阻力微小的路线发展，即使外界环境发生变化、外部阻力明显增强，它依然会从惯常的出口寻求突破。它在特定方向上更自如的表达上升到所谓的习惯时，可能会大大抵消外部环境对生活朝既定方向开展时所施加的阻力。各种各样的生活习惯，或展现习惯的方式及表现的方向构成了个人的生活标准。就它们在逆境中的坚持度以及在既定方向上寻求突破的迫切度而言，不同的生活标准之间存在着明显差异。

用现代经济理论的术语表达，也就是说，尽管人们很不情愿在任何方面缩减开支，但是比起其他方面的开支，他们更不情愿在某些方面缩减开支。因此，放弃任何习以为常的消费是不情愿的，但是要放弃一些特定的消费，相对来讲，是极其不情愿的。消费者坚守最牢固的消费标准和形式通常是所谓的生活必需品或最低生活水平。在这里，最低生活水平当然不是在种类、数量上明确不变的、严格决定的商品定额，而是为了正在进行的讨论的需要，它可能被认为是维持生活所需的特定的、或多或少确切的消费总量。这个最低值可能被假定为，在持续消费紧缩的情况下，通常是最后放弃的。也就是说，通常情况下，最古老的、根深蒂固的、控制个人生活的习惯是最持久必要的，这些习惯关系到他作为有机体生命的存在。除了这些习惯，个体或者种族随后形成来自更高一层的需要，这些习惯的等级划分是不规则的而且也不是常数。其中一些高层次的需求，例如特定的兴奋剂使用习惯、或救赎的需要（在末世论意义上讲）、或追求好的名声，可能在某些情况下优先于低一层次或更基础的需要。通常情况下，习惯越长久，越不易打破，而且与以前生活过程的习惯方式越接近，它的持续性越强。一种习惯，如果它的行使涉及人类本性中的特殊资质，或在实施中体现出了特殊的倾向，而这些资质和倾向已经对生活过程产生了深刻的影响或与特定种族的生活历史紧密相关，那么这种习惯就会更加稳固。

各色人等形成不同习惯的容易度不同，而且放弃不同习惯的情愿程度也是不同的，也就是说，特定习惯的形成不仅仅是习惯时间长短的问题。遗传性格的特质和习惯时间的长短同等重要地决定了个体生活方式将会形成何种习惯。在任何社会，遗传倾向的盛行类型，或者换句话说，主导种族要素的性格类型，极大地决定了社会生活过程中习惯表达能力的范围和形式。我们可以用事例来说明遗传特质在多大程度上塑造了个人习惯。比如有些人往往很容易就养成极度酗酒的习惯；又如在信仰方面，有特殊天赋的人形成这种习惯同样是轻而易举和不可避免的。同样，具有相似意义的是：人们极其容易沉溺于被称作浪漫爱情的这样一种环境。

人们在遗传资质方面的禀赋不同，因此在特定方向上开展其生命活动的难易程度也不同。而且有些习惯与持续增强的特殊资质及相对容易的表现方式是一致的，因此同人们的幸福也息息相关。遗传特质这一元素决定了生活水准当中某些习惯的相对韧性，这也就解释了，人们为何极其不情愿去放弃那些炫耀性消费方面的惯性支出。这类习惯所借以形成的特质、倾向在攀比竞争中得到锻炼，而以歧视性对比为内容的攀比倾向（propensity for emulation）源远流长，堪称人性的普遍特征。这种特征很容易注入种种充满活力的新形式，而且它一旦形成一种习惯性表达，就会以任何形式来竭力维持自身的发展。当人们已经习惯性地回应某一类刺激，并且在活跃的、影响深远的竞争倾向引导下从事某类型和方向下的活动，那么人们放弃这种习惯性支出是极其不情愿的。反过来说，财力的增加会推动个人在更大范围和更多方向上展开其生活过程，而且种族的原始性格倾向决定了在哪个方向上开展新的生活。有些倾向在其领域中已经有了非常活跃的表现，不但得到了当下公认生活方式的意义上的认可，而且实现它的物质资料和机会也是唾手可得——因此，当个人综合实力有了新的增长且想要展示自身时，这种倾向将在很大程度上影响人们的生活形式和方向。具体来讲，在任何社会，如果炫耀性消费成为生活方式的一个组成元素，当个人支付能力有了增长，势必采取的消费形式就是被公认的炫耀性消费。

除了自我保护的本能，攀比倾向的性格特征可能是经济动机中最强烈、最活跃、最持久的一项。在工业社会中，这种攀比倾向通过金钱来表达自己，而且，就目前西方文明社会而言，这无疑等同于在说：攀比倾向的性格特征用炫耀性浪费的方式来表达自己。因此，在工业社会效率或商品输出的提高，除了满足最基本的物质需要外，额外的任何增长都由炫耀性浪费来全部吸纳。在现代社会中，如果这种结果没有随之发生，人们通常寻求产生这种矛盾的原因是：个人财富增加太快，以至金钱消费习惯不能与之并行；或者可能是由于个人把增加的炫耀性消费稍延时日——人们通常持有的观点是希望去提高预期消费累积时惊人的效果。当工业效率的提高使利用较少劳动力来获得生活资料成为可能时，勤劳的、充满活力的社会成员下决心在炫耀性消费方面获得更高的成果，而不是懒散下来，放慢节奏。工业效率的提高可能会减轻负担，但实际上负担不是减轻了，而是产出的增长反过来有助于实现这种无限膨胀的消费需求。后来，这种现象在经济学理论中被称为高层次需求或精神需求。正是因为生活水准中存在着这样的因素，才使得詹姆斯·穆勒（J. S. Mill）说：

"是否所有的机械发明能够减轻人类的日常辛劳，迄今为止仍是个疑问。"

一个人所属的社会或阶级所公认的金钱标准很大程度上决定了他们的生活标准会是什么样子。之所以会这样，直接原因是他习惯性关注并且受到其所属生活方式的同化，常识使他认为这样的生活标准是正确的、好的；间接原因是大众一致认为公认的消费水准是一个礼节问题，不符合这样的要求就会受到轻视和排斥。去接受和实行当下流行的生活标准既是令人愉快的又是有利的，且对于个人安逸和生活成功同样是不可或缺的。就炫耀性浪费这一因素而言，任何阶级的生活标准通常是高于本阶级收益能力所能承受的水平——并伴随不断走高的趋势。因此，它对人类严肃活动产生的影响是，致使他们受到单一目的的局限，即最大限度获得财富，而对毫无金钱收益的工作则不屑一顾。与此同时，它对消费的影响是使得消费集中于最能获得旁观者好评的、显而易见的事物上，然而对于那些没有涉及时间或物质方面的荣誉性消费则趋向于逐渐淡化，停止使用。

由于在可见消费方面的这种歧视性态度，使得与人们在旁观者眼中所进行的部分公开的、成就感十足的生活相比较，各阶级中多数人的家庭生活相对清寒。同样地，这种差别产生的另一个后果是，人们习惯性地隐蔽他们的私人生活以避免他人窥见。就那部分可以私下进行而可能不会被责怪的消费而言，人们与邻居之间是完全隔绝的，因此在大部分工业发达的社会，人们拒绝谈及自身家庭生活。而且追溯到更远，私密和矜持的习惯是所有社会中更高阶级在礼节方面的一个显著特征。那些出生率低的阶级对荣誉性消费的需求非常迫切，这同样源于它们以炫耀性浪费作为生活水准的迫切要求。用相当好的条件去抚养一个孩子所需要的炫耀性消费以及随之所产生的花费是非常大的，而且这也就成了生育上的一个巨大阻力，这很有可能是给马尔萨斯（Malthusian）限制人口主张的最有力的支持。

前面提到生活水准这一因素所产生的影响，一方面是导致在身体舒适和物质享受中较为隐秘部分的消费支出的紧缩；另一方面是导致生育的节制。这两种影响在以学术为职业的阶级当中似乎表现得尤其突出。由于人们通常认为他们在天赋和成就方面具有较大的优势与稀缺性，这些阶级往往被划为比他们应属于的那个金钱阶级更为高级。这样礼仪性消费水平被定位到一个相应的高度，因此，只有异常狭小的一部分留下来可供其他生活消费支出。由于来自环境的压力，他们在这些礼仪性消费支出方面的惯有观念：什么样的消费是好的、正确的以及社会对于学者阶级礼仪性消费支出的期望，这些都是极其高的。以该阶级的普遍富有程度和收益能力来与名义上与他们相等的非学者阶级进行比较，这些水准肯定过高。在任何一个现代社会里，只要学者的职业没有像神职人员一样被垄断，那么他们就不可避免地要同财力在他们之上的阶级接触。这样上层阶级的高消费水准深入学者阶级时，丝毫没有减轻其严格程度。其结果是，全社会没有一个阶级会像学者阶级那样花费大部分财力在炫耀性浪费之中。

第六章　品味的金钱准则

前面已经多次说明，虽然消费的约束规范在很大程度上源于炫耀性浪费，但绝对不可以认为，任何情况下，消费动机都是赤裸裸地出于这样一种单纯的目的。通常情况下，人们的动机不外乎期望符合已经建立的惯例，避免受人白眼或指摘，从而使自己消费商品的方式、数量和层次以及耗费的时间与精力达到体面的标准。一般情况下，人们的消费动机都包含着这种符合约定俗成的准则的想法，尤其是在众目睽睽之下，它成为人们的直接消费动力。有些消费情形是不为外人所知的，例如内衣的样式、食物的品种、厨房器皿以及其他家庭实用的器具而非陈列物品，但即使在这类物品消费中，也可以看到人们从俗的炫耀性浪费。我们如果仔细观察这些事例，就可以发现其中为提升价值所作的设计，并没有提高商品的实用性，而该商品的初始目的就是实现物质上的便利程度。

在炫耀性浪费准则的淘汰性监督之下，产生了一种公认的消费准则，它的作用是使消费者在对物品的消费和时间与精力的使用上能够保持高价与浪费的一定标准。这种传统习俗的发展对经济生活有直接效果，但它同时也对行为的其他方面有间接而深远的影响。有关生活表现的任何一方面的思维习惯，都不可避免地会影响到生活的其他方面，包括对是非和善恶的习惯看法。在组成个体意识生活的思维习惯的有机情结内，经济利益并非孤立存在，与其他利益的关系并非那么泾渭分明，比如前面已经提到的它与荣誉准则的关系。

在人们生活中的商品消费行为问题上，炫耀性浪费准则引导其思维习惯的形成，即判断生活中哪些是正直的、光荣的。在这样的过程中，这一准则将会抑制别的一些行为规范，而这类规范与金钱荣誉准则没有丝毫关系，但会直接或间接地具备一些重要的经济意义。因此，荣誉浪费准则可能会直接或深远地影响责任观念、审美观念、效用观念、宗教或者教仪方面的观念以及科学的真理观念。

荣誉浪费准则与道德行为准则往往互不相容，这里没有深入探讨两者不相容具体情形的必要。那些将维风励俗视作个人责任，监督及规劝别人不要离经叛道的人，已就此给予了足够的关注和充分的阐述。在现代社会中，倘若支配经济和法律的社会生活特征是私有财产制，私有财产神圣不可侵犯成为了道德规范的显著特征之一。这种私有财产神圣不可侵犯的习惯，已遭其他渴望财富的习惯所蹂躏，即为了炫耀性消费来博取荣誉的习惯；这类命题无须反复论证或例证，就可得到人们的认可。大多数对财产的侵犯，尤其是对令人艳羡的财产份额的侵犯，都属于这一类。由侵犯而获得大宗财产，单纯以道德规范为依据，这种行为都会招致极端的惩罚或严厉的谴责，但通常情况并非如此，这已沦为众所周知的事实和谈资。已通过犯罪获得巨大财富的窃贼或骗子，比一般的小偷更有机会逃脱缜密的法律制裁，同时，借助其骤增的财富，并以优雅的方式挥霍其不当得利，还可以为其增加好名声。用不当之利从容优雅地消费时，对礼仪修养有素的人来说特别受用，它减轻了人们对罪行堕落的道德鄙视。还要注意到另外一点与所讨论问题关系更直接的现象，当一个人对财产的侵犯行为，是为了使妻儿过上“体面”生活时，我们往往倾向于宽恕这种罪行。假如再补充一点，妻子“纵享奢华生活由来已久”，那么其罪行就更情有可原，从而酌情处理。也就是说，只要罪行的目的是为了使妻子可按照金钱礼仪的标准，在一定的时间上与物质上实现代理消费的目标，我们会倾向于宽恕这样的罪行。在这种情况下，对炫耀性浪费的这一认可习惯，凌驾了侵犯所有权的禁令，甚至某些时候演变到了对罪行褒贬无从定夺的地步。当罪行涉及显著的掠夺性或剽窃性成分时，情形尤其如此。

这项议题，在此无须再深入探讨。但是不妨再说明一点，即一切围绕所有权不可侵犯这一概念的全部道德架构，其本身就是传统的财富至上论的心理沉淀物。还有一点有待补充的是，这种被认为神圣不可侵犯的财富之所以获得重视，其缘由为借助炫耀性消费来博得好名声。

关于金钱的礼俗对科学精神或知识探索所起的作用，将会在接下来的章节中详细阐述。与此相关的虔诚度或仪式价值及其恰当性，在这里无须谈及。该议题在后面的章节将稍带提及。然而，这种荣誉性消费的惯例，对于塑造宗教事务方面何者为正当及何者为有价值的一般爱好，具有莫大的关系，因此，炫耀性浪费准则对一般宗教信仰的某些方面的作用，这里仍然值得一提。

很大一部分所谓宗教信仰上的消费，例如宗教建筑、法衣和其他同一类型的物品，显然都适用于炫耀性浪费准则。即使是现代宗教信仰，其中神性并非附着于人为建筑的寺庙上，但其宗教建筑和其他宗教道具，都朝着以挥霍支出而赢得美誉去建造和装饰。稍作些许外部观察或内心反省——这两种手段都可以适用——便可确信教堂的富丽堂皇，对信徒的心境有着很强的振奋及抚慰作用。反过来说，假若宗教场所出现了任何贫寒或破陋的迹象，其带给身临其境者的卑微难堪，也是可以切身感受的。如此，任何宗教信仰方面的器具，在金钱消费方面必须不计代价，以致使旁人无可指摘。这类物品在美观上或适用性方面，尽可以允许有所出入，而上述要求都不可避免。

此外还有一点值得注意，在任何社会，特别是在有左邻右舍的住宅区，小区的金钱礼仪标准并不高，而当地的圣殿的建筑及装饰则比信徒的住所要华丽得多，炫耀性浪费也更胜一筹。在几乎所有的教派及分支中，情况都是这样，不管是基督教或者其他宗教，尤其是那些历史相对久远和较为成熟的教派，情况更是如此。与此同时，这些圣殿通常对教众的个人享受，简直甚少着力。确实，以圣殿的华丽与一般信徒的简陋住所相对照，不但前者对后者的物质福利甚少顾及，而且大家都会这样认为，按照正确而开明的真善美观念，则圣殿的一切支出，但凡可能有助于信徒们享受的，都应当予以明确避免。至少应当在庄严的表面上，对教堂的布置或陈设，对其所含的任何享乐成分，应小心翼翼地进行掩饰或伪装。近代的一些最负盛名的教堂建筑，所费在所不计，然而其设施布置则贯彻了庄严原则，以至成了抑制肉欲的工具，至少从外表上看是如此。那些对信仰消费有精致品味的人，很少会对这种庄严的挥霍有丝毫不安，并认为这才是真正尽善尽美的。宗教信仰上的消费的本质是代理消费。宗教上的消费以庄严为前提，其所依据的原则是，炫耀性消费能够带来金钱声誉，而代理消费则不能给当事人带来享受。

一切圣殿均为神而设。一些教派认为，圣殿供奉的神祇并不在现场，因而实际上神无法亲自享用为其而设的奢华专属财产。这些教派的圣所及其附属物就不免显示出朴素的特质。另外一些教派对圣殿的性质看法有所不同，在它们的想象中，神明的生活习惯近似于父权制下的统治者的生活习惯，在这样的情况下，它们认为神明要亲自享用为其准备的消费品，因此，这些圣所及其附属物的式样就比较接近专供尘世中的主人或物主的炫耀性消费结果。换言之，如果把宗教附属物看作只是在虔诚仪式上使用，是由神的仆人代替神消费的，那么这类附属品就具有了专供代理消费的一类事物性质。

在前述的后一类情况，圣殿及其附属物的准备，该做法的目的并不在于增进代理消费者的物质享受或使其过得丰富多彩，或者至少不应造成这样一种印象，这类附属品消费的用途在于促进代理消费者的享受，因为代理消费的目的并不在于提高消费者本人的生活丰富程度，而在于提高为之代理消费的主人的金钱荣誉。因此，人们公认的是，教士们的法衣总是代价很高、极其华丽，而穿着却并不舒服。而有些教派则并不认为这样，它们觉得为神服役的那类人是以神明的伙伴为资格而服役，所以这些人的服装但求庄严，却并不顾及舒适与便利，而且通常认为理当如此。

在宗教上礼仪消费标准的建立过程中，浪费准则所影响的，不只是教会仪式上的适用性这类问题。它牵涉到方向，也牵涉到方法手段；它既影响了代理消费，也影响了代理休闲。作为一个教士的最高风度是代理休闲，超然物外，六根清净。当然，随着教派及会所的不同，这些要求的程度有所差异，但在主张拟人论的一切教派的教士生活中，时间上的代理消费迹象总是显而易见。

在宗教仪典的各种外表细节上，也处处可以看到代理休闲的痕迹，只需稍加指点，旁观者即可一目了然。所有宗教仪式都存在逐渐简约成一种制式演练的显著趋势。这种定型化的制式演进，在比较成熟的教派中尤为显著，其教士在生活和服饰上也更见简单、华贵和庄重；但是，在那些较为新兴的教派中，对教士的生活和服装及圣殿的品味方面，还没有那么讲究，而从其崇奉礼拜的形式和方法中，亦依稀体现出这种定型化的趋向。教派传承愈是年代悠久，愈是根深蒂固，在其敬神仪式（“敬神仪式”一词对所持论点有画龙点睛之妙）的奉行演练中，那种照例行事的机械成分愈加刻板，而这一套却极其适宜于正派信徒们的品味。敬神仪式的照章举行演变成了例行公事，这就清楚地说明，为之举行仪式的那位主子本质并不需要仆人们的服役，其需要远在敬神仪式这种世俗需要之上。他们都是无从取利的仆从，正因为其无从取利，在主子方面才有了尊崇的意涵。至此已不言而喻，就这一点来说，神职与仆役之间极其类似。在教士和仆从两者之间任选其一，皆能看到他们执行职务时那种突出的机械呆板作风，而这一点正是事态所需要的，以满足我们对何者为宜的愉快情绪。神职人员在执行职务时，不应当显露驾轻就熟或轻而易举的神情，以致使人产生对其工作有无足轻重的感觉。

凡此种种，信徒们生活在金钱荣誉准则的传统下，人们由此认为神所具有的气质、品味、好恶及生活习惯，必然与信徒们有不可分割的关联。这种关联渗透进人们的思维习惯中，信徒们对神的观念以及人神关系的概念，就染上了炫耀性浪费的色彩。当然，这种洋溢着金钱美感的气氛，在比较原始的教派中最为显眼，但这一情况在其他教派中也是屡见不鲜。一切民族，不论处于哪一文化阶段或何种启蒙程度，都对其所崇奉的神的个性和生活习性缺乏准确信息，都不得不在这方面有所建构进行弥补。当乞助于想象以丰富充实对神的仪态和生活方式的描绘时，人们就把理想中有价值的人的那些特质，自然而然地赋之于神。人们为了祈求与神明灵交，其交流的工具和方法总是尽可能同化于人们心目中关于神的理想。他们认为，按照某些特定的公认方式并配以某种特定的物质环境，这才能与大众所理解的神格相称，这样神就以最优雅的姿态和最有效的方式显灵。当然，但凡人们公认的与神明灵交的场合中仪态和器具方面的理想标准，很大程度上来自人们对隆重场合的一般理解，其举止和氛围要符合本质上的高尚和美丽。就此而言，在分析敬祀的举止时，凭借观察而将所有仪式都直接归因于金钱攀比，那就是一种误解。此外，一般大众认为，神明特别在意其金钱地位，认为他所以刻意回避种种信度的简陋环境与卑贱状况，仅仅是由于这些做法不符合金钱标准，这种看法也是一种误解。

但是，通盘考虑各个方面的因素，应当承认，我们对于神祇属性的见解，以及我们在与神明灵交时应当采取什么样的态度和方法的见解，的确直接或间接受到金钱荣誉准则的实际影响。人们觉得凡属于神性的生活习惯，必然格外宁静和悠闲。为了启发和唤起敬神的渴望，一个虔诚的说教者（word-painter），不论什么时候，理所当然会对神祇的住所进行诗意的描绘。而听众脑海中浮现的，必然是代表着富裕及权势标志的王座，四周围绕着一大群随扈的景象。在此类描述天国住所的一般写照中，这一群侍从的职责是执行代理休闲，他们的时间和精力，大部分放在对神的德性与功绩的颂扬这一类非生产性的工作；而在传教弘法的现场，总是充斥着贵重金属的绚丽光彩，以及更为珍贵的宝石的耀眼光芒。不过，金钱准则侵入虔诚的理想，只有在敬神渴望较为粗糙的表现中，才会达到这样极端的程度。南方黑人的宗教图像就是这样的例子。他们的说教者认为，只有黄金才勉强能够作为宗教画的背景，而不能再降格以求；由于他们对财力之美的坚持，竟使得黄色产生出惊人的炫目效果，使比较爱好朴素品味的人简直无法忍受。这种情况固然比较极端，但金钱可贵这一观念深入人心，它支配了人们关于敬神礼器何者为宜的概念，人们谈到教仪恰当性的标准时总不免以其作补充，这大概没有哪个教派能够避免。

与此类似，一般还存在着这样一种情感：作为神的仆从，不应当从事任何辛劳的生产性的工作，任何对人类有实用性的工作，都不应当在神明之前或其圣所的境域以内进行；进入圣殿拜谒的时候，必须洗尽所有仪容和穿着上的那种亵渎神明的世俗气息，穿上较平日考究一些的光鲜衣服；在节假日除了朝拜和与神明灵交，任何人都应当抛开世俗工作。即使是关系比较疏远的一般信徒，也应当每隔七天抽出一天来代理休闲。

在人们关于宗教礼节以及神人的关系究竟怎样才算恰如其分的这类观念中，金钱荣誉准则的深刻影响再明显不过了——无论这类准则在上述两方面对人们虔诚评价的影响是直接的，还是间接的。

在消费品的美感或实用性的问题上，这些金钱荣誉准则将影响人们的一般观念，其影响深远持久，更加具有决定性。金钱礼仪的要求在很大程度上左右了人们对日常用品或美术品的审美观及效用评价。有些物品之所以很受欢迎，在一定程度上人们更乐意使用，大都由于其具有炫耀性浪费的性质；从表面上来看，这类物品的浪费性质与其表面用途并不相称。

以美感定价的物品，其效用直接与昂贵与否紧密相关。举一个简单的事例即可证明这种依赖关系。一只手工打造的银汤匙，它的商业价值为 10～20 美元，按照适用性这个字眼的原意，通常不会比一只材质相同但由机器制造的汤匙更具实用性。它甚至可能不会高于以铝为原料的一类“贱”金属机制汤匙，而后者的价格或许不会超过 10～20 美分。其实，手工银匙，就其表面用途来说，实际上远不及机制汤匙实用。当然，一种现成的反驳意见认为：从这方面来看问题，即使未忽视成本较高的前者的主要用途，但至少忽略了其主要用途之一：手工汤匙迎合了我们的品味，满足了我们的美感，而以贱金属为原料的机器制品，则除了其朴质的实用效果外，其他别无可取。这些当然是事实，但细思推敲之下，这种反驳意见与其说确凿无疑，毋宁说似是而非。推论如下：（1）尽管制成这两种汤匙的材质有所不同，材质本身在使用目的上的美感与适用性相异，而手工制匙的制作材料，其价值却高于贱金属约百倍以上，但以实质与色彩的真正美感而言，前者并没有显著地优于后者；（2）假定某种被认为是手工制作的汤匙，实质上出于精巧地仿造，其线条及外观同真的手艺品一模一样，只有谙熟的行家才能慧眼识破，倘若这一作伪情况一旦察觉，则这件物品的效用，包括使用者把它当作一件美术品时所获得的满足感，将立即下降 80%～90%，甚至更多；（3）假使这两种汤匙，即使对于一个相当细心的观察者而言，在外观上彼此也几近相似，除了赝品的重量较轻露出破绽外，只需机制汤匙本身并非新奇物品，且只要其可通过极低代价便可购得，它就不能借助形式上、色泽上与手工汤匙相同而抬高价值，鲜少由此增加使用者的“美感”满足度。

上述关于汤匙的情况是一个典型例子。使用和欣赏某些昂贵且被认为具备美感的产品而获得高度满足，通常情况下，很大程度上是假托美感的借口而实质上是高价带来的满足。我们对优良的物品有着更高的评价，但所重视的往往是它的较高荣誉性，而非其所带有的纯粹美感。在我们的爱好准则中，炫耀性浪费准则一般并不存在，虽然是这样，在我们的品味规范之内，但它仍然是有拘束力的存在，有选择地塑造和维持我们的审美观，指引我们辨别哪些可以算是公认的完美，哪些不可以。

美感和荣誉感相交融，成为一体。就任何具体情况而言，要辨别其中的适用程度和浪费程度极其困难。往往会有这样的情况：某一件物品，在符合炫耀性浪费目的的同时，也是一件美丽的客体；用于荣誉目的的劳动，往往同时在形式和色彩上赋予了其美感。实际上，使问题更加复杂的是，有许多物品，例如供装饰用的宝石、金属以及某些别的材料，它们之所以能产生炫耀性浪费的效用，是由于先前就有了美术品的效用。譬如黄金，原本即具有高度美感。即使不是大多数，也有许多极为珍贵的艺术品，虽然往往不能十全十美，但在艺术上是有真正价值的。某些衣饰用的材料、某些风景画，以及许多别的事物，情形也是这样，不过程度有别罢了。这类物品之所以可贵，在于它们具有美术上的真正价值，否则就不会这样令人垂涎，已经得到的人就不会引以为傲。然而，这类事物对占有者的效用，通常主要不在于其具有的真正美感，而是占有或消费这类事物时所带来的荣誉，或它有助于洗刷寒酸鄙陋的污名。

除了其他方面的适用性外，这些物品本身是美的，具有这方面的效用。若能将其据为私有或独占，对占有者来说本身就是一种价值。因此，它们被觊觎为有价值的占有物，还可在其独享中满足金钱优越感，与此同时，也充实了欣赏者的审美感。但是，这些物品所具有的“美感”，就字眼的本义而言，其之所以能引起独占欲望，或是获得其商业价值，与其说是基本动机，不如说是一个诱发动机。“一切珠玉宝石带给我们感官上的美感都非常伟大，因其稀缺性和奢侈的代价，因而显得愈加名贵，设若价格低廉，则绝无此情形发生。”的确，这类美丽的物品，除了作为炫耀性浪费的对象外，一般情况下，基本不会引起占有欲并使用。大多数这类一般物品，其中的部分个人装饰用品不在此列，除了可以增加荣誉外，也能发挥其他用途，不论占有者是否这样认为；而且，即使是私人的装饰物，其主要目的是使佩戴者或占有者与未能获得的人们相较时，可以增添前者的光彩。一件美术品的艺术适用性，并不会因为“占有”这个事实而极大或普遍提高。

讨论到目前为止，可得出一类通则，即任何贵重物品，为了引发我们的美感，必须同时符合美感和高价这两项要求。然而，情形不止如此。除此以外，高价这一准则还影响了我们的品味，使我们在品鉴某种美术品时，把高价和美感这两个特征完全混淆在一起，而由此形成的效果是，高价往往被包裹在美丽的评价名义之内。如此一来，高价特征逐渐被人们接受为艺术品的美感特质。某一物品由荣耀的高价特征所带来的快感，同它在形式和色泽上的美丽所带来的快感，二者混在一起难以辨认；因此，在我们常声称某一物品，例如一件服饰品“十分可爱”时，倘若将其美术价值分析到最后，就会意识到，大都是着眼于其具有的金钱荣誉性。

这种高价因素与美感因素相混合并由此带来混乱的情形，很可能在衣饰与家具这类物品中最为明显。在服装的式样、颜色、材料以及一般效果方面，什么样才能被视为合宜时尚，决定这一点的是荣誉准则，违反了它则触犯了我们的品味，并被认为与审美的真理背道而驰。我们对于时尚装束的认同，绝不能看作纯粹出于人云亦云。对于那些风行的事物，我们总是觉得合意，而且在大多数情况下，这种态度确实是极其真诚的。例如，当衣料的时尚为细致光洁而颜色素静时，那么那种粗线条的、色泽浓艳的料子，就不会合我们的胃口。毫无疑问，一顶同样漂亮的女帽，今年流行的花式女帽，对于我们感性的吸引力，比去年的旧款要强烈得多；尽管二三十年后，回过头来衡量这两种女帽的真正美感高低之分，我敢说一定非常困难。因此，值得一提的是，若纯粹从其与人体外形配合的角度来看，绅士们的大礼帽和漆皮靴都是精光灿亮的，而磨旧了的袖子，也同样有一种光泽，前者未必比后者有更高的真正美感；然而，毋庸置疑，所有西方社会里有文明教养的人，都会本能地、绝无虚饰地断然认为前者是美的，并对后者的光泽避之唯恐不及。如果除了审美观念外别无它由，是否会有人愿意戴上如文明社会中的高礼帽，实在是非常可疑的。

随着人们看重物品的高价特征的习惯日渐巩固，又经常将荣誉视同美感，结果逐渐形成了这样的观念：凡是价格不高的美术品，就不能算作美丽。如此一来，发生了这样的情况，例如，有些美丽的花卉，在习俗上被视为惹人厌的莠草；也有些比较容易栽培的花卉，由买不起花卉珍品的下层中产阶级把玩和欣赏；有些买得起珍贵花卉品种的人，则斥之上述这类品种庸俗，对其不屑一顾，他们对于花匠产品所呈现的财力之美，受过高度训练的熏陶；此外，还有一些花草，不见得比前面这种更具真正的美感，但培植时付出的代价很大，赢得了某些爱花成癖的人的嘉赏，这些人的品味是在高雅环境的严格监督下培养出来的。

社会阶级分层不同，品味的区分也有高下之分。在其他事物如家具、住宅、公园、私人花园的消费中，亦随处可见这种情形。对于哪类物品是美的见解的分歧，并不是由于单纯的工艺美感所形成的规范有所差异。这并非因为审美禀赋有天生的对立，而实在是因为在荣誉准则上存在着差别，该准则规定了某一消费者所属阶级的荣誉消费范围。这是礼仪传统上呈现的差异，据此人们得知，哪些嗜好品和美术品可以消费，而不致损及消费者的身份。除了由于其他原因而稍许适度变通外，这类传统相当严格地受制于阶级的经济水准。

有许多令人叹止的生活惯例足以论证，在一些日常用品方面，各个阶级的金钱荣誉准则和习惯的审美观念，与未受金钱荣誉准则熏陶的那种观念的表现迥然不同。例如，浅草平铺的庭院或一般公园，一向符合西方各民族的衷心爱好。有些社会人口的组成以长颅金发型的人种为主，上述一类庭院或公园正中这些富有阶级的胃口。单就其作为一个统觉的对象，茵茵绿草当然具有美感成分，因此无可置疑，它对一切民族、一切阶级，几乎都具有直接吸引人的力量；但在长颅金发型的人种眼中，与其他多数种族的人不同，它似乎显得格外悦目。这一人种对于一望无垠的绿色草地，较之异族持有高度的痴迷评价，这一点与其另一特征分不开，即其过去很长时期曾经是畜牧民族，并且一直栖息于卑湿地带。但凡见到修整得很好的草原或牧场，承袭草地气息的民族遗传性格即致其心生愉悦，修剪平整的草地令其心旷神怡，这也是意料之中的事。

由此，就审美目的而言，草地应当是一个牧牛场。在今天的某些情况下，尽管环境的安排上不容掺杂穷酸，但在草地上或私人庄园内看到一头牛，这仍是长颅金发型的人种的憧憬。结果是，在这样的场合，以牛作为点缀品时，总是属于高昂的品种。不过以牛为风景点缀的品味，往往难逃卑俗和低贱，这是牛作为点缀之用时不可避免的缺陷。因此，在任何情况下，除非经该地奢华的氛围衬托，足以抵消这种联想的俗陋，否则必须避免以牛为品味对象的欣赏取向。有时人们为了充实牧场的布置，臆断必须放上一些吃草的动物，假使该想法太过于强烈而难以抑制，则往往用一些或多或少不甚恰当的替代物——如鹿、羚羊或其他同样格格不入的兽类——以代替牛。在这种情况下，在西方人的畜牧眼光中，该类替代物虽然没有牛美丽，但因为它们异常昂贵，本身又一无所用，从而具有了荣誉性。不论从事实还是理论上来说，这类替代物都是不能生利的。

公园与草地当然属于同一类别，同草地一样，公园充其量也不过是牧场的模仿。这样的公园最好的保养方式理应是放牧，草地上的牛群足以显著增进景色之美，但凡见过妥善保养的牧场的人，对这一点是毫无疑义的。但值得注意的是，作为一般爱好中金钱因素的一种表现，很少采用对公共场地这样的布置方式。在训练有素的管理者监督下的熟练工人，他们所能竭力做到的是，使这类场地高度迹近于一个牧场，但其结果却只能以缺少放牧的艺术而告终。但在普通人理解看来，一群出现在公共娱乐场地的牛，只是节俭和实用的鲜明特征，必然将卑俗表现得淋漓尽致。相较而言，这种保养公共场所的方式过于廉价，因而违反了礼仪上的要求。

关于公共场所的布置，还有一个特征，也具有上述类似的意义。那就是一方面要刻意表现奢华，另一方面又要伪装成简单朴素，带着些许实用意味。某些私人庭院，当其管理人或所有者的品味养成于中产阶级的习性下，或是浸淫于上层阶级的逝往传统下形成，则会呈现相同的品相。至于那些先进的上层阶级，有些园地的布置，在迎合激发其品味的情况下，上述特征没有那么明显。有教养的精英们的品味，在上一代与这一代之所以有区别，正是由于变动中的经济形势。类似这种表现的差别，非但可以在娱乐场所的公认标准方面看到，也可以在其他方面看到。一如大多数别的国家一样，直到最近半个世纪为止，这个国家能够拥有如此多的财富从而不必节俭的人，在居民中尚为极少数。当时由于联络工具不完备，这一部分人散居各地，彼此之间并没有实际接触。因此，那种不管代价是否高昂而必要去追求的品味，还没有获得成长的基础。有教养的人们一味反感世俗节俭，没有别的想法。在有些场合中，按照单纯的审美观念，对耗资不大或朴实无华的氛围偶尔表示赞美，这样的态度缺乏“社会认同”（social confirmation），需要很多意趣相同的人才能赋予。于是，当上层阶级尚未形成“忽视公共场所的经营可能会导致不事奢华”的意识时，关于娱乐场地品味上的理想典范，有闲阶级与下层中产阶级之间很自然地在见解上并无显著分歧。由于两个阶级都唯恐出现金钱上的坏名声，因此，它们所构筑的理想典范也是一致的。

今天，这两个阶级在理想典范上的分歧已渐趋明显。有闲阶级脱离生产性的工作，在金钱上无所顾虑，已持续了一代或一代以上，因此在品味问题上，现已壮大到足以构成一种舆论，并使之坚持下去。同时，其成员的流动性也有所提高，因此在阶级内部达成“社会认同”比之前更为容易。就这个得天独厚的阶级内部来说，免于俭朴已成为极其平凡的一件事，以致作为金钱礼仪基础的效用已经大部分丧失了。因此，现代新进上层阶级的爱好准则所看重的，并非在于不停地炫耀豪富或极力地排斥俭朴。于是，在社会地位和智力水平较高的这类人中，他们有关公园和私人庭院的规划，就表现出偏重乡野气息和天然风貌的癖好。这种癖好大部分是一种工作本能的显露，由此形成的结果，体现了与规范不同程度的一致性。这种癖好很少全然境由心生，且有时会转化成某种伪装下的朴素形态，跟上面所说的情况并没有多大差别。

甚至中产阶级中也存在这类品味，其实用性设计旨在强调直接和不浪费的用途；当然，所有这类设计必须完全处于荣誉性原则的指导下，这一点牢不可破。他们根据这一原则方针，使用了一系列手段和方法，来伪装一些实用性事物的适用性，例如朴素的短篱、桥梁、凉亭、帐篷以及类似的点缀品。又如，质朴的短篱和格子墙用铸铁作材料，在平坦的地面上铺一条蜿蜒的车道，这跟着重实用性美感的本意大相径庭，这都是在实用性上矫揉造作的一些具体例子。

而得天独厚的有闲阶级，不再局限于这类准实用性手段，以展现金钱美感下的伪适用性，至少在某些方面是这样。但是，后起的有闲阶级和中下层阶级的艺术品味，仍需借助财力之美来补充，甚至对于那些因天然之美而受赞赏的事物，也有这样的要求。

我们可以从人们对于花草的修剪装饰，以及公共场所中从俗的花坛布置中，窥见这类事情上的大众品味。最近的哥伦布博览会故址改建工程，或许显示了中产阶级重视金钱之美胜过艺术之美的爱好倾向，堪称一个极其恰当的例证。该例证足以说明，即使在已尽力避免一切浮表奢华的情况下，荣誉浪费的要求仍然有力地摆在那里。要是主持这一改建工作的人不受品味的金钱准则的支配，则其实际达成的艺术效果，也许同我们所看到的将迥然不同。在重建工程进行时，即使城市人口中的上层阶级也在一旁赞叹不已，则可由此表明，就这一事例而言，该城市的上、中、下各层阶级，在品味上即便有些差异，也是微不足道的。在这座金钱文化发展上具有代表性的标志性城市中，炫耀性浪费这一伟大的文化原则，很好地保存于其居民的审美观，没有一丝背离。

对自然的喜爱，其本身也许来自上层阶级的品味，在金钱美感准则的导引下，有时会导致出人意料的结果，这在一个不加细究的旁观者看来，也许会觉得格格不入。例如，在缺少树木的地区植树的措施，这是一个行之多年并被公认为值得践行的做法，但在树木繁盛的地区，这一措施已演变为荣誉性支出的一个项目。一个常见的事情是，整个村庄或某个农户，会把当地的原生树种通通砍掉，在道旁或院子里重植某些外来引进品种。还有这样的情况，整片生意盎然的橡树、榆树、桦树、白胡桃、山毛榉等树木被清除，以腾出空间换上枫树、槭树、柳树和白杨树等树苗。人们的想法是，凡符合专资装饰与荣誉目的的事物应具高贵气象，而让一片不费分毫的原始树种留在那里，会有损尊贵的形象。

金钱荣誉对品味导向的深远影响，在时下流行的关于动物之美的标准中，也同样有迹可循。前面已经论及，在众人的审美等级排行中，这项品味准则对牛所居的地位起到了什么作用。其他驯化的动物，只要对社会来说有相当的生产贡献，例如猪、绵羊、山羊、驮马、家禽及各种牲畜等，情况也大致类似。这些动物都有生产性财货的性质，各有其专供使用的价值，并且大都是以营利为目的，因此一般地不具有什么美感。至于通常不以生产为目的的那些驯化动物，如猫、狗、骏马、鸽、鹦鹉及其他笼鸟等，情况就大不相同了。这些动物一般属于炫耀性消费项目，因此，它们在本质上具有荣誉性，可以顺理成章地认为其是美的。这类动物一向备受上层阶级宠爱，而那些财力稍逊的阶级和处于最上层有闲阶级中的少数人——那套厉行勤俭的严格规范对后者已失去效力——却认为，这里所说的两类动物在美感上并没有什么高低，无须在美与丑间划出一条严格的金钱界线。

谈到具有荣誉性而且号称美丽的那些驯化动物，还有一些辅助性的优点值得一提。鸟在驯化动物中属于荣誉性一类，其之所以能占一席之地，完全是由于它的非营利的特性。除了鸟类之外，其他格外引人注意的是猫、狗和骏马。猫的荣誉性比其他两类要差些，因为它的浪费性弱些，有时甚至还有些实际用途。同时，以猫的气质来说，也同荣誉性目的不相适应。猫是在平等的关系上与人类相处的，完全不涉及身份地位的关系，而身份地位一向被视作价值、荣誉和声望上的一切差别的基础，在主人与其周围的人们之间进行歧视性对比时，它也不能作出积极的贡献。不过，就上述最后一点而言，像安哥拉猫那种稀罕和惊艳的产物，可以算是一个例外。由于身价不菲，略有些荣誉性价值，因此，在金钱的基础上，博得了某些可以称之为美的特别权利。

狗这种东西一无所用，在气质上别有天赋，有其特有的优点。就其最为人乐道的秉性而言，它往往被特别看成是人类的朋友，其智慧和忠诚备受赞扬；这就是说，它是人们的忠仆，其服从性无可怀疑，而且善于揣摩主人的心情。这些特性使它与人类的身份制关系极相配合，就本章所讨论的意义而言，都可视之为具有实用性的特点。此外还有别的一些在审美价值上比较模糊的特点。狗本身在驯化动物中算是龌龊的，习性最淘气；但足以弥补这些缺点的是它对主人总摆出一副忠顺谄媚的姿态，而对其他事物则是随时付诸惹人厌烦和横加破坏的态势。正是这样，狗使我们的支配欲有了用武之地，从而博得我们的欢心。它也是消费中的一个项目，一般不负有生产的任务；遂使其在人类的认可中，被看成一种能增进荣誉的工具，并使自己在主人屋檐下占据巩固地位。与此同时，狗总是和人们有关打猎的想象联系在一起，而打猎却是一种侵占性工作，又是光荣的掠夺性冲动的表现。

狗既已居于这样有利的地位，不管在形态上和动作上可能有什么样的美感，以及可能有何种值得称许的智力特征，人们总是习惯一概肯定，并加以夸大。甚至于那些由爱狗成痴的人所培育的奇形怪状的变种，也有许多人会真心赞许，认为它们实在很美。这些变种狗——其他变种动物的情形差不多——在美学上的等级和评价，大体上按其符合某种既定畸形情况下的怪异程度和品种的变化程度而定。就这里讨论的情形来说，这种以外形结构的怪异和变幻为依据的差别效用，其根源在于稀有性的条件，也意味着其代价的昂贵。这类畸形的狗，像时下供男性和女性豢养的一些流行宠物犬品种，其商业价值以其高昂的生产成本为依据，对其主人而言，则其价值主要在于可被用作炫耀性消费项目。荣誉性消费可通过一只奇形怪状的狗获得表达，从而间接体现出狗的社会价值；于是，在字词和观念上略作转换，它就变成了众所艳羡的宠物，也就被说成是美的了。由于对这类动物不管怎样地加以殷勤爱护，也不会因此获利或具备其他实用价值，因此豢养它们就具有了荣誉性。由于这样的习惯并不受到质疑，于是逐渐发展成为一种顽强而极具仁慈意味的日常嗜好。由此可见，在对于玩赏动物的钟爱中，浪费准则作为一个规范或多或少起着迂回的准则作用，从而指引和塑造着对钟爱对象的盛情和选择。接下来我们还会指出，人对人的钟爱的情况与此类似，虽然与上述规范起作用的方式有些不同。

骏马的情况与狗十分相似。总的来说，就生产的目的而言，这种马是代价高昂或浪费性的，且毫无实用价值。如果说它可能具有什么生产上的用途，足以增进社会的福祉或改善人类的生活，就在于其力量的显示和行动的敏捷，可以满足人们的审美观念。这当然是一种本质上的实用性。马与狗不同，并不具有与狗同等程度的奴性依赖的性格倾向，但它能有效满足主人意欲掌握个性的冲动，转变周遭的“活力”供己利用和支配，并通过这些表现自己的坚强个性。善跑的骏马至少在潜质上是程度高低不等的赛马，这就对主人格外具有金钱实用性。骏马所带来的功用，主要在作为一种攀比工具的效能；对于马的主人来说，如果他自己的马能够凌驾于身边人的马之上，他的支配和征服的欲望就得到了满足。马的这项用途并不是营利性的，而是炫耀性浪费的，而且这种挥霍浪费又十分明显，这就使该用途有了荣誉性，使骏马占有了稳固的荣誉性地位。此外，赛马作为一种赌博工具，其用处也同样不是生产性而是荣誉性的。

从美学的角度来看，骏马堪称一个幸运儿，因为在金钱荣誉准则之下，无论就其可能具有的任何美感或实用性，人们都会尽情加以赞赏。骏马的长处是以炫耀性浪费准则为面子，还有支配与攀比的掠夺性倾向为其后盾。况且，马是一种俊美的动物。不过，对于有些品味尚未被诱发的人而言，他们既不是狂热的骏马爱好者，也不属于在马迷们判定下受制于道德约束的阶级，精神暂时处于麻痹状态，看不出骏马有何特别。对于没有受过上述品味指引的平常人来说，同饲育者筛选培育的赛马相比，最俊美的倒似乎是体型没有多大变化的那种马。然而，每当一位作家或演说家——特别是那些才力平庸之辈——为了在辞令上渲染动物之优雅及实用性，往往喜欢以马为例，而且还往往特意直截了当地指出，其所举的例证是作竞赛用的骏马。

还应当注意，在人们对各色马和狗的不同程度的爱好问题上，即使是一个品味较为平实的人，也可以发现有闲阶级荣誉准则的直接影响。例如，在某种程度上，这个国家的有闲阶级的品味以英国有闲阶级中流行的或认为其还在流行的一些风俗习惯为准绳，这一情况在马的方面比狗的方面更为显著。就马来说，尤其是供乘用的马，充其量只是在于浪费性的夸耀，在一般情况下，总是越具有英国的品相就越美丽。就荣誉性的习尚这一点来说，英国的有闲阶级就成为美国的上层有闲阶级，并成为其较低等级的范例。这种在审美统觉的方法以及品味评判的形成方面的模仿，不一定出于一种伪装的偏爱，或至少不是出于伪善或装腔作势。在这个基础上——如同任何其他基础上——所形成的偏爱是一种严肃认真的品味，与其他品味的差别只在于这类品味在荣誉上是合式的，而不是在美感上的真实品味。

应当指出，此种仿效远不止骏马本身的美感这一点。所要模仿的对象还包括装饰用的马具和骑乘的技术，因此，举凡正确或有派头的骑乘姿势，莫不取决于英国的习尚，连骑乘的步伐亦如法炮制。其实，金钱美感准则决定何者为合适或不合适的环境，有时是极其偶然的。为了说明这一点，这里不妨指出，这种英国式拙劣的骑乘姿势和必定造成这种姿势的特别窘促的骑乘步伐，是旧时代残存的遗风。当时的英国道路泥泞不堪，很难令马用比较从容的步法正常地行进。时至今日，有着高雅骑术品味的人士，不得不在极其不自如的姿势下，骑一匹截短尾巴的矮脚马，效仿那种窘促的步法，原因就在于 19 世纪的很长一段时间内，英国的道路还无法让一匹马比较像样地自由驰逐，或者说英国的道路不是为动物而修，使得马匹能按其本性轻松地奔跑。

品味准则被染上了金钱荣誉准则的色彩，并不仅限于包括驯化动物在内的消费品方面。人体美方面也有一些类似的影响。世俗传统往往偏爱成年男子的那种威严（有闲）姿态和魁梧的仪表；为了避免任何可能挑起的争论，这里不准备就此着重探讨。这些人体特征已在某种程度上被认为是人体美的因素。除此以外，还有某些特定的女性美的因素也属于这个范畴，同时由于其特征是如此具体与突出，因而值得详细评述。当社会还处于一个经济发展阶段上，妇女的价值是由上层阶级根据其服务来衡量时，作为女性美的典型，总是那种充满活力四肢健壮的妇女，这几乎是一个通则。品评的根据主要是体格，而面部的轮廓仅是次要的考虑。早期掠夺性文化的女性美的一个显著例证就是《荷马史诗》所吟咏的少女。

在随后的发展过程中，当属于上层阶级的主妇的职务按照习俗只剩单纯的执行代理休闲时，女性美的典型就发生了变化。这个时候的女性美所含有的一些特质，往往公认为源出有闲生活，或是与这种生活一致。我们可以从骑士时代的诗人和作家对美女的描绘中找到这种公认的女性美典型。当时人们一般都认为，有身份的妇女应处于永久受保护的地位，并且严守妇道，避免一切实用性劳动。如此一来，骑士制或浪漫主义的女性美典型，所着重的主要是颜面，它强调五官的精致、手足的纤巧和身段的苗条，尤其是婀娜的细腰。在那个时代诗情画意的想象中，以及当代骑士思想和浪漫主义向往者的观念中，女性的腰肢已纤细至弱不禁风的地步。这样的一类典型，仍残存在现代工业社会中很大一部分人的心目中。但应当指出，在经济与社会最不发达、身份制与掠夺制的残余保留得最多的社会里，这种观念最是根深蒂固。换言之，把这种骑士时代的典型保留得最完整的现代社会，是实质上最不现代化的那些现存社会。这种多愁善感或浪漫主义的女性美典型，在欧洲大陆各国的富裕阶级的品味中可谓司空见惯。

在工业发达的现代社会里，其上层阶级已累积了巨额财富，因此妇女早已摆脱从事任何世俗的生产性的工作。如此一来，妇女作为代理消费者的身份，开始在一般人的爱好中渐渐退却；结果是女性美的典型倾向于复古，从弱不禁风的纤细、白里透红和手可盈握的苗条形象转向古代形态的妇女形象，其中妇女不再是四肢不勤，躯干亦粗壮有力。在经济发展过程中，西方文化各民族的女性美典型，从讲究体格的妇女转变到矫揉造作的名媛贵妇，然后又逐渐回到原来的典型，而这些都服从于金钱攀比准则的变动。在某一段时间，金钱攀比的当务之急是需要精壮的奴隶，而在另一个时期，它所要求的首先是代理休闲的炫耀性示范，亦即在生产性的工作上明显无能的表现。然而，现在的情况已经发展到不必提出后一要求的地步，在现代工业的高度效能下，妇女的有闲在荣誉尺度上有可能下降到很低，甚至不再能作为最高金钱等级的明确标志。

除了上述一般性支配作用外，炫耀性浪费这类准则对女性美典型的影响中还有一两个细节值得特别注意，它们足以说明，男子对妇女的美感影响非常深入，细节上都具有无微不至的强烈约束力。上面已经提到，当经济发展演进到那样的阶段，炫耀性休闲多被视为展示荣誉的一种手段，女性美典型所要求的是精致纤细的手脚和轻盈的腰肢。这些特征，加上其他相应的体格缺陷，足以表明凡是受此典型影响的人，都不能从事体力劳动，势必无所事事，由她的所有人抚养。她是没有实际效用的，且所费不赀，因此具备财力雄厚之明证的价值。于是，处于这种文化阶段的妇女，会设法改变她们的形体，以进一步配合该时代在品味锻炼上的要求；而在男子方面，在金钱礼仪准则的指导下，也认为这种人为的病态特征的确是动人的。在西方文化下的社会里，女子束腰曾经广泛流传且蔚然成风已久，而中国女子的缠足也是这样，这些都可资佐证。对于未经养成这种爱好的人来说，两者都是毁伤肢体的行为，无疑会令人厌恶。要想对此安之若素，需要风俗习惯的陶冶。然而，当这类现象作为在金钱荣誉准则认可下的光荣项目，已经渗入男子们的生活方式后，对这些人而言，就不再有质疑其吸引力的必要。到了这个时候，这类现象就成为财力与文化之美的项目，遂构成具有女子理想标准的因素。

当然，对一个评价者来说，他并不会关注这里所指出的各种事物的美学价值与歧视性的金钱价值之间的关系。如果某个人在作出品味上的判断时，经过仔细思考，考虑到并且反映出美丽的客体本身是浪费性和荣誉性的，因而可以有理由看作是美的；那么，这种判断就不是真实的品味判断，就不是这里所要讨论的问题。关于荣誉性与所感受到的对象之美之间的关系，这里着重的是荣誉对一个评价者的思维习惯所带来的影响。该评价者对与他有关的各种对象，惯于从种种不同的方面——经济的、道德的、审美的或荣誉的——来构成他的价值判断。但是，当他从审美的立场来评价某特定客体时，其评价将受他的其他立场所持的赞赏态度的影响。荣誉立场与审美立场的关系格外密切，因此其影响的程度就更为明显。从审美目的出发的评价与以荣誉考虑的评价，两者不大可能像我们所期望的那样泾渭分明。这两种评价特别容易引起混淆，因为日常言语往往没有专门词汇来区分荣誉性对象的价值。结果，我们很自然就会把那些惯于用来表达审美的范畴或因素的词汇，套到金钱价值这个未指名的因素上。而语言上的混淆不清，势必带来观念上相对应的混淆。于是，在大众的理解中，赢得荣誉的要求，就同追求审美观念的需求混而为一，而且不带有荣誉公认标志的美丽，根本不被认为是美的。但金钱荣誉与本意上的美感要求没有一丝吻合。因此，如果从我们的环境中剔除金钱上不符合财力要求的要件，则许多通常被视为美丽的事物将被排除在美感之外，因为它们不符合金钱的要求。

品味的基本规范源起甚早，也许远在这里所讨论的金钱制度出现以前就已经存在。因此，由于人们对过去选择性适应的思维习惯，有时候最能满足美感方面的大部分要求的，倒是一些代价不高的设计和构造，而这些设计和构造直接表达了其要完成的任务与达到目标的方法。

至此，对现代心理学论点再作回顾也许是适当的。形式的美似乎是统觉敏捷（facility of apperception）与否的问题。我们还可以把这个命题加以扩展。如果将列为美感因素的那些联想、暗示和“表现”抽离之后，这意味着，人的心智对任何客体事物的美感的理解，将依照这一事物所提供的方向积极发挥其统觉活动。但是统觉活动所循以积极发挥或呈现的方向，就是长期严密的习性使心智为之倾注的方向。光就美感的这些主要因素而言，这种习性是如此根深蒂固，它不仅仅引导统觉形式的偏爱倾向，而且还影响生理结构和生理机能上的适应性。经济利益的考虑之所以参与了美感的构成，是因为它作为满足某一目的的暗示或表现，能对生活进程有着明显而易于体现的帮助。这种表现在任何客体上的经济灵巧性和实用性——或许可称之为事物的经济美感——是透过其能对于生活的各种物质目标提供有效性的简洁而明确的暗示。

从这一点来看，凡是简单朴素的有用物品，从审美的角度看来就是最好的。但是，由于在个人消费中使用廉价物品，这与金钱荣誉准则相抵触，因此，我们对于一些美丽事物的渴求，必须借助一种迂回的手段来获得满足。审美的标准必须用某种设计来遮瞒，这种设计既要能为荣誉性的浪费支出提供证据，又要能符合人们对实用和美感的临界要求，或者至少要能适应类似的替代性感觉的习惯要求。品味的这样一种替代性感觉就是新奇感，如果人们看到一些精巧而费解的设计而抱持好奇心，就顺理成章地发挥了这种替代性作用。于是发生了这样的情况，多数号称是美的客体，在外观美的同时，其设计上还表现出令人刮目相看的匠心独运，以此来迷惑观赏者——通过一些看上去不可能或不大相干的表现手段使观赏者感到莫名所以——这样就展示出这样的形迹，即在这类事物上消耗的劳力，远超获得表面经济目标所发挥的全部功效。

这一点可以用我们日常习惯和平常接触范围以外——因此也超出了我们日常的偏好判断——的事物来举例说明。例如夏威夷那奇特的羽毛大氅，波利尼西亚群岛产的那种著名的仪式用手斧上的雕刻把手。这些东西的美是毋庸置疑的，不但在形体线条和色彩的构成上惹人喜爱，而且其设计和结构也表现了高超的技巧和奇思妙想。同时，这些东西显然不能用来实现任何其他经济目标。但是，在劳力浪费准则的指导下，并非所有的匠心独运和引人入胜的设计都能演进成如此美满的结果。往往会造成的结果是，一切经得起推敲琢磨的美观表现或实用性的因素都遭到彻底抑制，人们为炫耀性的愚蠢而滥用巧思和虚掷劳力，以致日常生活中我们周围的许多事物——甚至许多日常穿戴的服装用品和装饰品——竟沦落到让人不堪忍受的地步，以致若不是迫于约定俗成的传统，早就遭人唾弃。例如，在家居建筑、家庭工艺品或摆设以及各种服饰中，尤其是在妇女与教士用的服饰中，随处可见各种以机巧与铺张代替美感与实用性的情况。

审美准则所要求的是具有一般性的表现，而基于炫耀性浪费准则的要求而来的“好奇心”凌驾于审美准则之上，由此令我们所爱好的事物，其外貌呈现为一堆特异性的复合体。更有甚者，这种特异性是在高价准则的淘汰性监督之下所形成的。

这种在设计上符合炫耀性浪费目的的优胜劣汰过程，以及以金钱美感代替艺术美感的倾向，在建筑的发展中特别风行。如果有人要把美感因素与荣誉因素分开来，要想在现代文明的私人住宅或公共建筑物中找到看得上眼的对象，这是极其困难的。城市里的那些上等出租房屋和公寓的门面式样千百形态，但尽是些不堪入目的败笔设计，给人华而不实的反感。作为美的对象来看，这些建筑物的两侧和没有窗户的后墙，因为未经艺术家碰过，倒往往是该建筑最具特色的部分。

上面谈到了炫耀性浪费准则对品味规范的影响，如果套用到美学以外其他目的，我们的物品实用性观念也受这一准则的影响，不过二者的关系略有不同。物品之所以被生产和浪费，是使人类生活得以拓展的一个手段；物品的效用首先在于，它是能够达成目的的手段。而这个目的的主要内容首先是确定意义上的个人生活的充实。但是人类的攀比癖好，以物品的消费作为歧视性对比的一种手段，却赋予了消费品另一种次要效应：作为相对给付能力的明证。消费品的这种间接或派生的用途，赋予消费行为以荣誉性，从而使最能满足此类消费竞赛目的的物品也具备了荣誉性。高价品的消费是值得称颂的，物品的成本如果超过了外观上的机械用途所赋予的实用性，那么含有这种显著因素的物品就有了荣誉性。所以，非常华贵的物品所具有的价值标志，就在于这种物品的浪费能带来高度满足的间接具有歧视性目的的功效；反之，如果物品在追求机械用途方面显得过于节俭，并且没有预留高价的余地，那么据以进行歧视性对比的结果是，它让主人感受到耻辱，也因此不具有吸引力。这种间接效用使“上等”物品的价值大大提高。为了迎合这种被激发出来的效用感，物品总得含有一些这类间接效用。

人们刚开始也许只是反感朴素的生活，因为这意味着没有大肆挥霍钱财的能力，从而表明钱财上的成就稍显不足，但结果却形成了不认同廉价物品的习惯。仅仅因为这些事物是如此价廉，就认为其本质上是不光彩的，或是生来毫无价值的。随着时间的推移，每一代人相继从上一代人那里接受了这一荣誉性消费的传统，同时对消费品的传统的金钱荣誉准则作进一步的阐释和强化。时至今日，人们对一切廉价事物均不足取这一点，已经深信到这样的程度，因此对“便宜无好货”这一谚语，已经不再有丝毫怀疑。这种认同高价且排斥廉价的习惯，在人们的思维中已经根深蒂固，因此在一切消费中，总是本能地坚持至少附有某种程度的挥霍奢华，甚至对于某些完全隐秘的消费品享用，其间不带丝毫夸耀之意的物品，情况也不例外。即使在我们自己家里的私生活中，如果日常进餐时用的是手工制的银餐具，以及放在高价亚麻桌巾上的手绘瓷器（虽然其艺术价值往往可疑），我们都会真诚而毫不犹疑地觉得有点飘飘然，这种情形非常普遍。当我们的生活水准从习以为常的水平上有了一丝退步，就会觉得非常难堪，简直有损人类尊严。与此同理，近十几年来，人们觉得晚宴时的烛光比任何别的光源都更悦目。目前，在那些高雅人士的眼中，烛光相较于煤油灯、瓦斯灯或电灯，格外柔和、更加不刺眼。然而，30 年前的情形就不是这样，因为在那个时候，或最近以前，蜡烛曾经是家庭最便宜的照明设备。即使在今日，除用于仪式上的照明以外，没有人认为烛光在别的场合也同样有用或有效。

有一位现在还活着的政治家，曾就此处探讨的事情总结成一句格言："衣贱令人贱。"（A cheap coat makes a cheap man.）这句谚语的说服力量，大概没有人感受不到。

人们只注意物品所具有的奢华标签的习惯，并要求其能够提供间接或歧视性的某种效用，足以改变用来衡量物品效用的标准。消费者在评价商品时，不会区别看待其含有的荣誉因素和效率因素，这两者混合起来构成了物品不经分析的整合实用性。在这样形成的实用性标准下，凡是仅仅具有物质上满足效用的物品，是不会被视为合格的。物品还应显现其荣誉因素，才能使消费者感到满意，并被消费者接受。由此一来，在生产中的消费品生产者，总是不遗余力地满足荣誉因素方面的要求。他们这样的做法非常机敏，很容易见效，因其本身也谨守着一致的物品价值标准，假若看到物品的最后一道工序缺乏适当的尊贵加工，他们会由衷地感到懊丧。因此，现代市场中供应的物品，已经没有一件不含有一定程度的荣誉因素。假使一个消费者，有着像第欧根尼（Diogenes）那样的脾气，在他的消费中要坚决摒弃一切荣誉或浪费因素，那么现代市场根本无法满足他的哪怕极其微小的消费品需求。的确，即使自己动手直接满足其需求，他也会发现要想完全摆脱有关这方面的时下思维习惯，纵然不是绝对不可能，也将感到困难重重；因此，在他准备一天消费的生活必需品中，几乎做不到完全摒弃某些浪费劳力的荣誉性或准装饰性因素。

众所周知，在零售市场挑选日用品时，购买者主要注意的是物品的外貌和制作技巧，而不是其任何真正实用性的标志。要使制出的物品得以行销，除了致力于物品的实用性外，还必须尽力使其具有适度的奢侈性。这种使明显的价值不菲成为实用性准则的习惯，当然会提高消费品的总成本。这种习惯使我们把物品的价值与成本视同一体，从而使我们对低价物品经常保持警惕。消费者通常极尽能事，在可能便宜的情况下获得实用性物品。但是，习惯性的高昂代价已经成为物品实用性的保证和组成部分，消费者往往认为那些不含炫耀性浪费因素的物品不合格而予以拒绝。

还有一点要补充，浪费品的重要特征中大众所理解的实用性——亦即炫耀性浪费因素——之所以能迎合消费者的心理，除了高价之外，也还有别的缘故。这些特征即使未必有助于增添物品实质上的实用性，通常也总会展露出熟练和有效率的工艺；而荣誉实用性的任何特别标志之所以会逐渐风行，并能保持作为物品价值的一个重要因素，大部分原因无疑就在于此。有效率的工艺展现之所以使人感到悦目，也仅限于此，甚至就远一层的结果而言，由于未考虑到时间问题，这种技能表现并不实用。欣赏一件精巧的工艺品会带来艺术感的满足。但是，这里仍须附带说明，就长远而言，如果不能得到炫耀性浪费准则的认可，类似的熟练工艺或者奇技淫巧，就无法赢得现代有教养的消费者的青睐。

此处所提出的观点，刚好与机器制品在以消费为主的现代经济中所占地位相印合。用途相同的机器制品与手工制品之间，主要的物质差别在于，前者更能恰当地满足其原始用途。机器制品更为完善，更能够实现用途的目的。但仅凭这一点，并不能使机器制品免受憎嫌或轻视，因为它经不起荣誉浪费挥霍的考验。手工劳动是一种比较浪费的生产方式，因此手工制品更能够实现金钱荣誉的目的。手工劳动的标签从而具备了荣誉的性质，而标明为手工制的物品在等级上高于同类的机器制品。虽然也有例外，但一般情况下，手工劳动往往意味着外形上存在某些瑕疵与不平整，它们表明了人工制作的缺陷。如此一来，手工制品优越性的根据，竟是一定限度的粗率。当然，这种粗率的限度绝对不能过宽，从而表明其工艺简陋草率，成本很低；但也不能限度过窄，从而使手工制品看上去与机器才能达到的精准度几乎没有差别，而这也意味着低成本。

手工制品之所以可贵，并博得高雅人士的青睐，是由于它具有荣誉的粗率这种迹象，而对于该迹象的鉴赏，却是一种精确的识别力问题。我们可以称这类识别力为对物品的“品相术”（physiognomy），养成这一品相术需要正确的锻炼。日常机器制品由于过度完善，往往为一般粗俗的及下层阶级人士所赞赏倾心，这些人无力鉴赏高雅消费的细节。机器制品在礼仪用途上居于劣势地位，这足以说明，令物品臻于完善的大规模技术革新，本身并不能保证人们乐于接受，更不能持久地博得其欢心。一切革新必须获得炫耀性浪费准则的支持。物品的任何品相特征，不论其本身多么怡人，不论其实际使用方面如何有效，只要与金钱荣誉准则有所抵触，就难以见容于世。

许多人非常在意，消费品是否具备“平凡性”（commonness），或者换言之，由于生产成本低而在礼仪上居于劣势或不够格。对机器制品的反感，大可归因于它的平凡性。而它之所以平凡，是因为消费它们在多数人力所能及的范围内。这类物品的消费不含荣誉成分，因其不能达到同别的消费者作歧视性对比的目的。因此，不要说消费，甚至是看上它一眼，一个敏感的人也会避之唯恐不及，怕因此而联想到那种低生活水准以及相应的深沉卑贱感，因为这实在是令人感到极端可憎和倒胃口的。有些人的品味立场十分固执，又没有天赋或习惯来辨别出各种不同的品味。对他们来说，荣誉观念的感觉已经与审美观念以及实用性感觉完全合而为一（其过程如前面所言）。在这种情况下形成的混合评价，既有可能是对该事物的审美判断，也可能是对该事物实用性的判断。其依据究竟是什么，取决于评价者在评价意向时的倾向或兴趣。因此通常的做法是，把廉价或平凡这类标签明确看成艺术上不够格，并在这个基础上，制定品味的指导原则，规定何者才算符合美学，何者违反了美学的规则或等级。

前面业已指出，在现代工业社会里那些低价的日常消费品大都是机器制品，因此不合礼仪要求；与手工制品相较，机器制品的一般特征为工艺上的完美，其设计较为精细准确。结果是，手工制品显然可见的瑕疵由于具有荣誉性，反成了从美感或实用性方面——或两者兼具——优越性的标签。颂扬缺陷之风气由此兴起，其中以约翰·罗斯金（John Ruskin）和威廉·莫里斯（William Morris）为当时最热衷的鼓吹者。他们关于制作无须完善与劳力浪费的倡议，就是出于这个理由，并且获得更多人的跟风。甚至有人进而倡议回到手工作坊和家庭产业。但是如果更为完美的那些物品代价不低，那么这类人的上述看法和活动全属枉然。

当然，这里所要说的或所能说的，仅涉及这一美术学派的经济价值观。上述所言，不能理解为存有任何轻蔑之意，这里主要只是对该学说对消费以及消费品的生产所造成的影响加以描绘。

品味的这种发展倾向对生产方面的影响，最显著的例证或许就是出版业——这正是莫理斯晚年所热衷的；当时的凯尔姆斯科特印刷所（Kelmscott Press）的出品，固然与上述所提出的论点特别高度吻合，但即使就现代的美术精装本而言，如字模、纸张、插图、装订材料和封面设计等各方面，情况也大体相类，但程度已稍有减弱。以前由于生产工具不足和材料不齐，这种书刊装帧工作不得不勉为其难；而现在为求其出品精美，却在若干程度上模仿往时的粗糙。这类出品，由于需要手工劳动，所以代价比较高，而且在使用上也不及专为适用的那些书籍方便。因此，购买这类产品，表明购买者不但拥有任意挥霍的能力，而且承受得起消磨时间与虚掷劳力的条件。基于这个缘故，今天的印刷所有了“复古”的倾向，宁可使用陈旧不醒目的淘汰字体，致使其版本与“现代风格”的书籍相较，难以辨读且外观朴拙。甚至连一份研究科学的期刊，其本意除了最有效地表达有关的科学题材外应别无其他目的，但也过度屈从于金钱美感的要求，用旧式字体将一些科研论文印在透明直纹纸上，页面边缘有意不切齐整。还有些书籍除了注重传达内容的表面目的外，在这方面的做法更是变本加厉。字体颇为粗劣，用纸则是手工制的直纹毛边纸，四周留白很大且不切页边，书本的装帧刻意显得极其朴拙。至于凯尔姆斯科特印刷所的做法，假使专从纯实用性的角度来看，简直是荒唐之极。其发行的供现代使用的书籍，其文字竟然拼法古旧，由黑体字印出，用柔皮为包装，还要系之以皮绳。还有一类足以抬高这类精装本身价、巩固其经济地位的做法是，尽可能以限量版发行。而限量版发行实际上是一种有效保证，虽然方法有些粗鲁，但足以证明这个版本的稀有珍贵，而书籍也因此奢华浪费，并能够增进其消费者的金钱荣誉。

有些受过良好品味熏陶的购书者，对这类书籍别有雅好，觉得这类版本格外珍奇，这并非出于对其价昂与极度朴拙自觉而天真的认知。它同手工制品优于机器制品的情形一样，其偏好的自觉依据，是将本质的优点内化到价格昂贵与外形朴拙的物品上。有人认为在外观上制作过程一味仿古的那类书籍极其优雅，并认为它主要来自审美方面的高度效用；但也常常会有这样的情况，嗜书成癖的人深信，这类书籍作为记录文字的载体方面较为实用。就这类“退化的”书籍的审美价值而论，嗜书者的主张大概有点道理。设计者单从美感的角度来设计这类精本，结果是通常会获得某种程度的成功。但这里要强调的是，其设计依据的品味规范是在炫耀性浪费准则监督下形成的，而对于不符合其要求的任何品味规范，都选择性地加以排斥。这就是说，这类退化的精装本或许漂亮，但设计者所能着力的活动范围，将由非审美性一类的要求决定。结果其产品即使是美的，也必须具有价格昂贵和不适于表面用途的特点。然而，就书刊设计者的立场来说，这种强制性的品味规范，并不是完全由第一形态下的浪费准则形成的，在一定程度上，符合掠夺性性格的第二种表达形式，即对古老的或已成陈迹的事物的崇拜，我们称其中一种特殊形态为拟古主义（classicism）。

在美学理论中，要严格区分拟古主义或古典崇拜与审美准则，即使不是完全办不到，大概也极端困难。如果仅仅出于审美的目的，并没有作出这种区分的必要，而且实际上这种分野不见得存在。从品味的理论方面来说，古典崇拜中公认的一种典型表现——姑且不论该典型被承认的理由——也许最好是把它列入审美元素；至于这一典型是否恰当，则不在讨论之列。本章的研究目的是，确定在公认的品味规范下存在的经济依据为何，以及这些经济理由对物品的分配与消费有何意义；就这一研究目的来说，作出上述区别是比较恰当的。

在文明社会的消费体系中，机器制品所占的地位足以证明炫耀性浪费准则与消费礼仪准则之间的关系性质。不论是在艺术和品味本身方面，或者是关于物品实用性的流行观念，炫耀性浪费准则并不能作为革新或创造的原则。对于未来趋向，它也不是一个有创造作用的原则，不能引起革新，增加新的消费项目或新的成本因素。作为原则，它在某种程度上是一个消极性而非积极性的准则。它是一个制约性的而不是开创性的原则。任何习惯或风俗，由它直接启动或创立的情况很少见。它的作用仅在于淘汰。炫耀性浪费对于变化与发展并不能直接提供助力，但基于别的理由而产生的革新要想存续下去，符合炫耀性浪费的要求则是必要条件。一切消费习惯、风俗和方式，在任何情况下兴起，都受制于这个荣誉准则的淘汰作用；并且，它们对于这一准则要求的符合程度，是其与别的类似习惯和风俗竞争时，能否适者生存的测试表。其他情况不变，凡较显著浪费的消费习惯或方式，在这项准则下的生存机会就越多。炫耀性浪费准则并不能据以作为变化的起源，但唯有在该准则支配之下仍适于生存的变化形式才能持久。这个准则的作用在于保存适当的事物，而不在于创造可以接受的事物。它的任务是对一切事物加以检验，对适合其目的的事物则紧抓不放。

第七章　服装作为金钱文化的一种表现

上文曾提到了一些经济原则，现在是时候通过例证的方式来陈述这些经济原则是如何适用于生活进程中的日常事务的了。就这个目的而言，没有比以服装消费作为例子来阐述更为恰当的。虽然其他有关金钱荣誉的日常事务也起着同样巧妙的例证作用，但服装展示格外能体现出炫耀性浪费准则。要证明一个人的金钱地位，虽然其他方式也可以明显有效地达到目的，而且这些方式也非常流行、无处不在；但服装消费显然优于其他那些方式。因为我们所穿的服装总是可以作为一种金钱地位的象征，所有旁观者一眼就可以识别。同样，这一点也是实情，比起其他任何消费方式，在服装上为炫耀而进行的消费更显而易见，也更普遍，且人们都认同这种司空见惯的事。一切阶级在服装上的消费大部分是为了体面，而不是为了保暖。如果在服装上没有达到社会所定的标准，我们会感到强烈不安，这种不安的刺痛感是任何其他事情的不方便给我们带来的困扰所无法比拟的。人们为了保持所谓体面的浪费这一消费水准，宁愿忍受在享受舒适上或生活必需品上的极端贫困，这种情形在大多数消费项目中都会出现，但在服装消费方面更甚。因此，在严寒时节，人们为了穿着漂亮，宁愿忍受风寒，这并不是什么稀罕事。在现代社会中，有关服装的各种商业价值绝大部分由时尚性和荣誉性构成，而不是来自对着装者的原始的机械性效用。显然，服装的需求是一种“高层次的”或精神上的需求。

这种服装上的精神需求，并不完全是、也并不主要是一种纯粹地向世人炫耀自己支出的天然倾向。炫耀性浪费准则支配着服装消费，正如其主导其他消费一样，主要是通过间接的方式，先塑造其品味和体面的规范，然后再产生效用。通常情况下，那些人们的穿着或者所购的衣服所以蕴含着炫耀性浪费的因素，其自觉的动机是为了符合已有的风尚，也是为了达到公认的品味标准和荣誉准则。人们之所以必须受到服装上的礼节约束，不仅是为了避免别人对其侧目和指摘所带来的屈辱——尽管这个动机举足轻重。更重要的是，我们思维习惯中对于奢华的服装消费需求根深蒂固，因此，对任何廉价服装，我们都心生厌恶。无须分析和反思，直觉告诉我们廉价即没有价值。“衣贱令人贱”“便宜没好货”这些话用于服装比用于其他消费行为更合适不过了。在“便宜没好货”信条的指导下，廉价服装，无论是从品味还是适用性角度来说，都是低劣品。我们认为事物的美观、实用性往往与其价格成正比。除了极少数无关紧要的例外，在美观和实用性上，我们都认为昂贵的手工制品要比廉价的仿制品更好。无论该仿制品在模仿昂贵的原始制品上是多么精巧，也不会改变这种观念。仿制品之所以会使我们反感，并不是由于它在形式上或色彩上，又或者是视觉效果上有什么欠缺。令人反感的仿制品也许做得非常逼真，近距离的检测也不易察觉，但一经检测到，其审美价值、商业价值就会一落千丈。不但如此，被戳穿的仿制品，其审美价值下滑的程度，大致和该仿制品与其原品的差价成正比。这种说法大抵不会引起大的争议。仿制品失去了审美价值，是因为它的金钱地位相对较低。

但服装作为证明支付能力的这项职能，不仅是为了显示着装者在满足物质享受之余仍有能力消费贵重物品。物品的炫耀性浪费本身就效果突出，且令人愉悦。这是金钱成就方面有力的直接证据，因此也是社会价值的直接证据。但比起纯粹的炫耀性浪费这种浅显而直接的证据而言，服装有着微妙的、更深远的可能性。如果服装除了能够证明此人无须节约就可轻松消费之外，还能够证明他或她并不需要辛苦谋生，那么，服装用以证明社会价值的功能就会大大提高。因此，我们的服装为了有效达到这些目的，就不应该仅仅是价格昂贵，也应该让所有旁观者都清楚，着装者不从事任何劳役性劳动。我们的服装制度不断改进，精益求精并值得赞扬，到目前近乎完美，已经与其目的相吻合，且在这一过程中，上述的附属性证明作用已经得到应有的注意。我们仔细检查那些一般大众公认为流行的、优雅的服装，就会发现这些服装设计的每一处都在传达一种现象：着盛装者并不习惯于从事任何有用的劳动。如果衣服上显露出体力劳作的痕迹，有污渍或破损之类的话，毫无疑问，这件衣服绝对谈不上优雅或体面。整洁的、无可挑剔的衣服之所以会令人满意，即使不全是，也主要是因为它传达出一种有闲的暗示——个人免于接触到任何工业生产过程。乌黑亮丽的漆皮鞋、洁白无瑕的亚麻衬衣、光泽鲜亮的高筒礼帽以及精致的手杖足以大大提升一位绅士原有的派头。如此魅力绝大部分在于它们暗示出：如此穿着的人绝对不会直接或者立即参与到体力劳动中去。高雅的服饰之所以达到高雅的目的，不仅因为其价格昂贵，而且因为它是有闲的标志。这不仅显示着装者有能力去高额消费，而且同时表明他无须生产就可消费。

就人们着装就是为了证明自身免于生产性劳动这一点而言，女性的服装比男士的服装更甚。比起男士的高筒礼帽，越是风格优雅的女性软帽越是无法投入工作，这是无须争议的一般结论。女性的鞋子加上高跟来表现其风姿绰约，是为了证明一种强制的休闲。因为一旦穿上高跟鞋，很明显从事任何体力劳动，甚至是最简单、很必要的一些工作都显得很困难。此外还有作为女性服装特色的长裙以及其他宽衣垂饰都有同样的功效，甚至更明显。我们执迷于喜欢长裙，其实质原因仅仅是：裙子是昂贵的，而且使着装者步履维艰，无法从事一切有用劳动。女性习惯留极长的头发，也是基于同样的原因。

但是女性的服装不仅在表达免于劳动这方面比男性服装更胜一筹，而且它还增添了独有的、具有更高特质的特征，这完全不同于男性所惯用的任何形式。这一特征表现在服装设计上，其中紧身胸衣（corset）就是最典型的例子。从经济理论上讲，紧身胸衣实质上是一种对肢体的损伤行为，其目的在于降低主体活动能力，进而使其永久地、明显地不适合于工作。当然，紧身胸衣会损害着装者的吸引力，但却可以增加其奢华和柔弱之美带来的名誉，这样利弊得失就可以相互抵消。我们大致可以认定：女性服装用来展示自己，事实上已演变到，用女性独特服装来更有效地妨碍其从事实用性工作。这里只是将男女服饰的差异作为一个表面特质指出来，下面将讨论其发生的背景。

到目前为止，我们已经证明，炫耀性浪费准则构成了服装设计方面最重要的、主导性的规范。附属于这个准则并且作为该准则之下的一个必然结果就是，炫耀性休闲准则起着辅助规范作用。在服装结构中，这个规范可以在不同形式、种类的服装设计中起作用，表现为：着装者不会从事生产性劳动，如有可能，还会表现出着装者根本不能从事生产性劳动。除了这个准则，还有第三项准则，其几乎与前两项有着相同的约束力，我们只要对这个主题稍加思索就可以想象得到。服装不仅必须要表现出炫耀性浪费和不方便，同时还必须跟得上潮流。迄今为止，不断变化的潮流现象还没有完全令人满意的解答。服装必须符合最新的、公认的时尚潮流，这是一种强制性要求。而且，这种公认的时尚随着季节改换而不断变化的事实，已是人尽皆知。但是相关的时尚变迁和转换的理论尚未问世。当然，我们可以说这项追求新奇的原则是炫耀性浪费准则之下的又一必然推论，这种说法既不矛盾，又完全属实。显然，如果每一件衣服只被允许在短时间内穿，而且上一季节的衣服绝对不能保留至本季节继续穿着，那么服装上的浪费支出将大大增加。这个说法有其道理，但仅仅是一种消极性的推论。它最多使我们相信：炫耀性浪费准则对一切服装事物起着监督控制作用，因此任何时尚样式的改变都必须符合炫耀性浪费的要求。但它对于流行样式的转变和人们接受这种转变的动机并没有作出解释。同样，它也没有解释，为什么在特定时期，人们对于某一特定样式是那么狂热追捧，而且认为是理所当然。

要想找到一个能够说明时尚款式不断变革和创新的创造性动机，我们就得追溯到最原始、非经济的动机——装饰动机。关于装饰动机在奢华准则之下是如何产生的以及为什么能够不断发展，我们暂时不做深入讨论。概括来说，每一次服装样式的成功革新都是在努力达成某种表现形式，即在形式、色彩和效果上都要比所取代的样式更适合人们的品味。每一种风格的转变都是一种不断寻求适应我们美感事物的展现，但每一次变革都受制于炫耀性浪费准则的选择习惯的影响，因此革新的范围也受到限制。比起所取代的事物，革新不仅要更美观，或许更常见的是不那么令人厌恶，而且必须要达到公认的昂贵标准。

这样乍一看，既然人们在美化服装方面作出了如此不懈努力，那么结果似乎应该达到艺术的完美境地。我们也许会自然而然地期望时尚款式应该指向一个明确的趋向：某些或更多类型的服装应该明显地趋向人类体格。我们甚至会觉得，我们有切实的依据去希望：人类花在服装上的所有智慧和努力已历经多年，时尚款式应该已经达到一个相对完美、稳定的状态，并逐渐接近一个永久的、可维持的理想境地。但事与愿违，今天的服装风格比起 10 年前、20 年前、50 年前甚至 100 年前的服装款式更适合人类体格，这种断言的确很冒险。但反过来讲，如果断言 2 000 年前的时尚风格比起今天更煞费苦心，精心构制的服装样式要更符合人体，则不会受到质疑。

显然上文刚刚所提及的有关时尚款式的解释并不全面，我们还需要深入探讨。众所周知，世界上许多不同地区已形成相对稳定的服装风格和类型，例如日本、中国和其他一些东方国家；同样的希腊、罗马以及其他古老民族也是如此；还有稍晚一些的几乎每一个欧洲国家的农民也是这样。资深评论家认为，这些民族或大众服装比现代文明服装的变幻风格更符合人体，也更具有艺术性。同时，这些服装也较少具有炫耀性浪费因素，至少通常是这样。也就是说，在这些服装结构中，更容易发现奢华之外的其他一些因素。

这些相对稳定的服装通常具有相当严格和狭隘的地方色彩，而且随着地区的不同有轻微、系统的等级变化。制定这类服饰的民族或阶级，相对来说没有我们富裕，而且就其所属的国家、地区、时期而言，穿着这类服饰的居民，至少是这一阶级，他们都是相对纯一、相对稳定的，并且安土重迁。也就是说，经得起时间和前途考验的稳定性服装产生于这样的背景下：在这里，炫耀性浪费准则没有像在现代文明都市那样具有强制性，也正是这些生活在现代文明都市中经常流动、相对富裕的人们为今天的时尚款式定下规矩。在这种方式下所产生的稳定和具有艺术性服装的国家和阶级处于这样一种情况：它们之间的金钱攀比指向炫耀性休闲方面的竞争，而不是物品的炫耀性消费方面的竞争。因此，可以这样讲，通常情况下，物品的炫耀性浪费越具有强制力，就像我们现在所处的社会一样，其服装款式越不稳定，就越不适合人体穿着。所有这些都表明服装的奢华与艺术美之间相互对立。事实上，炫耀性浪费准则与服装必须美观或必须适合人体的要求并不相容。这种对立为不断变化的时尚风格作出了解释：时尚之风的转变绝非奢华或美观的单一规范所能解释。

荣誉准则要求服装应该展现浪费性支出，但一切的浪费都与天然品味相抵触。心理定律已经指出一切男士、女士可能更是如此，都十分憎恶无论是努力还是消费支出上的徒劳无功，这就如同一度宣扬的“自然厌恶真空”一样。但炫耀性浪费准则的要求却是明显的无用支出，因此，服装上的明显过高支出说明其本质是丑陋的。于是我们发现，服装的所有革新，每一个细节的增加或改变，为了免受批评，往往要表明它具有一些表面上的目的。同时，在炫耀性浪费的要求下，又得避免服装革新的表面目的不得过火，以致掩盖了其赤裸裸的炫耀本意。即使服装的时尚风格变幻自如，但很少超出其表面效用这个常规。然而，服装在时尚细节上的表面效用往往显而易见，并且十分做作，其本质上的无用总是展现得十分露骨，以至人们无法忍受，接下来人们就会采用新的风格来获得安慰。但新的风格必须赢得浪费的好名声和符合毫无价值的要求。其无用本质的展现也会如同前种风格那样令人心生厌恶。在浪费准则的指引下，唯一的补救措施就是再次革新来寻求安慰，这种新的构造同样是徒劳无功、没有立足之地。因此这就是服装时尚款式不断革新和其本质丑陋的根源所在。

对时尚款式不断更新变化的现象作出解释之后，接下来的事情就是要将这个解释与日常事实相印证。所有这些日常事实中众所周知的是：所有人都会对任意时期的时尚风格着迷。一种新的流行风格出现并风靡一时，或至少只要风格新颖，人们总会很容易被其吸引。流行的时尚款式感觉非常美观。之所以会这样，部分原因是现在的流行之风不同于以往款式，它会给人们带来审美上的轻松感；另一部分原因是时尚款式所具有的荣誉价值。正如上一章表明的，荣誉准则在某种程度上塑造了我们的品味。因此，在这一准则的指引下，任何事物，只要其新奇性尚未消退，或其荣誉性尚未转到能够服务于一般目的的新奇事物之前，都被认为适合于人体结构。任何特定时期流行款式所宣扬的美观或“魅力”都虚幻无实，转瞬即逝。这也证明，不断变幻的时尚款式没有一个经得起时间考验。当用六年或更长远的眼光来看待当下最美的流行款式时，会让我们大跌眼镜，不是丑不堪言就是风格怪异。我们对新事物的短暂喜爱不是出于审美而是别的理由，一旦我们固有的审美观占据上风，拒斥这一新的设计，以致难以忍受，这种迷恋就随风而逝。

对一件事物，从喜爱到反感的过程，所需时间长短不一。任何一个具体事物，其反感所需要的时间视其风格在本质上的厌恶程度而定。根据时装款式的可厌性与稳定性之间的这种时间关联，我们不妨推论：风格继承和替换的速度越快，与正常的品味冲突就越大。因此可以假设：一个社会，尤其是这个社会中的富裕阶级，在财力、流动性以及人际交往范围方面越发达，那么炫耀性浪费准则在服装礼节方面就越具有强制性，审美也更加服从于这种强制性，或受到金钱荣誉准则的强烈压制，这样时装款式也将变幻得更快，由此产生的流行风格也将更加奇异、更让人难以忍受。

这里提出的服装理论至少还有一点有待讨论。上面所说的大都适用于男女服饰，不过，在现代社会可能更适用于女性服饰。但有一点，男女服饰在本质上不同。在女性服装上更明显地强调了这样一个特征：服装是证明着装者免于或无法从事一切粗俗的生产性劳动的工具。女性服饰的这个特点具有重要意义：它不仅完善了服装理论，而且也印证了有关过去和现在女性经济地位的论述。

正如前面代理休闲和代理消费问题中谈到有关女性地位时所指出的：在经济发展过程中，为一家之主执行代理消费已成为女性的职责，而且女性服饰正是依据这个目标进行设计。产生的结果就是：明显的生产性劳动特别有损贵妇的身份，因此在女性服装结构设计中应该考虑到痛苦的成分，给旁观者留下深刻印象并明确认识这样一个事实（实际上是谎言）：着装者并不习惯也不能习惯从事实用性工作，按照礼仪要求，身份尊贵的女性要避免一切实用性劳动，并且要比同一社会阶层的男性看起来更加有闲。当我们看到一位有教养的女性迫于维持生计而从事实用性工作时，会严重刺激到我们的神经，这不是“妇女应做之事”。她应该在家里起美化作用，是家里的“主要装饰品”。但目前男性却不会被说成是家里的装饰品。这一特征，再加上礼仪要求女性在服装和其他饰品炫奇斗富上更加用心的事实，使前面提到的观点更有说服力。源于过去的族长继承制的社会制度，其功效在于特别强调：女性的职责是证明其家庭的支付能力。根据现代文明生活方式，女性应该特别关心其所属家庭的良好名声，而家庭的良好名声主要是通过荣誉性支出和炫耀性休闲来维持，因此女性的分内之事就是荣誉性支出和炫耀性休闲等方面的事情。在理想的生活方式下，也就是趋向于较高金钱阶级的生活方式——关注物质与劳力的炫耀性浪费应当作为女性唯一的经济功能。

当社会处于女性完全属于男性资产这样一个经济发展阶段时，炫耀性休闲和消费就成为女性必须执行的一部分服务。女性并不是自己的主人，其所履行的炫耀性休闲和消费有助于她们所属主人的声誉，而不是她们自己。因此，家庭中女性的生活越是消费奢华、越是明显地不事生产，对于赢得家庭和主人的荣誉而言，就越有帮助和有效。这种情况愈演愈烈，结果女性不仅要在有闲生活的证明上成为模范，而且要使自己对一切实用性活动处于无能状态。

正是在这个方面，它充分说明了，为什么男性服装远远不及女性服装。炫耀性浪费和炫耀性休闲关乎声誉好坏，因为它们是财力的一种证明。财力是值得尊敬和崇拜的，因为归根结底，它是成功和杰出能力的表现。因此，任何个体代表自身来证明炫耀性浪费和炫耀性休闲时，不能一直采取一种方式，或者使自己处于无能或不舒适的状态，因为在这种情形下所展现出来的不是优势，而是劣势，从而也就无法达到其原有的目的。因此，在正常或一般情况下，无论何时何地，只要浪费性支出和避免劳动的展示，显露出明显不适或自愿导致身体无能，我们就可以立马断定：个体所表现的浪费性支出和忍受身体不适并不是为了他个人，而是为了他所代表的某人或与其有经济关系的人赢得金钱荣誉。归根结底，从经济学理论上讲，这种关系可简化为奴役关系。

现将这一通则运用到女性服装来作出具体说明：高跟鞋、长裙、不实用的女帽、紧身胸衣以及一切文明女性服饰所具有的典型特征——普遍忽视着装者的舒适感。这么多例证充分说明，在现代文明生活方式中，理论上女性在经济方面仍附属于男性。或许在较高理想化的意义上讲，女性是男性的动产。女性之所以从事这样的炫耀性休闲，并穿着这类奢华服饰，其切实的理由不过是这样一个事实：女性处于奴役地位，在经济职能分化的过程中，她们被委派去证明其主人的支付能力。

就这方面来说，女性服装与家用女仆，特别是穿制服奴仆的服装有明显相似之处，两者的设计都精心显露出不必要的奢华和显然不顾着装者的舒适感。但比起家庭女仆的服装，贵妇的服饰即使不是为了显示穿着之人的柔弱身躯，也要特别强调她的慵懒闲散。这是必然的，因为从理论上讲，根据金钱文化的理想方式，家庭中的贵妇其实是一家女仆之首。

除了女仆之外，就目前所知，至少还有一类阶级，它们的服装与女仆阶级的服装很相似，而且具备许多如同女性服饰所展现的女性之美的特征。那就是教士阶级。教士的官服以强化的方式展示出一切证明奴性地位和代理生活的特征。比起教士每天的日常习惯，更令人震惊的是其所着的圣袍，准确来讲，其圣袍绚丽夺目、光怪陆离，让人行动非常不便，而且至少是表面上看起来不适感令人达到痛苦的地步。同时，教士也被期望避免一切实用性劳动，而且当出现在公众面前时，要呈现出冷漠、忧郁的神情，这与训练有素的家庭奴仆的举止极其相似。同样，教士修剃光洁的脸庞也是其中一项。教士阶级与贴身奴仆阶级在行为举止和服装方面的相似性，是由于两者在经济功能上相类似。从经济理论上讲，教士就是贴身奴仆，穿着神服而且随时服侍神，他的圣袍极尽奢华，为了以恰当举止来提升其主人的尊严，这理所应当。但是圣袍的设计却显示出着装者很少或几乎不会有任何舒适感，因为这是一种代理消费，而且由此消费所带来的荣誉要归于那个缺席的主人，而不是奴仆本人。

一方面是女性、教士、奴仆的服装，另一方面是男士服装，这两者之间的分界线实际上并没有一直因循不变，但在大众思想的习惯中，这种区别或多或少一直存在，这一点几乎没有争议。当然，也有一些放荡不羁的男子——而且为数不少，他们热衷于追求完美的、无上荣耀的服装，达到一种明显触怒现有体制的地步，这就逾越了理论上男女服饰的界限。但毫无疑问，每个人都清楚，男子的这种服饰打扮已脱离常规。我们习惯于说，如此装扮带有“女人味”，而且有时也会听到这样的评论：如此精致的绅士装扮实在是像一个男仆。

但这种服装理论还存在着一些明显不一致的地方，值得进一步详细查证，尤其是这种不一致情形出现在服装后期和较成熟阶段，或多或少已形成一种明显的趋势。紧身胸衣的风行，就是上述所引通则的一个明显例外。然而，进一步查证就会发现，这一明显例外恰恰印证了这项通则：服装上任何特定元素和特点的流行都依赖于它作为金钱地位证明的效用。众所周知，在工业化相对发达的社会，紧身胸衣的使用仅仅局限在非常明确的特定阶层，贫困阶层，尤其是农村妇女平时并不穿紧身胸衣，除非作为一种节日奢侈品。这些阶层的妇女必须辛苦劳作，在日常生活中如此折磨肉体来借以装点闲暇之余的体面，这对她们来说没有一丝好处。至于节日上穿紧身胸衣，不过是出于对较高阶级礼节的模仿。高于这个贫困的、依靠体力劳动的低水平阶层的其他高阶层妇女（包括最富有的、最尊贵的妇女在内），紧身胸衣成了一两代所有妇女免于社会指责所不可或缺之物。只要富裕阶层的人还未多到足够免除必须从事体力劳动的污名，同时，其人数又足以形成一个自给自足的独立实体，身在其中的人们可以在该阶层内部建立特别的、由该阶层流行观念所强制推行的行为规范，那么，这个通则就有效。但是现在，十分庞大的有闲阶级已经兴起，它拥有如此多财富，足以使强制其劳动的诽谤都变得毫无意义。因此，紧身胸衣在该阶层内已经很大程度上被废弃不用了。

因此，紧身胸衣作为这一通则的例外，其实只是表面上的，而非实质性的例外。工业结构层级较低——接近于旧式的、准工业形态——国家的富裕阶级，以及较为先进的工业化国家中后起的富裕阶级仍重视紧身胸衣。后兴起的这些阶级还没来得及放弃它们之前处于较低金钱地位时所遗留的平民化品味。例如，在最近迅速富裕起来的美国一些城市的上层阶级中，紧身胸衣虽不多见，但仍有残存。如果用一个学术专有名词，不带任何厌恶色彩来形容紧身胸衣，可能会说，它盛行于谄上欺下、装腔作势时期，这是一个从金钱文化较低阶段向较高阶段转变的不确定的动荡时期。也就是说，在一切有使用紧身胸衣风气的国家，只要它依旧能够显示着装者身体无能且可以作为荣誉性休闲的证明，那么它就会继续存在。当然，其他降低个人效率和毁伤身体的一些服装设计，该规则同样适用。

关于炫耀性消费的各种不同事项，类似的情况都可适用，多样化的服装也可运用上述通则，虽然程度稍逊，但如果服装上的这些特征使着装者明显不适或表现出不适的话，那就尤为恰当了。在过去的一百年间有一种很明显的趋势，尤其是在男性服装的发展变化中，令人生厌的消费方式和有闲象征已不复存在，这些方式在过去也许会有好的效果，但在今天，上层阶级如果继续沿用，势必会变成一种负担。例如，扑粉假发、金线饰边的使用以及经常性地修脸等。近年来，修脸风气在文雅阶层又死灰复燃，但这可能是对贴身奴仆风尚的短暂而轻率的模仿，相信这种风气会像祖父的扑粉假发一样沦为陈迹。

这些以及一些相类似的肤浅指标都向旁观者昭示了：使用者一无是处，而且它们正被更精致的方式所替代来表现同样的事实。不过，这些方式在少数受过训练之人看来同样很明显，但人们寻找的正是这些人的好评。只要人们炫耀的对象是社会中大部分没有受过训练的人，他们尚未体察出财富和有闲证明方法所发生的轻微变化，那么这种粗糙的自我夸耀方法在早期还有存在的理由。当富裕阶层充分发展壮大，有时间去钻研消费方面微妙变化的技巧时，自我炫耀的方式就会改造得更精致巧妙。要是“过火的”服装让着装者给不解风雅的人留下深刻印象，这种夸耀欲望将会受到深谙品味者的厌恶。对于一个有教养的人来说，只有得到同样高阶级所孕育出来的感觉一致认同的崇高尊荣，才有实质意义。因为富裕的有闲阶级已经如此庞大，或是有闲阶级的个人和同阶层成员之间的接触面越来越广，以致足以自行构成一个以尊荣目的而存在的人类环境。这样就形成了一种趋势：将居民中低层人们排除在生活体制之外，甚至不让其作为旁观者来见证他们的荣辱。所有这一切导致的结果就是：方法上精益求精、设计上更加巧妙以及服装象征方式上越发脱俗。上层有闲阶级在所有礼俗问题上定下规则，结果就是，社会上的其他阶层也跟着在服装礼制上逐渐改良。随着社会财富和文化的发展，用以证明支付能力的方式也更加巧妙，而旁观者也必须具有更精细的鉴赏能力。事实上，能够精妙辨析各类自我表现的媒介物的鉴赏能力，堪称高等级金钱文化中一个非常重要的元素。

第八章　摆脱劳役与保守主义

与其他物种一样，人类在社会中的生活，是一种生存竞争，同时也是一个选择性适应的过程；而社会结构的演进则是制度上的一个自然淘汰过程。人类制度和人类性格特征所获得的和正在获取的进步，大体可以视为思维习惯的适者生存以及个体对环境的强制性适应过程，同时这种环境伴随着社会的发展和人类赖以生存的制度的不断变化而逐渐改变。制度本身不但是塑造精神态度和性格特征的一般类型或主要类型的优胜劣汰的结果，而且也是人类关系和人类生活的特有方式。因此，反过来说，其本身也成为选择的有效因素。也就是说，变化中的制度本身也能反作用于个人，促成个人气质的优胜劣汰，并通过新制度的形成，促使个人的气质和习性更加适应于不断变化的环境。

毫无疑问，我们可以把促进人类生活和社会结构发展的各种力量归结为人类本身和物质环境这两个方面。但就这里的研究目的而言，最好将这些力量说成一种环境——该环境部分属人类，部分属非人类——以及一个在体格和智力状态大致定型的人类主体。总体来说或一般来说，这个人类主体或多或少是变化不定的。无疑，其变动的规律就是适者生存。这种顺应变化的结果，也许很可能是种族类型的适者生存。纵观任何社会的生活史，由各种不同族群混合组成的居民中，那类体格和气质上比较坚韧而稳重的种族类型，往往会在某一时间段里占据统治地位。一般情况下，在包括某段时间惯用的制度下，某一性格类型的种族在应对生存和统治方面要优于其他性格类型的种族。对于继承和发扬以往流传下来的制度，经过筛选下来的种族类型将在很大程度上依据其本身的喜好来塑造这些制度。然而，除了选择较为稳定的性格类型和思维习惯外，无疑也存在着一种思维习惯的优胜劣汰过程，且这个过程发生在具有统治地位的一个或多个种族类型特质之各种性格倾向的一般范围内。通过相对稳定类型之间的生存竞争，无论是哪一种族的基本性格，可能都会发生某些变化。但也有某些变化产生于同一类型范围内所进行的细节上的适应过程，同时也是在任何现存的各种复杂的社会关系和持特定的习惯看法之间优胜劣汰的结果。

但就目前的研究目的而言，对于生存竞争的性质这一问题——不管其主要是基于各种稳定的气质和性格类型之间进行选择，抑或主要是人们的思维习惯对不断变化着的环境的适应——这都不重要，此处应当关注的则是通过哪种方式使制度改变和发展。制度必须随着环境的改变而改变，因为就其性质来说，它是对这些环境引起的刺激予以反应的一种习惯方式。而这些制度的发展即是社会的发展。实质上，制度是对个人和社会的特定关系和特定功能所秉持的普遍性的思维习惯。而生活方式的构成，则可理解为是在某一特定时期或任何某一社会发展阶段所通行的各种制度的综合。因此从心理学的角度来说，可以把它归纳为一种盛行的精神态度或生活理论。说到底，若作为其一般性特征，这种精神态度或生活理论可以归结为一种主导的性格类型。

今天的形势塑造明天的制度，其方式是通过一个选择性的、强制性的过程，发挥人们对事物的习惯性看法的作用，从而改变或强化他们从过去流传下来的某种观点或心理态度。人们的生活受到从早期遗留下来的各种制度——也可以说是思维习惯——的指导。不管其起源的时期或远或近，在任何情况下，制度都是过往经历演变而遗留下来的。制度是以往进程的产物，它适应于过去的情势，因此不能完全顺应于现实的需求。以事理而论，这种选择性适应过程是不能超越社会在任一时期中不断变化的形势的。因为逼迫人们去适应和进行选择的环境、形势和生活急务日日更新。社会接踵而至的形势才初步成形，就有面临破败的趋势，如此循环往复地呈现着。当发展过程每向前一步，这一步继而构成形势的变化，要求人们作出新的适应。因此它就成为下一个调整的出发点，并继而毫无止境地演变下去。

我们应当注意到，现今的各种制度，亦即当前所公认的生活方式，并不完全适应现今的形势：这可能是一种颇令人生厌的陈词滥调。同时，除非迫于形势人们不得不改变目前的思维习惯，否则人们目前的思维习惯就可能永无止境地坚持下去。因此传衍下来的这些制度、思维习惯、观点、心理态度和性格倾向及其他，其本身都是一种保守因素。这些因素包括社会惯性（social inertia）、心理惯性（psychological inertia）和保守主义（conservatism）。

社会结构要改变、发展，要适应已改变的形势，只有通过该社会中各个阶级的思维习惯的变化，或者更确切地说，只有通过组成该社会的每一位个人的思维习惯的变化，才能实现。社会的演进，实际上是个人在环境压迫下的心理适应过程，而这种环境同过去或那种不同环境所形成并与之相适应的思维习惯，竟不能相容。至于这种适应的过程，到底是一个持久存在的各种种族类型的生存和淘汰的过程，还是一个个人对秉有的特质的继承和适应的过程，就当前的研究目的而言，这个问题并不重要。

社会进步（social advance），尤其从经济理论的角度来看，包括了一个大体明确而不断接近的“由内部关系向外部关系调整”的过程。但这种调整永无止境，因为随着“内部关系”不断地被改变，则其“外部关系”必然也不断地被改变。但接近程度的高低与否，则取决于调整进行得顺利与否。无论在何种情况下，为了符合业已改变了的形势的迫切要求而再行调整人们的思维习惯时，人们总是犹豫不决并有些不情愿。而只有在形势的不断压迫下，原来公认的观点已经站不住脚时，人们才终于作出改变。各种制度和习惯观念由于已改变了的环境所作出的再调整，是对外来压力的回应，其性质是对刺激的一种回应。因此，再调整的自由和便利，也就是说社会结构发展的能力，在很大程度上取决于任何一个时期的形势对该社会中各个成员所产生的直接影响程度。所谓直接影响程度，也就是各个成员受到环境约束的程度。如果社会中任何部分成员或任何阶级，在任何关键方面都能避开环境的影响，那么该社会中的那部分成员或那个阶级的观念和生活方式在适应变化了的一般形势时，整个过程将会更加缓慢。由此而来，它将对社会的转型起到一定的阻滞作用。以富裕的有闲阶级为例，它们在面对促进变化和再调整的经济力量时，就处于这样一个有所庇护的地位。因此可以这样说，有助于各项制度再调整的力量，特别是在现代工业社会的情况下，说到底，几乎全部具有经济性质。

任何一个社会都可能看作一个产业的或经济的机制，而社会结构则由所谓的各项经济制度组成。这些制度就是在社会的生活进程中人们接触其所处的物质环境时的习惯性方式。在这种既定的环境下，如果拓展人类活动的常用方法已经具体形成，则社会的生活在这些习惯性方向上将会相当圆熟。这时社会将充分利用环境的力量，依靠已经习得并融入制度中的方法来达到其生活的目的。但是，随着人口的不断增加以及人们支配自然力的知识和技巧不断得到扩展和提高，那些族群成员中各成员之间关系的习惯方式，以及推进整个族群生活过程的习惯方式，就不再能产生以前那样的效果。由此形成的生活条件，也不能再按以前那种方式决定不同成员之间的分配或产生同样的效果。如果一个族群在以往的条件下所采取的生活方式，就该族群生活进程的效率或便利情况而言，曾经获得大体上尽其力可以达到的最高成效，那么在这个时候，基于业已改变的条件，相同的未曾改变的生活方式，就绝不能产生以前那样的尽其力可以达到的最高成效。在人口、技能和知识已发生改变的情况下，按照传统方式进行的生活便利程度或许不低于先前条件下的便利程度，但通常情况并非如此。因此如果能够改变生活方式来适应新情况，则往往可以减少不便程度。

群体由个人组成，至少从表面上来看，群体的生活是个人各自互不相干地生活。群体所公认的生活方式体现了群体中个人的共识，即对人类生活方式中什么才是正确、善良、合宜和美好的观点所达成的共识。由于应对环境的方式发生了改变，生活条件就应重新分配，这一重新分配的结果并不是整个群体的均等改变。整个群体的生活便利程度在改变后也许会有所提高，但往往重新分配会导致群体中某些成员的生活便利或充实程度有所降低。当人口、工艺方法或产业组织发生了变化，至少对于社会中某些成员来说，如果他们想要顺利、有效地投身于业已改变的生产方式，那就要改变他们的生活习惯。如此他们就不再保有关于生活习惯何者为善、何者为美的一些已有观念。

任何人，如果被要求改变他的生活习惯，改变与同辈间的原有关系，就会感觉到新形势所要求的生活方式同他业已习惯的传统方式之间有着巨大的分歧。处于这种境地的人，往往具有强烈的动机去重建已有的生活方式，但也最容易被说服去接受新标准。而正是出于生计上的需求，人们才会处于这种境地。环境对该群体施以压力，从而调整该群体的生活方式，是通过财务压力的形式来冲击群体成员。我们可以认为，当外来力量大部分都转换成金钱或经济压力时，事实主要是经济力量促成任何现代产业社会进行了制度的再调整。或者更确切地说，这些力量所表现的形式是金钱压力。

此处所描述的生活方式调整，实质上就是人们关于何者为善或美的观念上的改变，最多不过是在犹豫、勉强的情况下发生的。当改变迈向所谓的进步方向时，情况尤其如此。这就是说，发生的变化与远古的立场——我们可以把这个状态看作在社会进化中任何阶段的一个分歧点——相背离时，它的实现将更加迟疑不决。回过头去，重新接近该族群过去久已熟悉的观点，这种变化总是较为容易的。尤其是背离传统立场的发展，并非由于其种族类型的气质不同于先前的观点而要取而代之时，则开倒车是比较容易的。

在西方文明生活史中，紧接现代的前一文化阶段是本书曾提及的所谓准和平阶段。在这个准和平阶段，其生活方式中的一个显著特征便是身份制。不言自明，现今人们十分向往复归到那个阶段所特有的统治与个人服从的精神态度。与其说一些完全符合后期发展下的迫切心理习惯已经彻底取代这种精神态度，还不如说今日的经济条件将其限制在不确定的等待状态中。在属于西方文化下的一切主要民族的生活史上，延续时间特别长的要属掠夺和准和平相处的经济进化阶段了。因此，这些文化阶段所固有的一些气质和性格取向已达到十分牢固的程度，当任何阶级或社会逐渐背离那些有利于维持后期发展中的思维习惯的力量的影响时，往往会迅速返回到原先相对应的心理素质的显著特征。

一个众所周知的事实是：个人甚至为数众多的一群人，当他们与高度工业文化相隔，进入较低的文化环境，抑或置身于欠发达的经济处境时，他们会迅速地显露出恢复掠夺性精神特征的迹象。看起来，与构成西方文化中的其他种族类型相比较，欧洲的长颅金发型人种好像能更轻易返向野蛮时期所具有的素质中。在近代移民史和殖民史中，存在着许多类似的小规模复归实例。掠夺性文化最显著的一个特征是盲目的爱国主义，而爱国主义又常常是现代社会复归倾向最震撼的标志。为避免触怒盲目的爱国主义，我们不妨拿美洲殖民地的开垦为例，虽然其涵盖的范围并不广泛，但却是一次特大规模的复归掠夺性倾向的案例。

在任何现代的、高度组织化的工业社会下，有闲阶级大都能避开当时所盛行的经济方面的压力。这个阶级对于生活资料的争夺，不像其他阶级那样迫切、紧张。由于其处于这样优越的地位，我们不难想象，当形势要求在制度上作进一步发展和对已改变了的工业局势作重新调整时，它的反应却是社会各阶级中最迟钝的代表。有闲阶级是一个保守的阶级。社会中一般经济形势的迫切要求，不会随意或直接地对这个阶级的成员进行冲击。他们不需要通过改变其生活习惯和对外界的理论观点来适应改变了的工业技术要求。他们不这样做也毫发无损，因为他们并不是工业社会中一个举足轻重的有机部分。也因为此，这些迫切要求并不能使该阶级的成员轻易产生对现存秩序的不满，而只有这种程度上的不满感受，才能促使任何个人抛弃其习以为常的那些观点和生活方式。在社会发展的过程中，延缓进化的进程和保留腐朽乃至落后的事物是有闲阶级的特定职能。这个观点绝非新奇，很久以来已经成为老生常谈。

从本质上讲，富裕阶级是保守的，这一观点已被普遍认可，我们不必借助任何理论就可以把握该阶级在文化发展中所处的地位和关系。一般来说，认为某个阶级具有保守倾向的说法，总是蕴含着歧视性味道。富裕阶级反对革新，是由于它在维持现状中有不值得称道的既得利益。这里所提出的解释，却不包含对其不值得称道的动机进行批判的意思。该阶级反对文化结构上的变化是出于本能，并不主要出于对既得物质利益的盘算。这是一种一旦背离传统做法时人们就会本能产生的反感，这种反感是为人类所共有的，且只有在环境的压力下才能克服。生活习惯和思维习惯上的任何改变总是令人讨厌。在这一方面，富人与常人的差异，主要在于彼此所遭受到的促使事物变化的经济力量的程度上，而并不在于激起保守倾向的那种动机。与常人不同的是，富裕阶级的成员不会轻易屈服于革新的要求，因为他们没有受到非屈服不可的经济压力。

富裕阶级的这种保守倾向已经成为一项显著的特征，甚至已逐渐被看作备受尊敬的标志。由于保守倾向是社会中较为富裕且较有声望的那部分人的特征，因此保守倾向就具有了一定程度上的荣誉价值或炫耀价值。这一点已演变成惯例，以致我们在对于荣誉的理解中坚持保守的观点已内隐于此。基于社会声望的角度，人们凡是想要过着具有相当声望、不受社会指摘的生活，必须要秉持这种保守态度。人们认为，革新是下层阶级的现象，是卑劣粗俗的。那么相反，保守倾向作为上层阶级的特性，则是正派高雅的。我们对任何社会革新者，都会本能地报以反感并加以非难。这种观念中最初的、最直接的因素，即认为这类事物本质上是庸俗的。纵使在某件事情上，我们认为某一革新者的主张确有可取之处——这种情况并非鲜见，但如果这个革新者所要纠正的一些缺点，在时间、空间或个人关系上远离我们——我们就会觉得该革新者至少是一个不适于交往的人，并且必须少和其接触为妙。革新是要不得的，是行为败坏的举止。

富裕有闲阶级的习尚、举动和看法，成为社会中其他成员坚持奉行的行为规范，这一事实格外增强和扩大了该阶级保守倾向的分量和影响。它使一切爱好荣誉的人不能不学他们的榜样。由于富裕阶级取得了优良行为的化身这一如此崇高的地位，其对于社会发展的阻力大小不能单从该阶级的人数上来估计，它比这个要大得多。富裕阶级恒常的示范作用，很大程度上加强了其他任何阶级反对任何革新的阻力，并巩固了人们对上一代流传下来的优良制度的好感。

有闲阶级还可在同一方向上发挥第二种影响，那就是阻碍更加符合经济要求的习惯性生活方式的采用。这一上层阶级指导下的第二种方式，与上述本能性保守倾向及对新思想方法的反感所发挥的作用，并非严格地被归属于同一范畴。但也可以将它提出来，作一并讨论。因为它至少在阻碍革新和社会结构成长这一方面，与保守性思维习惯是相同的。任一特定时期和任一特定民族所流行的礼仪规章、风俗习惯大都具有有机统一体的性质。因此，关于生活方式中任一环节的些许改变，即使没有引发全面的改变，也将引起别的方面的某些变化或再调整。当发生的变化仅直接触及生活方式中某个细微环节时，由此而引发的对传统惯例的干扰或许不怎么明显。但即便如此，也可以很有把握地说，它对一般生活方式会带来深远的干扰影响。从另一个角度来说，当试图对传统生活方式中十分重要的一项制度进行彻底的改造或废止时，人们马上会感觉到，它将会严重干扰人们的整个生活方式。人们会觉得，这种对整个结构中的某一主要因素进行调整的做法，即使出发点没有受到怀疑，也至少是一个令人痛苦而心生厌恶的过程。

要想体会激烈改革传统生活方式的任何一个特征过程中所具有的困难，只要设想一下西方文明中任何一个国家的例子便可。例如，在西方文明的任何一个国家中，若想废除一夫一妻制家庭、父权制、私有财产制度或有神论的信仰，或者再要废除中国的祭祀祖先制度、印度的种姓制度、非洲的奴隶制度，或者要在伊斯兰教国家建立两性平等，其所带来的纷扰就非同寻常了。毋庸置疑，以上所举各项中的任何一项改革，将对整个传统结构造成极大的混乱。要促使一项革新获得成功，就必须极为深刻地影响人们的思维习惯，其所牵涉的范围不仅包括与此直接相关的环节，还涉及生活方式中的其他各个环节。人们之所以对这类革新非常反感，实质上是害怕陌生的生活方式。

善良的人们对于那些哪怕是试图偏离既定的生活方式的想法也非常激烈地加以反对，这是日常经验中常见的事实。对于即便是极其细小的改革，诸如废除英国基督教会、简化离婚手续、确立妇女参政权、禁止制造和贩卖酒精饮料、废除或限制继承权等一系列改革措施，我们也会经常会听到这些人热心地向社会提出有益的忠告，非常耐心地反复申明这类改革会对社会带来长期的致命性危害。他们确切地指出，任何一项革新都将“彻底动摇社会的结构”“使社会陷入混乱”“破坏道德的根基”“使生活陷入无法想象的糟糕地步”“对大自然的秩序进行了破坏”，等等。这类说辞，无疑有点言过其实。但同任何夸张的论调一样，这类说辞同时也是一种强烈情绪的证明，旨在强调后果的严重性。这些改变以及其他类似的革新，对既定的生活方式所造成的干扰，其后果远比为了社会群众的便利而采取的各种措施中对某一孤立项目所进行的简单改变要更加严重。具有头等重要性的改革既然具有如此明显的影响，那次级重要的革新，其影响亦是如此，只是程度上有差别而已。对改革的反感，大部分是出于对任何特定的改变必然引起的再调整产生的那种烦扰和混乱的反感。任何特定文化或任何特定种族的制度系统构成了具有一致性的整体，其中各种制度并非孤立；这一事实强化了人们在思维习惯上对任何改变所引发的本能性反抗，即使是那些在制度中属于次要的事情也依旧如此。

由于人类各种制度的一体性，这种强烈抗拒改革的后果是，任何革新的必要调整都需耗费比不存在这种一体性情况下更多的精力。令人感到不快的并不仅仅限于改变业已确立的思维习惯。对既定的生活理论进行调整都需要耗费一定程度的精力。要在变化了的环境下寻找自己的位置，则需要长期的艰苦奋斗。为顺利完成这一过程需要耗费一定的精力，因此不难想象，除了为生计日夜操劳后所付出的精力之外，人们还得留有一些剩余的精力。由此可见，足以阻碍进步的，不仅仅是因为过上一种奢侈的生活——它断绝了出于对现状不满要求革新的机会，而且也是因为衣食匮乏和物质生活过于艰苦。后者的保守倾向不亚于前者。对于赤贫者和那些将毕生精力耗费在为日常生计奔波上的人，由于他们没有余力去思考明天以后的事，所以他们都是保守的。而非常富足的人们也同样保守，因为他们对于当前的现状几乎没有什么不满意的。

根据这一论点，我们可以推定：有闲阶级制度足以造成下层阶级的保守性，其方式是尽可能地剥夺底层阶级维生的生活资料，并因此减少其消费以及可用的精力，以致其更无余力从事学习和采纳新的思维习惯。在金钱的等级表上，上端既然积累了大量财富，那么等级表的下端就必然滋生着贫困。众所周知，无论哪里出现大部分群众陷入了贫困境地的情形，这对任何革新都是一种严重的障碍。

财富分配不均除了上述直接的抑制性影响之外，还伴随着间接的影响。我们已经看到，上层阶级在确定赢得荣誉方面所作出的表率，确实助长了炫耀性消费。作为所有阶级礼仪标准中的一项重要元素，炫耀性消费的盛行当然并非完全由于富裕有闲阶级的示范，而可以十分肯定的是，有闲阶级的示范强化了炫耀性消费的实践和持存。礼仪对这件事的要求非常有力，且具有压迫性。因此，即使财力地位雄厚，除维持最低生活需求外，还绰有余裕可以从事消费更多物品的那些阶级，也常常将除满足迫切的物质需要以外可以自由支配的剩余部分，用于炫耀性礼仪方面，而非用在进一步的物质享受和生活的充实上。更有甚者，那些可供利用的剩余精力，大部分用在获取物品来作为炫耀性消费或炫耀性储蓄上。结果是，出于金钱荣誉的要求，（1）除了炫耀性消费之外，剩下来可作维持最低生活需求的费用只是一个很小的部分；（2）所有精力，除了用于必需的生活物质需求之后，其剩余部分都会被金钱荣誉所吸收。所有这一切的最终结果便是强化了民众普遍的保守态度。有闲阶级制度直接阻碍了文化的发展，是由于：（1）这一阶级本身所固有的惯性；（2）它在炫耀性消费与保守倾向上所一贯发挥的示范作用；（3）该阶级依据财富与生活资料分配不均的制度所发挥的间接作用。

此外还需补充的是，让一切事物保持原状对有闲阶级就是一种实际利益。在任何一个特定时期中，有闲阶级总是处于有利地位，与任何事态相违背的任何变化，都会有损于该阶级而不是有利于该阶级。因此，从自身的利益出发，有闲阶级应当采取“多一事不如少一事”的态度。这项利益动机格外加强了这个阶级的本能偏见，使它的保守倾向更加牢固。

有闲阶级是社会结构的保守倾向或复归倾向的代表或载体。当然，这里所说的一切，对于有闲阶级的这一使命，既非颂扬也不是贬低。有闲阶级对革命的抑制作用，可能是有益的，也可能是有害的。就任何具体的实例而言，究竟是利是害，这是见仁见智的问题，而不是一般性的理论问题。一些保守分子的代言人往往认为，如果没有保守的有闲阶级对革新作出实质性的一贯反抗，则任一社会的革新和实验将使社会陷入动荡不安和难以忍受的地步，最终则只能引起强烈的不满和灾难性的反弹。这一观点——作为一项政策问题而言——可能有些道理，但都不在目前的讨论范围之内。

有的人责难保守主义，有的人则认为对轻率的革新加以抑制非常有必要。我们把这类是非问题撇开不论，就事理而言，有闲阶级一贯设法阻挠经常性地调整环境，也就是所谓社会的进步或发展。该阶级所特有的态度可以用一句话来概括："凡存在的，都是对的。"（Whatever is，is right.）而将物竞天择定律应用于人类制度上时，则会产生如此格言："凡存在的，都是错的。"（Whatever is，is wrong.）这并不是说，今天的各项制度就当前的生活目的来说都百无一用。而是说，出于事理，这些制度总有某种程度上的欠缺。这些制度都是对于过去社会发展到某一时点时，为适应当时的形势而进行的或多或少不恰当的调整所形成的生活方式。因此，这些制度是错的，不仅仅缘于现在和过去之间的时空差异。这里使用"对"与"错"这些字眼只是基于进化的角度（不含道德色彩）加以套用，意在指出是否适用于实际进化过程。有闲阶级制度，借助于阶级利益和阶级本能，通过规则和一贯的示范作用，使得各种现存的制度一直失调，甚至还有意复归到某些更加古老的生活方式。与新近传下来的公认的那种陈旧生活方式相比，这种生活方式甚至更加不能适应当下形势的要求。

尽管前面所言全是有关过去良好生活方式的保留问题，但制度一直在变化和发展，各种习惯和生活方式也从未间断地优胜劣汰。有闲阶级的任务是对这种发展加以指引还是从中阻挠，关于这方面尚有可议之处。但就其与制度发展之间的关系来说，除了所涉及的那些直接和根本的经济制度以外，可以说的却很少。这些制度——亦即经济结构——按照其所适应的是经济生活的两种不同目的而言，大体上可以分为两类或两个范畴。

采用经典的术语，这两类制度分别是获利（acquisition）制度和生产（production）制度；若应用前几章所使用的其他名词，则是金钱（pecuniary）

制度和产业（industrial）制度；若仍使用其他措辞，则这两类是服务于歧视性（invidious）和非歧视性（non-invidious）经济利益的制度。前一范畴同商业（business）相关，后一范畴同工业相关——这里的工业是就其机械意义而言。由于后者并不直接关系到统治阶级，因此人们通常不认为它是一种制度，也很少将它作为一个立法或社会惯例来讨论。当关注这一制度类型时，一般总是从财力或商业层面来研究。在我们这个时代，人们主要的考虑，尤其是上层阶级的考虑，多集中于经济生活这一层面。上层阶级在经济事务上的考量，除了商业利益外，并无其他。但考虑社会问题的责任却主要归属于这个阶级。

有闲（指拥有财产却不从事生产的）阶级和经济进程之间形成了一种金钱关系，这是一种获利关系而不是生产关系，剥削关系而不是服务关系。当然，间接地说，该阶级的经济任务对经济生活的进程也可能非常重要。这里绝没有贬低有产阶级或工业巨头们的经济职能的意思。此处的目的旨在表明，这些有闲阶级与工业进程、各种经济制度之间的关系是什么性质。寄生性是有闲阶级的职能特征，它把任何自己可以转移的财产都收入囊中，牢牢把持任何由其掌握的财产收入。商业界的惯例就是在这种掠夺或寄生原则的选择性监督下所生发的。这些惯例即是所有权的惯例，由远近不一的古代掠夺性文化间接派生而出。然而，这些金钱制度并不能完全适应今日的形势，因为它们是在和今日有别的往日形势下成长起来的。因此，即使就金钱方面的效力来说，这些制度并没有人们所预期的那般合适。工业生活已经改变，因此获利方法也需要改变。而金钱阶级所关心的是，如何改变金钱制度，从而获取由工业进程带来的、与工业进程的持续没有矛盾的私人利得所能取得的最佳效果。因此，有闲阶级在引导制度的成长上，其一贯的倾向是促使其有利于完成其经济生活上的金钱目标。

从那些专门为财产安全、契约实施、既得利益的获取及金钱交易的便利所设的法令和惯例中，我们可以看到金钱利益和金钱习性对于制度成长的影响。还有一些制度也具有同样的作用，例如有关破产与财产管理、有限责任、银行业务与通货、工人方面或雇主方面的联合、托拉斯与各种企业合并等的法规和惯例的变动。社会上诸如此类的制度性措施，只对有产阶级产生直接影响，而其影响的深浅则取决于其所拥有的财产的多寡。也就是说，金钱的多少与其列入有闲阶级中的等级有关。因此，金钱阶级在指引制度性的成长问题上——不论是在保存既定的社会架构方面还是在塑造工业进程本身方面，对社会负有极为重大的责任。

金钱的制度性结构及其改进的直接目的，在于为和平相处和有组织的剥削行为提供最大的便利。但是，其深层次的影响却大大超出了这一直接目的。商业行为的进一步顺利经营可以减少工业和工业之外的许多动荡，而且由于在日常事务中需要运用机敏辨别力的那些错综复杂的情况被消除，其结果就使得金钱阶级成为多余。当金钱交易成为例行性工作，则工业巨头也可以无所事事。当然，这种极端的情形未来是否出现，还不得而知。在另一个领域里，现代制度中一项对金钱利益有利的调整，是以“无灵魂”的股份公司来代替工业巨头。一旦做到了这一点，有闲阶级有关所有权的重要职能则会被解除。因此，有闲阶级的势力对经济制度的成长所带来的影响，在工业方面具有极其重要的意义。

第九章　古代特质的保存

有闲阶级制度不但对社会结构有影响，而且对社会每个成员的特质也有影响。某一特定的癖好或某种特定的观点，一旦获得认可，成为生活的权威标准或准则，就会作用于那些认可其作为规范的社会成员的性格特征上。这种特定的癖好和观点将会在某种程度上塑造这些社会成员的思维习惯，且对人类的性格倾向和爱好也会产生选择性监督作用。这种效果的产生，部分是通过强制教化作用使所有个体习惯与之相适应，另一部分是通过选择性淘汰不适应的个体及其家族。凡是与公认体制下所作用的生活方式不相适应的人类特质，或多或少都会遭受淘汰和压制。金钱攀比准则和摆脱劳役（industrial exemption）准则就这样植入了生活规范中，并在人们与之相适应的情形中成为相当重要的强制性因素。

炫耀性浪费和摆脱劳役这两项广泛准则之所以能够影响文化发展，一方面是通过支配人类思维习惯，从而控制制度的发展；另一方面是通过选择性保留某些能够在有闲阶级架构下生活便利的人类特质，从而控制社会的人性特质。有闲阶级制度在塑造人类特质上，大致是沿着精神残存和复归这个方向来运行。它对社会气质的影响带有一种阻碍精神发展的性质。特别是在近代文化中，总的来说，这个制度带有保守倾向。这个命题实际上再寻常不过了，但在目前加以引用，很多人可能会觉得有些新颖。因此，即使冒着某种冗长乏味、老生常谈的风险，也要对该命题的逻辑依据作一个简要回顾。

社会进化是思想气质和思想在集体生活环境压力之下优胜劣汰的过程。思维习惯的适应过程也就是制度不断成长的历程。但是随着制度的不断成长，一个更大的实质性特质也发生了变化。不但人类的习惯会随着紧急情形的变化而改变，而且人类天性也会随之相应改变。社会中人类素质本身也将随着社会条件的改变而改变。近代人种学家认为，人类天性的这种转变是对那些相对稳定和持久的种族类型或种族元素的一种选择过程。人类趋向于复归或产生（或多或少更接近）人类天性中的某些特定类型，这些特定类型，就其主要特点来说，虽然不同于现在，但在与过去大致相符的情形中逐渐固定下来。在这些相对稳定的种族类型中，有一些构成了西方文化的人口。在如今的种族遗传中，仍存活着这种种族类型，但这种种族类型不是作为一个单一、精确、具体、严格不变的模式遗存下来，而是或多或少以变体的形式存活着。这些种族类型的变体是长期选择过程中的产物，而各个种族类型及其混合种族类型在史前和有史以来的进化中也经历了同样的选择。

这种由于长期一贯趋势下的选择性过程所形成的种族类型的必然变异，并没有受到研究种族遗留问题的学者们的足够注意。此处所涉及的问题是：由于这样的——尤其是晚近以来的——淘汰过程，西方文化下的人种形成了两种主要的、分歧的人类性格类型。我们感兴趣的是，沿着两种分歧变体中的任何一个继续演化，可能会对今日局势产生何种效果。

关于人种学的论点可以简明扼要概括。为了避免烦琐，关于种族类型及其变体的基本路线和复归与残存的方式只作最必要的细节陈述。这里所呈现的只是概略而简要的说明，不允许用于其他目的。工业社会中的人类来源趋向于不超出三种主要的人种类型：长颅金发型（dolichocephalic-blond），短颅褐发型（brachycephalic-brunette）和高加索种型（Mediterranean）——那些在我们文化中影响较小和无关紧要的种族成分，则忽略不计。但在这几种主要的种族类型中，每种类型的复归都趋向于沿着至少两个方向中的其中之一变异——一种是和平型或前掠夺型，另一种是掠夺型。这两种独具特色的变体中的前者更接近于各自的一般类型，且作为各自种族类型复归最早群居生活类型的代表。关于这一点，无论是考古学家还是心理学家都有足够证据。这一变体被认为是代表现存文明人类在掠夺性文化、身份制和金钱攀比荣誉之前处于和平时期的、蒙昧生活状态下的祖先。而第二种，也就是掠夺型变体，则被认为是主要种族类型及其混合种族类型在近期改良下的一种残存——这种种族类型是在掠夺性文化、准和平时期的后竞争性文化或近期文化的氛围中，通过优胜劣汰过程来完成的改良。

根据公认的遗传法则，人类的性格特征有着极强的继承性，即使经历漫长的时代变迁，早期的特征也或多或少会有所残存。通常人们认为，即使种群发生变化，其性格特质仍然会传承下来——这或许可以称之为现存遗传(hereditary present)。就当下研究目的而言，这种现存遗传是以掠夺性和准和平文化为代表的。

在通常情况下，现代文明人类所倾向的原生的人类天性变体是最近的——遗传上仍存在的——掠夺性文化或准和平文化的典型代表。当谈及野蛮时期的奴隶阶级或被压迫阶级的后裔时，这一论题应该有所修正，但实际上修正的必要可能并没有最初看起来那么明显。就全体人类来说，这种掠夺型、竞争型变体似乎并没有达到高度的一致性和稳定性。也就是说，现代西方人所遗传的人类天性，以及在构成天性的各种特质和倾向方面，就其范围和相对势力对比而言，存在着较大的差异。从适应现代集体生活要求的角度来衡量，现代人类的现存遗传仍然略微带点远古之风。在变异法则的影响下，现代人类主要趋向于复归的类型是更为古老的人类天性。另外，从不同个体所展示的复归特质来衡量，这类特质不同于一般的掠夺性气质，而前掠夺型变体似乎具有更强的稳定性和较大的均衡性。

由于个人原生的种族类型在早晚期的变异，其所造成的人类天性上的分歧，被另一项构成西方民族的两个或三个主要的种族类型所形成的一种人类遗传的相似分歧所掩盖而模糊不清。事实上，我们可以认为，社会中的每一个个体是流行的种族元素以极其变化无常的比例所构成的混合人种，其结果就是他们趋向于复归到构成其种族类型中的任何一种。这些种族类型在气质上的差异，同掠夺型变体与前掠夺型变体之间的差异有些类似。比起短颅褐发型，特别是高加索种型，长颅金发型更富有掠夺性气质，或至少更具有暴力倾向。因此，当一个特定社会，在制度的演进上或情绪的有效掌控上显示出与掠夺性的人类本性有别时，无法判定这种分歧就一定表现的是一种前掠夺型变体的复归。还有可能是民众由于某一种“较低级”的种族元素渐渐占据主导优势而导致的这种分歧。另外，种种迹象表明现代社会在气质上的显著变化并不全是由于稳定种族类型之间的优胜劣汰所致，尽管这些证据可能不像期望的那样确信。在某种程度上，倒像是各个种族在掠夺型变体与和平型变体之间的一种选择。

这种现代人类进化的概念，对于本书的讨论来说并非不可或缺。这里使用这些优胜劣汰概念所达成的一般结论，如果用先前达尔文和斯宾塞的术语和概念来代替，同样也可以成立。因此，在特定情形下，在术语的使用上略有差异也可以容忍。在这里，“种族类型”一词使用得较为宽泛，其所指的气质变化，在人种学家看来，或许只是种族类型的些许细微变化，而不是明显不同的种族类型。在论证中，当有必要就此进行细致的区分时，读者自可以在上下文中看出这一点。

这样看来，如今的种族类型是先前原始种族类型的变体。在野蛮文化的熏陶下，这些种族类型经历了一些改变，而且在它们所选择的变化形态中达到了某种程度的稳定性。构成现存遗传之人的野蛮时期变体的种族元素是奴隶性或种族性变异。但这种野蛮时期变体并没有达到高度的同构性或稳定性。野蛮文化即掠夺性和准和平文化时期，虽然持续时间极其漫长，但无论是从时间延长性，还是不变性上看，都不足以在其特性上形成一种固定类型。野蛮时期人类本性出现背离野蛮文化的变异情况时有发生，而且在今天，这些变异事例更是显而易见。因为现代生活不再抑制那些摆脱野蛮时期标准的做法。掠夺性气质与现代生活的一切目的并不适应，对现代工业尤其如此。

当人类性格与现存遗传相背离时，最常发生的情况是复归到早期的变异类型。和平的、未开化的、原始时期的特性代表了这种早期变体的气质。在野蛮时期之前普遍的生活环境和奋斗目标，在特定的基本特征上，塑造并加固了人类本性。一旦现代人类的现存遗传人性发生变异时，他们就会趋向于复归到古老的、一般的人类特性。当人们生活在最原始的群居生活时期——

尚可被称作人类时，这期间似乎是一种和平的生活环境。在这种早期的生活条件或环境以及制度情况下，人们的特质——气质以及精神状态——似乎是和平的、前掠夺型的，但却不能说是慵懒散漫。出于当下的需要，这种和平文化时期可以被视为社会发展的初级阶段。就目前讨论的目的而言，这种假设性的初始阶段文化的主导性精神特征，似乎带有一种未经反思的、尚未成形的种族团结感。这种感觉表现在外，是一种对人类生活的一切便利方面感同身受的愉悦，但绝不会热烈，且对生活上所体会到的抑制和徒劳无用，表现出不安和反感。这种感觉广泛根植于前掠夺型的蒙昧时期人类的思维习惯中，它非常普遍，重视有用事物却不热衷。在前掠夺型的蒙昧时期人类的生活方面，以及其与族群其他成员交往的态度方面，这种感觉发挥着明显的约束力。

如果我们仅以文明社会或野蛮社群的现存历史中流行的习俗和观念为依据，作为这种感觉存在的确切证据，那么这种最初的、未经分化的和平时期的文化轨迹似乎有点模糊且令人生疑。但如果从人类性格持久且普遍的特质中去寻找，就会在人类心理残存方面找到其存在的确切证据。这些特点在很大程度上残存于掠夺性文化下被迫隐藏的种族元素里。那些适合于早期生活的特质，在个体竞争中求生存的情形下，变得相对无用。因此，在气质上不适合掠夺性生活的那些民族或种族群体都会被压制，被迫处于落后地位。

一旦过渡到掠夺性文化时期，生存竞争的特质在某种程度上，就会从集体对抗非人类环境转变为集体对抗人类环境。伴随着这种转变而来的是，族群中个体成员之间的对抗以及对抗意识的不断增强。族群成功的条件和存活条件在某种程度上也发生了改变，而且族群中居于主导地位的精神态度也在逐渐改变，从而使另一类习性和倾向在公认的生活方式中居于合理的优势地位。在这些被视为和平文化时期残存的远古特质中，有一种是我们称为良心的种族团结本能（instinct of race solidarity），它包括诚实和公正的观念；另一种则是质朴的、非歧视性的工作本能。

在近代生物学和心理学的指导下，人类天性(human nature)应该用习惯(habit)这一术语来重新诠释。就上述一类特质而言，习惯似乎是最好的概括。

这些生活习惯是如此普遍，以至形成了一种特质，这一点无法归因于后期或短期规律的影响所致。这些习惯在面对近代和现代生活的特殊要求时，很容易受到暂时的压制，这表明它们是极其远古时期规律作用下的残存结果。由此可以得出的教训是，在改变了的环境下，人们往往被迫在一些细节上背离其原始习惯，然而一旦不存在特殊要求，这些习惯就会重现，这样的情况几乎无处不在。这也表明，使这类特质得到巩固并同人类精神结构类型相结合的过程，必定需要持续相当长的时间且没有遭到严重的中断。这一论点，不管如何理解——究竟是原本字面意义上的习惯养成过程还是种族优胜劣汰的过程——都可以成立。

从掠夺性文化开始直到当前这段时间，社会都处在身份制和个人对立以及阶级对立的制度管辖下。根据这一阶段的生活特点和要求而言，当下所讨论的气质特点绝对不可能在这一时期发生，也不可能在这一时期得到巩固。这些特质完全有可能起源于更早期的生活方式，它历经掠夺性和准和平文化，虽然经受废弃——不管是逐渐地还是突然地——而仍然残存着。这类特质似乎是种族遗传的特性，尽管为适应掠夺性和金钱文化时期的要求而作出改变，但它们仍然持续了下来。遗传韧性属于一种遗传特质，种族成员在某种程度上都拥有了这种特质，并且以种族延续这一广大基础为依据。因此上述性格特性得以延续似乎就是依靠了这股力量。

这类一般特征不会被轻易消除，即便是上述讨论的那些特质，在掠夺性和准和平文化时期，遭受了如此严厉、漫长的优胜劣汰之后，也不会被消除。这些和平时期的特质在很大程度上与敌视的、野蛮生活方式格格不入。野蛮时期文化的显著特征是：阶级之间以及个体之间不间断的攀比和对抗。这种竞争性规律不那么有利于那些拥有和平的、野蛮特质较少的个人和家族。因此，攀比规律趋向于消灭这些特质，而且，在很大程度上，受其影响，民众的这类特质已经有所削弱了。生活中即使表现得与野蛮气质类型不相符，也不必付出沉重的代价，但至少或多或少会持续抑制那些气质不相符的个人或种族。生活主要就是族群中个体之间的斗争，而具有远古和平特质格外明显的性格特征往往会妨碍个体在生活中的斗争。

在任何已知的文化时期，只要是在这里所提及的假设的初始文化阶段之外或其后，任何善良、公正、无差别的同情心等先天禀赋，对个体生活并无显著帮助。拥有这些禀赋或许可以保护个体免受社会中多数人的苛刻对待，这类多数人坚信：作为一个理想的正常人，多少该带点这类品质。但除了这些间接的、消极的作用之外，别无他用。因此，当个体越少具有这种禀赋，在竞争体制下，就越容易活得更好。在金钱文化下，一个人如果对于同情、诚实以及生活的关怀毫无顾忌，那么在相当大的范围内，他将获得更大的成功。任何时期，高度成功的人通常都是这种类型。但不以财富或权利作为衡量成功标准的人除外。“诚实为上策”仅仅在有限的狭窄范围内有效，而且只存在于匹克威克意义（Pickwickian sense）上的特殊场景中。

在现代文明时期，如果以西方文化生活观来看待这些原始的、前掠夺型的蒙昧时期的人类，他们并不是很成功。上文已试图对其特性作了概括性的追溯。这种原始人类的天性类型只有在这种假定的文化下才能得到巩固，即使是为了和平型的蒙昧族群的目的而言，这种原始人类在经济上的显著失败与其在经济上的成效同样多。只要不是出于仁慈之心，任何人对这一点都应该看得很清楚。原始人类充其量只是一个“聪明而无用之人”。这种假定的原始人类性格有如下缺点：软弱、无效率、缺乏主动性和创造性、善于让步、懒散且友善，带有强烈却不合理的万物有灵的观念。与这些特质并行的还有其他一些对集体生活进程有价值的性格特征，它们能够促进群体生活的便利。这些特质是：诚实守信、爱好和平、心地善良以及对人、对事非攀比性和非歧视性的关切。

随着掠夺性阶段生活的到来，对于成功者的性格要求也发生了改变。人们的生活习惯也必须与人类关系新体制下的新情况相适应。同样精力的发挥，在前文中所列举的蒙昧生活中所表现出来的性格特征，现在必须遵循着新的方向面对刺激，在新的一组习惯性反应中表现出来。就谋求生活便利而言，早期情况下相当有用的方法，在新的条件下已不再适用。早期情形的特征是利益关系的对立和分化相对较少，而后期则是攀比强度持续升高，竞逐范围不断缩小。在掠夺性文化时期以及随后各阶段时期所持有的性格特征，也正表明了最适合在身份制下存活的人类类型，其性格特征（以最原始的表现而言）是凶狠残暴、自私自利、党同伐异、虚伪狭隘、毫无忌惮地使用武力和欺诈手段。

在竞争制度长期严厉的磨炼下，种族类型之间优胜劣汰，那些在上述一类性格特质方面禀赋最强的种族得以存活下来，从而使得这一类特质居于显著优势地位。与此同时，那些早期形成的、更为普遍的种族习惯，从来没有失去过在集体生活目的上的某些价值，也并未彻底中断。

或许值得指出的一点是，欧洲人中长颅金发型人种之所以在近代文化中占据主导性优势并居于主宰地位，似乎很大程度上要归因于其禀赋中掠夺性特质较为突出的缘故。精神特质外加优越的体能禀赋——这大概是族群与世系之间自然选择的结果——足以使某些种族元素适于有闲阶级或统治阶级的地位，尤其是在有闲阶级制度形成的初期更是如此。但这并不意味着，任何个体只要具有与上述完全相同的种族成分，就一定可以确保其成功。在竞争制度下，个人与阶级成功的要件并不完全一致。一个阶级或党派的成功，有赖于强烈的团结精神以及忠于领袖、坚守信仰等品质。然而，对于竞争中的个体来说，如果他既拥有了野蛮时期人类的精力、创造力、自私自利以及虚伪狡诈，又带有蒙昧时期人们的忠诚精神，那么他就能终偿所愿。顺便需要指出的是，如果是基于完全自私自利、毫无顾忌而获得辉煌（拿破仑式的）成就的人，其体格特征通常更多地属于短颅褐发型而不是长颅金发型。然而，对于在追求个人利益问题上取得适当成功的个体而言，其体格特征似乎大部分属于长颅金发型。

在攀比体制下，由掠夺性生活习惯所造就的气质，有利于个体生活的持续与充实。与此同时，如果将族群生活视为一个整体，其生活主要是同其他族群进行敌对性竞争，那么这种气质同样有利于群体的生存与成功。但在工业较为成熟的社会里，其经济生活的演进开始出现一个转变：社会利益不再同个人利益相一致。这些工业发达的社会，就其整体立场而言，已不再为了物质资料和生存权利而彼此竞争——除非其统治阶层的掠夺性倾向中还保有战争和抢掠的传统。除了受到传统以及气质环境的影响，这些社群不再迫于其他环境压力而彼此竞争。这些社群的物质利益——可能集体荣誉利益除外——不仅不再相互对立，反而任何一个社群的成功，无可非议都将有益于该族群中其他任何一个社群生活的美满，这一点不仅目前如此，在今后遥远的未来亦是这样。这些社群在超越其他社群的过程中，已不能再获得任何物质上的利益。但就个体及其个体间相互关系而言，上述情况就不完全相同了。

任何现代社会的集体利益都集中于工业效率。个体对社会目标的贡献，在某种程度上与他在世俗中所谓生产职能的效率成正比。实现集体效益最有效的性格特点是：诚实、勤奋、平易近人、心地善良和大公无私，对因果规律有着惯常的认知和理解，对事件发展进程的认识不掺杂万物有灵的信念，不存在对超自然干预力量的依赖。不用说，这些性格特征还隐含了德行卓越、普世价值以及荣誉感等这些平凡的人性，当这些特质普遍流行并居于主导地位时，对集体生活究竟有多大的益处，这也是毋庸深论的。不过这些都是题外话，一旦这些特质能够同时存在，并且人类物质生活能充分表现这些特质，一个现代社会就能成功运行了。为了更好地适应现代工业形势下的环境，拥有这类特质在某些程度上很有必要。当这些特质或它们中的绝大部分都能以最大化程度表现出来时，现代工业社会中那些复杂、广泛、注重平易相处以及高度组织化的机制就会更有效地发挥作用。而掠夺性人格目前所具有的各种性格特质，显然远远无法适应现代集体生活目标。

另外，在竞争体制下，依靠精明的买卖传统和不讲情面的管理风格可以更好地获得个人眼前利益。前面所提及的性格特征有益于社会利益，然而，对个人利益而言，却是帮倒忙。如果一个人的性格构成中出现了这些倾向，那么他的精力将会转向别的目标而不是金钱所得，而且在追求获得金钱时，这些特质将驱使他通过间接的、低效的方式去寻求利得，而不是以大刀阔斧、毫无顾忌的生财之道去经营。勤奋的性格倾向始终是个人发展的一种妨碍。在竞争体制下，现代工业社会中的成员彼此竞争，他们中的任何一员，如果能够毫无顾忌、沉着冷静，一有机会就去欺诈和伤害他们的同事，那么，他们将更有利于实现个人的、眼前的利益。

前面已经提到，现代经济制度大致分为两类——金钱制度和产业制度。职务分类也是如此。金钱类职务与所有权或所得有关，产业类职务则与工艺或生产有关。前面所谈到的制度演进方面，也可适用于职务分类。有闲阶级的经济利益与金钱类职务有关，工人阶级的利益则与两类职务都有关，但主要是产业类职务。要想跨入有闲阶级则需凭借金钱类职务。

这两种职务对性格倾向的要求实质是不同的，同样，它们所进行的锻炼也是沿着两种完全不同的路线。金钱类职务所遵循的锻炼是，保持和培养特定的掠夺性倾向和掠夺性意志。要做到这一点，一方面是通过教化那些从事这一类职务的个人和阶级，另一方面是通过选择性地压制和排除那些不适应这类职务的个人和世系。只要人们的思维习惯是在获得和占有财产的竞争性过程中形成的；只要他们的经济运行是在财富所有权的范围之内并以价值交换来实现的，并且其管理和融资活动是通过价值交换来进行的，那么人们在经济生活中所积累的经验必然有利于掠夺性气质和思维习惯的存活与强化。在现代的、和平的经济体制下，获得财产的主要生活方式所培养出来的掠夺性习惯和倾向，当然属于和平范围之内。也就是说，金钱类职务使从业人员日益精通、熟练，是属于欺诈行为的一般实践，而不是远古时期强制夺取的方式。

这些倾向于保持掠夺性气质的金钱类职务正是与所有权相关的工作。有闲阶级本身的直接职能与所有权有关，而辅助职能就是获取和累积财富。这类金钱类职务所涵盖的经济活动过程中的那类人相应的职责范围，与从事竞争性工作的企业的所有权有关，尤其是与那些列入金融活动的经济管理的基础行业有关。另外，商业行业中的大部分也可以列入此范围。这些职务如果可以以最好的、最显著的方向发展，那么它们就能构成经济领域的“工业巨头”(captain of industry)。这类工业巨头与其说是独具才华之人，不如说是阴险狡诈之徒，而且其职能是金钱性的，而非工业性的。这样的工业巨头所采取的行政管理通常带有独断性质。至于生产和工业组织属于机械化作业效果的细节方面，则委派“实际操作”中头脑灵活的职员来完成，这些职员所擅长的是实际作业，而非行政领导能力方面。某些非经济性活动，就其通过教化和优胜劣汰的过程来塑造人类天性的这种倾向而言，通常被列入金钱类职务的范畴。像政治、神职、军事方面的职务都属于这一类。

金钱类职务所获得的荣誉认可要远远高于产业类职务。这样一来，有闲阶级的良好声誉标准，对于满足歧视性目的的倾向而言，起到了维持其声望的作用。因此，有闲阶级高雅的生活方式，也促进了掠夺性气质的存活与文化的发展。于是，职务也就有了荣誉等级高低之分。经济职务本身最具荣誉性的是大规模的直接同所有权相关的工作。其次（名声稍低一点）就是直接服务于所有权和金融活动的那类工作，如银行类职务和法律类职务。银行类职务带有对大规模所有权的暗示性意味，因此，毫无疑问，它能分享这种体面。法律专业本身并不隐含大规模所有权意味，但因为它除了用于竞争性目的之外，没有沾染一丝实用性，因此，在传统体制中，法律业务的等级也较高。法律类职务专门从事有关掠夺性欺诈的具体事务，无论是通过强词夺理，还是反驳强词夺理取胜，由此在专业上所取得的成就都会被认为是野蛮时期的狡诈特质极具禀赋的标志。当然，这也赢得了人们的尊重和敬畏。然而，商业追求行为却只能获得一半荣誉，除非它们能够涉及大规模所有权成分，以及牵涉极少的实用性成分。商业追求行为等级的高低，在某种程度上和它所满足的需求高低成正比。因此从事大众生活必需品的零售业只能降到同手工业及工厂劳作同一水平。至于体力劳动，甚至是指挥机械化操作的工作，其荣誉性方面的等级岌岌可危。

关于金钱类职务的规律方面，需要作出进一步补充。随着企业规模的不断扩大，有关金钱管理在竞争细节上所表现出来的强词夺理、精明狡诈的特性会逐渐减少。也就是说，由于同经济生活中这一层面接触人数的不断增加，企业逐渐退化为一种日常性工作，在这类工作中竞争者很少直接进行欺诈或剥削掠夺，结果导致许多人脱离掠夺性习惯，而那些人主要是受雇于这类商业工作的下属人员。事实上，此处的补充说明完全不能用于企业主和管理层的职责。

然而，对于直接从事生产技术和体力操作的个人或阶级而言，情形就大不一样了。他们的日常生活，根本上就不处在产业中有关的金钱方面致力于竞争性和歧视性的动机与策略所形成的习性过程。他们一直接触并试图理解的是机械化事务及其因果关系，他们坚守其有关人类生活目的的理解，并据此行事。对于这部分人而言，他们在工业化过程中接触到的教化和选择作用，使其思维习惯能够适应集体生活中的非歧视性目的。因此，对于他们而言，教化和优胜劣汰作用加速了其特殊的掠夺性倾向和偏好的废弃，这些掠夺性倾向和偏好是其种族在野蛮时期遗传和传统延续所得。

由此可见，社会经济生活的教化作用并不能一概而论。直接和金钱攀比相关的那类经济活动，趋向于保存特定的掠夺性气质。然而那些直接和产品生产有关的产业类职务，则大体上具有相反的倾向。但对于后一类职务而言，值得注意的一点是：凡是这类职务的人，在某种程度上都与金钱竞争（pecuniary competition）事务相关（例如参与工资和薪水的竞争性制定，购买消费品等），因此，这里对于职务类别的区分，绝不能简单等同于人们阶级高低的严格而有效的区分。

有闲阶级在现代产业中从事的职务，在于保持特定掠夺性习惯和倾向的活力，至于参与产业过程的那类阶级成员，他们所受到的训练则在于保持野蛮时期的气质。但另一方面也值得深究。免于过度劳作的人，即使在体格和精神构成上同种族的一般类型差异甚大，但也有可能残存和延续其种族特质。最能免于环境压迫的那些阶级，其隔代遗传特质得以残存和延续的机会就更大。有闲阶级在某种程度上能够免于产业局势的压力，因此它们应该能够复归更多的和平时期或蒙昧时期的人性特质。这类异常的或隔代遗传的个人，理应依据前掠夺型方式来生活，而不至于像下层阶级生活方式那样很快遭受压制或排挤。

事实上，似乎还真有这种情况。例如，上层阶级中许多人乐于投身慈善事业，而且也有相当一部分人热心于支持革新和改良方面的努力。此外，这种慈善和改革方面的努力，往往带有温厚和散漫的迹象，而这正是远古蒙昧时期的人性特质。但这些事实能否证明，遗传复归倾向在上层阶级占的比例要比下层阶级大，可能有待存疑。在贫穷阶级里，即使拥有同样的倾向，也很难呈现出来。因为这些阶级缺乏手段、时间和精力将这些方面的倾向付诸实践。这种表面上（prima facie）的事实证据，几乎不能令人信服。

在进一步深究时，有一点值得注意，今天的有闲阶级是从金钱方面获得成功的人当中招募而来的，因此这些人所具有的掠夺性特质的禀赋，按理来说应高于一般水平。要进入有闲阶级行列需要历经金钱类职务，而且在这类职务中，只有那些经历了掠夺性考验中优胜劣汰的过程，金钱方面适于生存的后裔才可进入上层阶级。然而，进入上层阶级的这些人一旦复归到非掠夺性人类天性时，通常就会被淘汰并退回到较低的财力水平。要想在有闲阶级中保持其地位，其血统必须拥有金钱气质，否则它们的资产将化为乌有，并很快丧失其阶级地位。这样的例子比比皆是。

有闲阶级的构成保持着一个持续不断的选择过程，个人或世系凭借着积极适应金钱攀比的杰出能力从较低阶级中脱颖而出。有志者为了达到更高水平，不仅在金钱气质上要达到相当均衡的完整程度，而且这类禀赋也要达到相当突出的程度，以至能够攻克前进路上的一些大的实质困境。排除各种偶发状况，暴发户（nouveaux arrivés）可是千万人中才出的那么一个。

自从金钱攀比风气开始盛行以来，这也就是说，自从有闲阶级制度创立伊始，这种通过优胜劣汰而进入（上层阶级）的过程从未中断。但选择的确切依据并非始终如一，因此，选择过程所产生的结果也不尽相同。在野蛮文化初期或掠夺性阶段，淘汰考验的就是英勇（就这个词的本义而言）。要进入这个阶级，候选人必须具备党同伐异、意志顽强、凶狠残暴、肆无忌惮、不达目的誓不罢休等天赋。这些是积累并持续占有财富不可或缺的品质。无论过往还是以后，有闲阶级的经济基础就是保有财富。只是从掠夺性文化早期阶段以来，关于积聚财富的手段以及保有财富所需要的天赋方面，有了某种程度的改变。出于优胜劣汰的缘故，早期野蛮文化阶段，有闲阶级的优势特质就是，大胆地侵占、敏锐的身份感、随心所欲地欺诈。该阶级成员通过英勇特质来维持其地位。到了野蛮文化后期，在准和平时期身份制下，社会关于获得和占有财富有了既定的解决方式。精明的算计和强词夺理在很大程度上取代了简单的侵略和无节制的暴力，而且被认为是积聚财富的最佳方式。因此，有闲阶级就得保有不同的习惯和倾向。专横的侵略以及相关的顽强意志，再加上一贯无情的身份意识，仍然是有闲阶级最光鲜的特质。而且这些特质已经作为“贵族品质”的代表保留在传统中。不过后来，这些特质又增加了些许不再咄咄逼人的金钱品质成分，例如深谋远虑、谨小慎微、强词夺理。随着时间的推移，越是接近现代和平时期的金钱文化，上述后一类习惯和倾向对于实现金钱目的，相对来说，就越有效。而且，在获得准入并维持有闲阶级地位的淘汰过程中，相对而言也更有价值。

如今，优胜劣汰依据已经改变，进入有闲阶级所具备的倾向就只有金钱特质了。仍然保留的掠夺性时期的野蛮特质是不达目的誓不罢休，该特质是成功的掠夺性时期野蛮种群与被其取代的和平时期蒙昧种群的区别所在。但这一特质不能说是金钱上有所成就的上层阶级与工人阶级之间典型的区别。因为在现代工业社会，经过训练和淘汰之后，工人阶级也同样重视这一特质。不达目的誓不罢休的特质，可能更有助于区分这两个阶级与另外两类人——无是处的懒汉和下层阶级中的游手好闲之徒。就天赋资质而言，财富拥有者和游手好闲之徒相比，与工人阶级和心地善良的无能寄生者相比，两者差距极为类似。典型的财富追逐者和典型的游手好闲之徒一样，为了一己私利不择手段地将人力、物力据为己有，而且完全不顾别人的感受和意愿，以及自己行为所产生的深远影响。但前者不同于后者的地方在于，财富追逐者怀有强烈的身份意识且在实现远期目标时坚持不懈、深谋远虑。这两类人的相似之处进一步表现为：偏好“娱乐”、赌博和热衷于漫无目的地攀比。典型的财富追逐者和典型的游手好闲之徒在人类掠夺性天性的一个伴生变异（concomitant variations）方面，也有独特的相似之处。游手好闲之徒通常带有浓厚的迷信色彩，他们对运气、符咒、占卜、宿命、预兆以及萨满教的仪式深信不疑。处于顺境时，这种倾向易于表现出一种奴性式的信仰狂热以及一丝不苟地遵守敬祀仪式。这种表现与其说是宗教观念，不如说是带有信仰意味。就这一点而言，游手好闲之徒的气质与财力雄厚的有闲阶级之相似之处，远远多于工人阶级与无能寄生者的相似之处。

现代工业社会的生活，或者换句话说，金钱文化下的生活，通过优胜劣汰过程去发展和保存某一特定范围的习性和倾向。这种选择过程目前的趋势并非仅仅复归到某个特定不变的种族类型。它趋向于改变人类的部分天性，以至在某些方面不同于过去遗传而来的任何类型或变体。进化的目的并不单一。进化之后所确立的正常气质不同于任何人类天性的远古变体，其不同之处就在于它极具目标稳定性——目标单一且不懈努力。从经济理论的角度来看，优胜劣汰的目标较为单一，虽然在相当重要的枝节层面呈现出与单一发展路线相异的倾向。总之，除了这种总的趋势之外，发展路径是多线的。就经济理论而言，其他方面的发展沿着两种相异的路线进行。如果从偏好、精神状态或意图这方面来看，这两条路线则可称为歧视性或利己路线，以及非歧视性或经济路线。若再从智力和认知偏好两个方向上的发展来看，前者可归为意欲、质量关系、身份或价值等私人立场，后者则属于结果、数量关系、机械效率或用途等非私人立场。

金钱类职务主要是使前一类素性和倾向发挥作用，并且通过优胜劣汰的作用而保留在人们心中。反过来讲，产业类职务主要作用于后一类素性和倾向，并加以保存。彻底的心理分析显示：任何一类素性和倾向，都不过是特定气质的多样表达而已。通过个人一体化或单一化的努力，包括第一类的倾向、意图和兴趣，都是人类天性的特定变体的表现。后一类也是如此。这两类都可以作为人类生活的选择方向。这样一来，特定个体或多或少都要坚定地倾向于其中一类。一般来说，金钱生活趋向于保存野蛮时期的气质，但却用欺诈、谨慎或管理能力来代替早期野蛮文化以身体伤害为特征的气质倾向。这种以诈伪手段来取代暴力手段的现象，或多或少有些不确定性。在金钱类职务范畴之内，这种淘汰作用确定地朝着这个方向发展，但在追逐利益之外的金钱生活中，并不会实行同样的规则。在时间和物品消费方面，现代生活规律并没有完全发挥消除贵族品质或助长资产阶级品质的作用。在相当优裕的高雅生活方式中，早期野蛮文化特质仍然有很大的生存空间。关于这种传统生活方式中的某些细节及其相关问题，前面几章论述有闲阶级的地方已经讨论过了。下面的章节还会继续回到这个问题。

前面已经说过，有闲阶级及其生活方式应该有助于野蛮文化气质的保存。主要保存的内容是准和平或资产阶级的变体，但在某种程度上也保存了掠夺型变体。因此，在没有干扰因素的情况下，社会各阶层的差异应该有迹可寻。贵族和资本家的品质——有害的和逐利性的特质——应主要在上层阶级中被发现，而勤劳的品质——和平的特质——应主要存在于从事机械化工业的阶级中。

这种说法虽然存在例外，但大体成立。但是我们不能指望可以轻率地应用这一判断，也不能指望该说法可以放之四海而皆准。该说法的局部不成立要归因于几个理由。一切阶级都会在某种程度上卷入金钱攀比，而且所有阶级中个人要想生存就或多或少要具备金钱特质。在金钱文化盛行的地方，优胜劣汰的过程大致上就是一个追逐金钱的过程，这一过程塑造了人们的思维习惯，并决定了敌对宗族的存活。因此，如果不是因为金钱效果和产业效果总体上对立的话，那么一切职务经过优胜劣汰的过程之后，金钱类职务将处于绝对优势地位。结果就是，众所周知的“经济人”（economic man）被确立作为人类天性中正常且确定的类型。然而，“经济人”只追求自己的利益，并且小心谨慎，这对于现代工业需求来说毫无用处。

现代工业要求人们对所从事的工作要抱有非私人、非歧视的兴趣。假如没有这种兴趣，精心设计的工业操作根本不可能运作，事实上，也不可能被设计出来。这种工作兴趣使工人一方面不同于罪犯，另一方面也不同于工业巨头。为了社会生活能够持续发展，人们必须从事劳动工作，这就导致在某一特定职务范围内产生了利于工作的精神性倾向的优胜劣汰作用。然而，必须承认的是，在产业类职务中，野蛮文化气质依稀可见。就这一点来说，有闲阶级的特质和普通民众的特质，目前并没有太大差异。

社会各个阶级都存在着后天习得的生活习惯，这些习惯近乎完全地模拟了古代遗传下来的特质，而且这种特质在整个族群中扩展开来。这种情况使得整个有关精神构成方面的阶级区分问题变得模糊不清。这种后天习得的习惯或者模拟古代的性格特质，绝大多数属于贵族一类。有闲阶级作为荣誉性代表，处于模范地位，其生活方式的许多特征影响着下层阶级的生活。时间一久，就导致整个社会或多或少一直孕育着这类贵族特征的生长。据此，如果不是因为有闲阶级的言传身教，这类特质是不可能有这么好的机会可以在广大民众中流传开来的。贵族的生活观念，以及或多或少带有远古特质的性格特征，其灌输的一个渠道（而且是非常重要的一个渠道）就是家庭奴仆阶级。这类人通过同主人阶级接触，形成了善和美的观念，然后将这种习得的先入之见再传达给同样出身低微的阶级，如此将上层阶级的典范传播至整个社会。如果没有这类人，传播将需要很长时间。俗话说“有其主必有其仆”，这句话比我们通常的理解更为深刻，它说明了上层阶级文化的许多元素得以迅速流传的原因。

在金钱品质的残存上，还有更进一步的证据可以缩小这方面的阶级差距。金钱攀比导致了一大批不能自给的阶级。这种不能自给包括生活必需品或礼仪支出必需品的匮乏。无论哪一种，其结果都是为了满足日常需要——不管是物质需要还是更高层次的需要——而进行激烈的斗争。靠自我肯定来对抗困境的疲惫将耗尽个人精力，他孤注一掷来实现自身的歧视性目的，结果将不断演变为狭隘的利己主义。在这种情形下，各种工业特质形同虚设。由此可见，有闲阶级制度通过强制实施金钱的礼俗标准，并尽可能压榨下层阶级的生活资料，来间接发挥金钱特质在广大民众中流传的作用。这导致下层阶级被本该属于上层阶级特有的人类天性类型所同化。

如此看来，上层阶级和下层阶级在气质上并没有太大差异，但是，之所以没有大的差异，似乎很大一部分原因是有闲阶级的示范性榜样作用以及有闲阶级制度所依赖的炫耀性浪费准则和金钱攀比准则广为流传。有闲阶级制度所产生的作用是，降低社会工业效率，并妨碍人类天性面对现代工业化生活要求的适应性。这个制度使得广为流传的、有效的人类天性朝着保守方向发展，其方式是，首先通过有闲阶级内部遗传以及有闲阶级血统向其他阶级灌输的方式直接传播其古老的特质；然后通过保存和加强远古制度的传统，从而使野蛮文化特质能够在有闲阶级血统灌输范围之外也能有更好的存活机会。

在人类特质在现代社会中的残存或消除问题上，我们尚未成功做到对一些特殊重要资料的收集和分析。因此，除了对现成的一些日常事实的零散评论外，能够支持此处观点的确切资料甚少。为了论述完整，不得不乞求于零散的对日常生活的观察，有时还必须撮举其大要，如此论证自不免平淡无奇和冗长烦琐。随后章节仍然不免这类片段式的论证，请读者见谅。

第十章　现代残存的尚武精神

有闲阶级与其说是生活在工业社会里，倒不如说是依靠工业社会而存活。其与工业社会的关系是金钱性质的，而非产业性质的。跻身有闲阶级行列需要获得金钱倾向方面的锻炼，这种倾向带有营利性，而非实用性。因此，构成有闲阶级的人类资质要历经持续不断的优胜劣汰的筛选过程，而且这种淘汰过程以适应金钱为依据。然而该阶级生活方式的绝大部分来自过去的遗传以及对早期野蛮时期许多思想、习惯的具体化。这种远古的、野蛮的生活方式也对较低的下层阶级生活产生了强制作用，只不过其强制性或多或少有所减弱。反过来，这种习俗和生活方式通过优胜劣汰和教化的方式去塑造人类资质，而且该作用主要趋向于保存属于野蛮时代——也就是勇猛和掠夺性生活的时代——的那类特质、习惯和思想。

掠夺性时期人类所特有的远古天性中最直率、最明确的表现就是好战倾向。当掠夺性活动表现为集体形式时，这种倾向通常被称为尚武精神，或近代所称的爱国主义精神。在文明的欧洲各国，世袭的有闲阶级所具有的尚武精神禀赋要比中产阶级高很多，这一点几乎无须深究就可获得人们的认可。事实上，有闲阶级也以此差别而引以为豪，毫无疑问，这种心态有理有据。在一般人看来，战争带有荣誉性，勇猛好战则更是无上光荣，而且，这种对勇猛好战的崇尚本身就是好战者具有掠夺性气质最好的证明。对战争的狂热是掠夺性气质的指标，而且这种狂热最盛行于上层阶级，尤其是世袭的有闲阶级。更进一步来说，上层阶级所从事的职业中看上去最严肃的属政府公职，就其起源和发展内容来看，这也是一种掠夺性职务。

就以拥有习惯性好战心态为荣这一点来看，唯一能与世袭有闲阶级相提并论的就是游手好闲的下层阶级。一般时期，广大劳动阶级好战的兴趣相对较淡薄。在没有受到鼓舞的情况下，这些构成工业社会中坚力量的普通民众，除了防御战争之外，不愿意参与其他任何战争。事实上，即使是遇到挑衅，需要采取防御态度时，他们的反应也会有点迟钝。在较文明的社会里，或更确切来说，在先进工业已经得到发展的社会里，好战的侵略精神在普通民众中可能已经逐渐退化。这并不是说，普通民众在特定时期受到挑衅的刺激时，都不会激发其诉诸武力的激情，就像今天看到的不止一个欧洲国家和美国会时不时上演的那样。但是，除了一时情绪激动，除了那些拥有掠夺性远古气质禀赋的个人，再加上在上层和下层阶级中具有相似禀赋的个人之外，任何现代文明社会的大众在这方面的惰性可能足以确保战争无法发生，除非遇到切实的侵略。普通大众的这种习惯和倾向使人类活动不会朝着像战争那样波澜壮阔的方向发展。

这种气质上的阶级差异，部分原因在于各个阶级在遗传特质上的不同，但在某种程度上，似乎也有可能是与种族起源不同有关。相对而言，同种族人口构成的国家，在气质方面的阶级差异显然就少一点，而那些构成各阶级种族元素分歧较大的国家，这方面的差异就会较大。还应该注意到与此相关的一点是：在后一类国家中，最新跻身有闲阶级的成员，一般来说，在尚武精神方面比起同一时期旧世袭出身的贵族代表来说，要稍逊一筹。这些暴发户从普通大众中脱颖而出，跻身于有闲阶级行列，要归功于某些特质和倾向发挥作用。然而，这些特质和倾向并不能归类于古代意义上的勇猛。

除了正式作战活动以外，决斗制度同样是一种高度好战的表现，而且它也是一种有闲阶级制度。决斗实际在某种程度上属于以战斗作为解决分歧的审慎手段。在文明社会里，当存在一种世袭的有闲阶级时，决斗的盛行才会被视为一种正常现象，而且决斗也仅局限于该阶级内部。例外的是：(1)陆军和海军军官们——他们通常是有闲阶级成员，在掠夺的习性方面有特殊训练。(2) 下层阶级的游手好闲之徒——他们通过遗传或训练，又或者二者都有，同样具有掠夺性倾向和习惯。往往只有出身高贵的绅士和粗暴之人才会以殴打作为解决分歧的通行之法。而普通人只有在一时极度愤怒或饮酒过度，以致其原来适应挑衅刺激的复杂习惯反应无法生效时，才会诉诸武力。这个时候他还原到自我肯定本能中较为简单、差异较小的状态中。也就是说，他不假思索地暂时复归到了一个原始的思维习惯中。

决斗制度先前作为一种解决争端以及决定重要问题优先权的方式，后来逐渐转变为以维护个人声誉作为社会职责的一种义务性的、非因挑衅而起的私人争斗。这种有闲阶级的惯例，我们不妨以德国学生的决斗作为典型，这是好战的骑士精神的一种奇异残存。下层阶级或假冒的有闲阶级中一些粗暴的游手好闲之徒，几乎在所有国家都有相似的、非正式的社会职责，那就是为了维护其男子气概而与他们的同辈们进行无谓的斗争。并且类似的风气流行于社会各阶级中，且在男孩子之间更为盛行。日复一日，男孩子们通常精确地知道他和他的同伴们在相对战斗力方面如何来决定等级高低。而且在男孩子群体里，如有例外——他们中的任何一个人不愿或不能接受挑战邀请，那么通常他就不会拥有可靠的荣誉基础。

上述情形尤其适用于已经完全成熟的男孩们。对于在一切日常生活中习惯于寻求母亲关怀的孩子们，也就是说当他们处于婴儿时期和严密监护时期时，孩童的气质通常不适用于上面那些描述。在这样幼小的时期，他们缺乏攻击性和敌意倾向。因此，男孩们的性格从平易相处过渡到具有侵略性，而且在极端情况下还会恶意十足，桀骜不驯，这是一个渐进的过程。这个过程在某些情况下要比其他过程实现得更加完整，因为它涵盖了个人倾向中的绝大部分。在孩童早期发展阶段，无论是男孩还是女孩，往往较少展现主动性和侵略性的自我肯定，也很少带有这样的倾向——将自身和自身利益同生活的家庭群体相隔离，而且对于指责、害羞和胆怯展现得很敏感，同时需要友好的人文关怀。通常情况下，这种早期的孩童气质会逐渐但又相当迅速地退化，从而转变为纯男孩的气质。当然也会有例外的情况，有些男孩的习性完全不带有一丝侵略性特征，或者即使出现，也只是非常轻微、若有若无。

就女孩而言，她们向侵略性阶段过渡的时候，很少能达到像男孩所做到的那种完整程度。而且在多数情况下，她们根本没有经历这一过程。这样一来，从婴儿期到青春期再到成熟期的转变，就只是个人兴趣从婴儿时期的目的倾向到成人生活的目的功能的转变，这是一个渐进的、不间断的过程。在女孩发展过程中，很少出现普遍盛行的掠夺性倾向阶段，即使偶然出现，这一阶段的掠夺性倾向和孤立态度通常也不是很明显。

就男孩来说，其掠夺性倾向阶段通常表现得相当明显而且会持续一段时间，但一般在达到成年后就会终止（假如还有的话）。最后一句可能需要更细致地斟酌。有的人并没有发生从男孩气质到成人气质的转变，或者只是发生了部分转变，这样的例子绝不罕见。所谓“成人气质”，就是在现代化工业中那些成年个体所具有的普遍气质，这些成年人在集体生活进程的目的上带有某种适用性，因此，他们可以说是构成工业社会的有效的、普遍的组成部分。

欧洲人口的种族构成非常多样。在某些情况下，即使是在下层阶级的构成元素中，也有很大一部分包含了扰乱和平的长颅金发型人种；而在另一些情况下，这些种族元素主要只出现在世袭的有闲阶级之内。在后一类人口构成中，工人阶级中的男孩们与上层阶级或前一类人口构成中的男孩们相比，其盛行的打斗习惯似乎要弱一些。

如果这种关于工人阶级中男孩气质的归纳，在经过非常充分、细致的考察之后能够确认为真的话，那么，它对于好战气质在很大程度上属于种族特性这一观点而言将是强有力的证明。欧洲各国中居统治地位的上层阶级种族类型——长颅金发型人种——似乎大都由这种好战气质构成，而构成同一国家人口基础的、屈从的下层阶级种族类型中所含有的此项气质则较少。

男孩气质的这种情形，同社会其他阶级在尚武精神相对强弱这个问题上，似乎并没有什么重要联系。但至少表明了，战斗冲动这项气质比勤劳的普通人所具有的气质更为久远，这一点有其价值所在。如同孩提时代的许多其他特征一样，这种男孩气质是成人在某些早期发展阶段中暂时的、微小特征的再现。照此推理，男孩根据自己的兴趣，偏好于侵占和孤立，人们将这视为一种人类天性的暂时复归，而这种人类天性是早期野蛮文化也就是掠夺性文化本身的一种正常显现。就这方面来看，就如同其他方面一样，有闲阶级和游手好闲阶级的性格都展现了一种成人生活特质上的坚持，这种特质是孩提时代和青年时代的正常显现，同时，也是早期文化阶段正常的或惯有的表现。关于趾高气扬的游手好闲阶级和有闲阶级中一丝不苟的绅士们与普通大众之间的相异特质方面，除非这种差异能在种族类型的历史长河中有迹可循，否则这些特质在某种程度上表明了人类精神发展止步不前。同现代工业社会中成年人普遍达到的发展阶段相比，这是一个不成熟的时期。稍后就会看到，上层阶级和下层阶级代表人物关于孩子气精神风貌的构成方面，不仅表现了残酷侵占和孤立的倾向，还体现了其他的远古特质。

我们在法定孩提时代到成人时代这一过渡时期，也就是在年龄稍大的学生中，会看到他们漫无目的、嬉戏玩耍，但又会有一些有组织性的和精心扰乱安宁的行为，这无疑说明了打斗气质的不成熟性。通常这种扰乱行为发生于青春期。而且随着年龄的增长，从少年时期过渡到成年生活时期，这种行为的频率和剧烈程度会逐渐消退。这样一来，族群生活从掠夺性生活转变为较安定生活的过程，一般情况下，也会在个体生活中再现。还有很多这样的情况，个体精神风貌的发展在其脱离幼稚状态前就几乎已经停滞，这样，打斗气质就会伴随其一生。因此，个体精神发展风貌最终达到成人那个层次之前，通常要经历一个短暂的远古性格特征状态，而这一状态与好战、喜欢竞赛者的持久精神水平相适应。当然，不同个体在这方面会达到的精神成熟度和健全程度会有所不同。那些没有达标的人则沦为现代工业社会原始人性中未分解的残渣，以及作为优胜劣汰过程中的陪衬品，这一过程有利于进一步提高工业效率和集体生活的充实度。

在精神发展上的止步不前，不仅表现在成年时直接参与青年时期的那种残酷侵占行为上，而且还表现为间接援助和教唆年轻人进行这类干扰行为上。这也进而促进了凶暴习惯的形成，对于成长中的这代人来说，这种凶暴习惯在之后的生活中会持续发挥作用，而且会阻碍社会的部分人在进一步发展和平气质上的任何动向。如果一个人极具侵占倾向，并支配着社会中年轻人的习惯发展，那么他在关于指导保存和复归尚武精神方面将可能发挥巨大作用。

例如，晚近时期，许多牧师和其他社会栋梁对于“童子军”和一些类似的准军事组织所进行的培养就是如此。在高等教育机构中，鼓励提倡“大学精神”、大学体育及其类似活动，也同样如此。

所有这些掠夺性气质的表现都可以归类于侵占一类。这些部分是凶暴的攀比态度的简单直接表达，部分是出于赢得尚武名声而故意参与的表现。一切运动都有着共通的特质，包括悬赏搏击、斗牛、田径、垂钓、赛艇以及技能性竞赛，甚至不以消耗体力为显著特征的竞赛也隶属于此。各种竞赛运动逐渐从以技巧性的敌对斗争为基础向以狡猾、诡辩为基础转变，然而并不能画出一条界线来区分这种转变。热衷运动的依据来源于远古精神成分，它具有相对高效能的攀比掠夺性倾向。在我们通常所谓的体育精神方面，其中特别显著的是一种冒险侵占和损害惩罚的强烈倾向。

人们在许多活动中所展现出来的气质，在本质上属于孩童气质，这对于竞赛运动来说，或许比上述所提及的其他攀比性掠夺表达更为贴切，或者至少更为显著。因此，热衷竞赛运动，尤其标志着人类精神特质的发展处在停滞状态。当运动员注意到一切竞赛运动中都包含有大量伪装因素时，他们的孩童气质就会立刻显现出来。儿童，尤其是男孩，惯于从事带有伪装性质的游戏和侵占活动。并不是所有的运动中都含有相同比例的伪装成分，但该成分的存在无疑相当显著。而且比起以静态特质为主的技能来说，纯粹的运动精神和体育竞赛中包含的这种成分更为突出，当然该准则并不能适用于一切情形。例如，性情非常温和、实事求是的人在外出射击时，也总要携带过量的武器和相关设备，从而加深他们脑海中对于所做之事重要性的印象，类似的情形屡见不鲜。这些猎人在真正展开侵占活动的时候，无论是明争还是暗斗，总是倾向于以一种戏剧性的昂首阔步的姿态来有意夸大其动作。在体育运动中也存在类似情形，几乎完全呈现出一种人声鼎沸、趾高气扬、故作神秘的场面，这些特点都印证了这类职务的戏剧性本质。当然，所有这些不禁让人联想到孩子气的伪装现象。顺便说一下，体育运动中的一些行话、极其凶狠的惯用语绝大部分都是借用战争术语的措辞。要明白，除了作为一种秘密沟通的手段外，在任何职业中特殊行话的使用，大都被认为是该职务在本质上带有伪装的一种证明。

与决斗及类似扰乱安宁的活动不同的是，竞赛运动还有一个特征，那就是除了侵占和凶暴这类刺激之外，还往往带有其他一些动机。虽然在任何一个特定的竞赛事例中，可能看不出其他动机，但沉溺于竞赛运动的人常常列举其他理由，从这一事实来看，其他动机有时以附带的形式呈现出来。竞赛活动者——狩猎者和垂钓者，多少带有一点热爱自然和消遣需求等类似说法的习惯，并以此作为他们业余时间爱好的诱因。毫无疑问，这些动机确实存在，而且构成了这种生活令人神往的一部分，但它们却不能成为主要的诱因。这些表面的需求能够更便捷、更充分地得到满足，无须通过系统性的努力来夺取其他生物生命的方式来完成，而这些生物正是构成运动者们所钟爱的自然中必要的元素。事实上，这些活动中最引人注目的效果就是在能力范围之内猎杀一切生物，从而使自然长期沦为荒芜。

然而参与竞赛活动的人声称，在现存惯例下，其所需要的消遣娱乐和接触自然只有通过他们所采取的方式才能获得最大满足；这种说法有其合理性。在过去，掠夺性有闲阶级通过言传身教，为良好教养者所确立的特定行为规范，在日后又被该阶级的代表沿袭并勤勉地保存着，这就使得这一阶级可以通过其他方式接触自然而无须受到责罚。竞赛活动从掠夺性文化时期一直流传下来，是一项荣誉性职务，并作为日常休闲的最高形式。因此也就成为礼俗方面广为认可的唯一户外活动。对于从事射击和垂钓的众多相似动机来说，娱乐和户外活动这类动机大概就包含在内。在系统性屠杀的庇护下有必要去追求这些目标的深层次原因，那就是不容亵渎的惯例，除非他愿意承担声名狼藉而损害尊严的风险。

其他竞赛活动的情形也都类似，当然，体育竞赛是最好的例子。在荣誉准则下，符合约定俗成惯例的那些活动、运动以及娱乐的方式在这里毫无保留地呈现出来。那些热爱或者欣赏体育运动的人们深信，这是娱乐和发展“体育文化”现有的最好方式。当然，约定俗成的惯例也认可这一看法。荣誉准则将一切没有列入炫耀性休闲的活动都排除在有闲阶级生活体制之外。同样，凭借惯例之势，这些荣誉准则也将其排除在大众生活体制之外。与此同时，漫无目的的体育运动则是沉闷、乏味且令人无法忍受的。因此，正如在其他关系中所提及的那样，在这种情形下，能够让一些活动形式得以解救的方法至少是带有目的性的借口的，即使这些借口只是一种表面上的伪装。各类竞赛活动满足了本质上无用而又带有虚假目的的种种要求。不仅如此，它们还蕴含了攀比的空间，这也使得比赛更富吸引力。一种职务要想变得高雅，就必须符合有闲阶级的炫耀性浪费准则。与此同时，一切活动要想成为日常习惯（即使只是部分生活表现）而持续存在，就必须符合人们对效率——为了达成某些适用性客观目的——的普遍规范。有闲阶级准则所要求的是严格而广泛的无用性，而工作本能所要求的则是目的性活动。有闲阶级礼仪准则通过优胜劣汰的过程，将一切实质上有用且有目的的生活方式，慢慢且广泛地从自身崇尚的生活方式中排除。而工作本能凭借最贴近的目的性去尽力发挥作用，但可能只是暂时性的满足。只有特定活动中含有的预期无用性得到理解并反省成为一种意识混合体（complex of consciousness），且成为一种与生活进程中正常的、带有目的性趋向相反的元素时，才能让主体感觉不安，并停止作为。

个体的思维习惯构成了一个复杂的情结，且该情结的趋势必然是朝着对生活进程更具有实用性的方向发展。如果企图将系统性浪费和毫无用处作为生活目的，融入这个复杂情结中，则势必会很快引发强烈反感。但如果可以将注意力局限于身手敏捷或激发竞赛更为贴切的、不假思索的目的上，那么，情绪上的这种反感可能就可避免。竞赛活动——狩猎、垂钓、体育竞赛以及类似的活动等——有助于磨炼掠夺性生活中的身手敏捷、凶暴竞逐以及阴险狡猾等特质。如果个体天生缺乏反应能力，或对自身的未来趋向感觉迟钝；并且他的生活实质上就是受原始冲动所支配，那么那些直观的无须思考的竞赛活动就能够极大地满足他的工作本能。如果他的主要冲动来源于掠夺性气质中不假思索的竞争性趋向，情况更是如此。与此同时，礼仪准则将指引他认识到：竞赛活动是一种金钱上无可非难的生活表现。任何特定职务之所以能够保有这样的地位——作为礼仪性消遣活动中一个传统习惯模式，是因为它满足了潜在的浪费性和贴切的目的性这两项要求。对于有良好教养的和敏感的人来说，其他形式的消遣和锻炼活动在道德上没有可取之处，因此，竞赛活动就是现存条件下最恰当的消遣方式了。

但是提倡体育竞赛的上流社会成员通常宣称这些竞赛是取得种种发展的一种宝贵手段，并以此向自身成员和周围人员来证明他们对于竞赛的态度。这些竞赛不仅能够增强参赛者的体格，而且可以培养参与者和旁观者的男子气概。每当提及体育竞赛的实用性问题时，人们可能第一个想到的就是足球这种特别的竞赛。因为对于将体育竞赛作为增强体格和发展道德的手段这一点无论是持支持还是反对意见的人来说，最先出现在他们脑海里的就是足球这种体育竞赛形式。因此，这一典型的体育竞赛活动可用于阐明体育参赛者的体格倾向和体格发展所产生的作用。有人这样说，足球与体育文化的关系就如同斗牛与农业的关系一样，这种说法不能说不恰当。要实现这种消遣制度的实用性，就需要兢兢业业的锻炼和培养。对于所有器具，无论是畜类还是人类，都必须经过精心选择和锻炼，从而确保和强化其在野生状态下所保有的特定倾向和偏好，不过这些特质在驯化状态会趋于退化。但并不意味着无论是人还是畜，其任一结果都是对原始或野蛮身心习惯的一个全面、彻底的复归。反而是倾向于单边复归到野蛮或野性特质（ferce natura）——所复原和强化的是会造成破坏和荒芜的野生特质，而对于在野生环境下用于自卫和生活充实方面的特质，则不会有相应的发展。足球文化孕育出来的特定产物是异常凶暴和狡猾的。它是早期野蛮气质的一种复归，同时又抑制了气质中的其他细节部分。从社会和经济的要求来看，这些被抑制的部分本来是蒙昧性格特质中的优点，值得我们挽回。

从体育训练活动中获得的体能——如果说训练有此种功效的话——对个人和集体都有益处，由此可见，在其他条件保持不变的情况下，这一点有助于经济实用性的发展。然而伴随体育运动而产生的精神特质，虽然在经济上有益于个人，但却与集体利益相悖。在任何社会，只要民众在某种程度带有这种特质，那么情况就必然如此。现代竞争大部分是以掠夺性人性的这些特质为基础而进行自我肯定的一个过程。掠夺性人性发展到现代，变得更为精致，渗入了和平的竞赛过程。从某种程度上来说，这些特质几乎是文明人生活的必需品。尽管这些特质对于竞争中的个体来说非常必要，但是对社会却没有直接实用性。就个人满足集体生活目的的实用性而言，竞争效率即使有用，也仅仅是间接作用而已。凶暴和狡猾对社会毫无用处，除非用于对抗其他社会，而且这种特质之所以对个人有用，只不过是因为他所处的人类环境中有相当大比例的同类特质活跃在其周围。任何个体，如果其禀赋不具备这种特质就参与到竞争性斗争当中，这是非常不利的，这就如同一只没有犄角的小牛身处一群带角的牛群当中。

拥有并培养令人满意的掠夺性性格特征，除了经济上的理由外，当然还有别的原因。审美学和伦理学对野蛮倾向也有所偏好，而且上述所讨论的那些特质非常有效地满足了这种偏好。因此，它们在审美学和伦理学方面的实用性，大抵可以抵消它们可能给经济带来的不实用性。但此时所讨论的目的却偏离了主题。因此，关于全面竞赛活动的满意度或适当性，又或者是除了经济理由之外的其他价值，在这里都不再讨论。

竞赛活动中所培养的这类男子气概在大众心目中非常受推崇。若用略微宽泛通俗的口语来表达，那就是独立、自强和友善。但从另一个角度来说，当下具有如此特性的品质，或许可描述成野蛮好战和党同伐异。这种男子气质之所以受到当下人们的支持和推崇以及之所以被称为具有男子气概，其理由就如同这些品质对个人有益一样。社会成员，尤其是社会中设定品味规范的那类阶级中的人们，他们富有此种禀赋并达到这样的境地：他们将别人缺乏这些特质视为一种缺陷，而将具有此种特质并达到一定程度的人赞赏为品德卓越。这种掠夺性特质在现代大众中绝非过时。它们的确存在。而且任何时候，一经任何情感触动就会完全释放出来——除非这种触动与构成我们日常职务的特定活动以及日常利益的一般限度相冲突。任何工业社会的普通民众之所以没有表现出很强的这类特质，是因为出于经济因素的考虑，部分地或暂时搁置这类特质，令其潜藏于意识动机之下。而且其潜能程度因人而异，只要受到的刺激超过了日常的强烈程度，这些特质就会相当积极地影响人们的行为和情感。在任何情况下，只要个人所从事的职务与掠夺性文化相关，并且其利益和情感尚未受到其他因素影响，这类特质就会强烈地自发滋长。

有闲阶级以及依附于这一阶级的一些特定人群，就属于这种情况。因此，任何新加入有闲阶级的人都很乐意去参与竞赛活动；而且在任何工业社会，只要财富积累到足以使一大部分人免于工作，那么竞赛活动和爱好此类活动的热情就会快速滋长。

一个习以为常的事实或许就可以说明：掠夺性冲动并非以相同程度盛行于一切阶级中。例如携带手杖的习惯，如果仅仅作为现代生活的特点来看待，那么充其量只能算是一种无足轻重的细节，但是对于当下的论点而言，它很能够说明问题。这种习惯最盛行于这些阶级中——在大众的理解中，是与手杖有关联的阶级——也就是有闲阶级本身、竞赛活动者以及下层阶级中的游手好闲之徒。另外，或许还可以加上从事金钱类职务的工作者。然而，从事工业生产的普通大众就没有这样的习惯。顺便再提一下，妇女一般也不会携带手杖，除非其身体虚弱（此时，手杖的用途就不一样了）。当然，携带手杖在很大程度上是一种礼俗习惯，但是反过来讲，这种礼俗的依据又是其制定阶级的偏好。手杖的目的在于表明，持有者之手仅仅从事实用性劳动之外的工作，因此，它也有证明有闲的效用。此外，手杖也是一种武器，它满足了野蛮时期男子的一种切身需要。任何人只要稍微带有一点凶暴的禀赋，他在持有如此切实原始的工具时，会感到非常宽慰。

语言有时而穷，这里所讨论的倾向、偏好和生活表达不免会带有不以为然的语气。然而，本书对拥有人类性格中某些方面的任何人，以及处于生活进程中的任何人来说，都不带有任何贬低或赞扬的意图。有关普通人类天性中的各种不同元素，这里只是从经济理论的观点来加以讨论，作为讨论对象的特质则是根据其便于促进集体生活进程的经济联系来加以衡量和分等。也就是说，目前所讨论的这些现象是从经济理论的角度来理解的，而且是对人类集体在对环境和制度结构作出更为完善的调整时所发挥的直接促进或阻碍作用进行的评估。当然，这种调整应当满足集体在当前和不久的将来的经济形势下的需求。如果就这些目的而言，从掠夺性文化时期传承下来的特质并没有展现出其应有的实用性。尽管如此，掠夺性人群奋发进取的态度和不屈不挠的精神不容忽视，并且是一笔富有价值的遗产。接下来我们探讨这类倾向和偏好的经济价值——同时也涉及狭义的社会价值，而对其他方面的价值将不作深究。同晚近工业生活方式的平淡无奇相对比，这些更为原始的男子气概的残存，若以公认的道德标准尤其是以审美和诗意的标准来判断的话，或许与此处所赋予的价值大不相同。但是所有这些与当下讨论的目的都不相关，因此我们将搁置有关后者的意见。我们仅仅关注一点：绝不允许那些不符合目前目的的卓越标准影响到我们关于人类性格的这些特质以及促进这些特质发展的活动所作出的经济评价。无论是对于竞赛活动的积极参与者来说，还是对于欣赏竞赛的旁观者来说，这一点都是适用的。这里有关竞赛倾向的一切讨论，同样适用于目前关于世俗所谓的宗教生活的各种评价。

上一段附带提到了这样一个事实：使用日常用语来讨论这类倾向和活动时，无法避免抨击和辩解的意味。这一点极为重要，因为它显示了一个平心静气的普通人对于竞赛活动和侵略行为通常所表现出来的惯有态度。此外不妨讨论如下话题：在大量论述（无论是维护还是赞誉）体育竞赛以及其他明显带有掠夺性特征的活动的文章中，到处充斥着隐约的贬低之意。同样含有辩解意味的思维模式至少也开始出现在那些为野蛮时期所残存的众多其他制度而代言的人们身上。人们感觉有必要辩护的那些远古制度包括如下事例：整个现存的财富分配体系以及由此而形成的身份制；炫耀性浪费准则之下所产生的所有或近乎所有的消费方式；父权制下的妇女地位；传统教义和祭祀仪式的许多特征，尤其是信徒由于对教义的通俗理解而采取的做法。因此这类用辩解态度赞誉竞赛运动和竞赛性格的有关论述，只要在措辞上加以适当转换，都可以用于对我们社会遗产中其他相关元素作出辩解。

这些竞赛活动以及构成竞赛性格中掠夺性冲动的一般范畴和思维习惯，往往有违大众常识。而辩解者自身的言语表达给人的感觉通常是含糊其词，虽然无法用几句话说明，但往往能从其表达方式中察觉出来。“大多数行凶者的品性极为低劣。”从这句格言可以看出伦理学家对掠夺性气质以及在其公众表现和锻炼作用下形成的示范效果所作出的评价。就掠夺性思维习惯对集体生活目的能够起到何种程度的效用而言，这一格言有助于通情达理之人在深思熟虑后得出结论。凡涉及掠夺性态度的行为习惯都让人感到不屑和反感，而那些鼓吹掠夺性气质的复归并为相关的强化措施辩护的人，有责任为他们的说法提供证明。尽管社会中充斥着一股乐于消遣和进取的强烈情感，但同时社会也普遍认为，这类情感应当要有正当的依据。此类必要的正当依据往往借用以下说法来诠释：竞赛活动在本质上是掠夺性的，起到社会分化的作用，虽然其直接效果是朝着复归于无益于工业化的倾向发展，但间接作用和深远意义却是——通过某些难以理解的对立感应（polar induction）或反向刺激（counter-irritation）的过程——竞赛活动被视为有助于社会化或工业化目的之思维习惯的培养。也就是说，虽然竞赛活动本质上带有歧视性侵占的属性，但是经过某种深远、曲折的作用，反而促使了非歧视性工作气质的发展。一般来说，人们总是试图用经验来证明这一点，或者将其断定为经验性通则，任何人只要留意就一定会明了。在推导该论点的证据时，人们巧妙地避开了有关由果及因推理中站不住脚的依据，而仅仅表明了竞赛活动培养了上述所谈及的那种“男子气概”。不过由于男子气概（在经济理论方面）需要正当理由，而这时本来不可缺少的证明线索却无由中断，这些竭力的辩解用最通俗的经济术语来表达就是：事实上，竞赛活动的确促进了广义上可称之为“技艺”一类事物的发展，而无视事理的逻辑发展。一个深入思考竞赛活动的辩护者，只要他没有成功说服自己或使他人信服这就是竞赛活动的效果，那么他就不会善罢甘休。而且一般来说，不得不承认他确实不会善罢甘休。他在这个问题上对自己实证辩解的不满通常表现在：其蛮横无理的语气以及渴望别人来支持自己观点的急切心情。

但是，为什么需要那些解释呢？如果偏爱竞赛活动已成为一种盛行的大众情怀，为什么这一事实本身不足以成为一个正当理由呢？各个种族在掠夺性和准和平文化下经过长期训练而形成的尚武精神，已经以一种在凶暴和狡猾方面寻求满足的气质形式传递给了如今的大众。那么，为什么不能接受这类竞赛活动作为正常和健全的人类天性的一种正当表现呢？除了这一代自身在情感上所表达的，包括尚武这类遗传特性在内的一系列倾向所构成的特定规范之外，究竟还有什么别的规范应当遵循呢？那就是一种内隐的但人们却广为接受的规范即工作本能，这就是一种比掠夺性竞争倾向更为基本、更为久远的本能。掠夺性竞争倾向只是工作本能的一个特殊产物、一种变体，尽管其历史悠久，但发展相对较晚、也很短暂。掠夺性竞争冲动——或者更为恰当的表述是：运动竞赛本能——是从工作本能中发展和分化而来的，因此，同工作本能相比，它本质上不具有稳定性。掠夺性竞争，因此也就是竞赛活动，在这种内隐生活规范的考验下，显现出不足之处。

有闲阶级制度有助于竞赛活动和歧视性侵占这类活动的保存，不过关于其促进作用的发挥方式和程度，当然不是三言两语就能说得清楚的。上述所引的证据足以表明：有闲阶级在情感和偏好方面，较工业阶级更富有好战心态和敌意倾向。有些类似的事情也同样适用于竞赛活动。只不过有闲阶级制度是通过高雅生活准则间接地影响人们对于竞赛生活的普遍情感。这种间接作用几乎明确地促进了掠夺性气质和思维习惯的存续，而且此情形同样适用于竞赛生活的一些变体。这些变体包括悬赏搏击、斗鸡以及有关竞赛气质的其他类似的粗俗表现，它们都遭到了上层有闲阶级习俗规范的排斥。无论人们认可的最新礼仪的细节或程序是什么，有闲阶级制度所公认的礼仪准则都斩钉截铁地表明，攀比和浪费是好的，而与之相悖的则属于不光彩之事。而在社会底层的阴暗角落里，人们往往并不能充分理解这些准则的细节，他们不假思索地遵循这些礼仪准则的基本纲要，而不去深究这些准则的适用范围以及本来并不碍事的例外细节。

有闲阶级的一大特色就是热衷于体育竞赛活动，这不仅表现于其直接参与，还体现在情感上和精神上的支持。这一特点为有闲阶级和下层阶级中的游手好闲之徒，以及社会中具有返祖遗传特征，亦即天生富有支配性掠夺性倾向的那些人所共有。在西方文明国家的人口中，只有极少数的人缺乏掠夺性本能以至对体育竞赛和竞技并不感兴趣，而工业阶级中的普通大众对竞赛活动的偏好又尚未达到可以称其为具有竞赛习惯的程度。对于这些阶级来说，竞赛活动只是偶尔消遣的方式，而不是生活中的一项显著特征。因此绝不能说普通大众有助于竞赛倾向的养成。工业阶级的成员数量非常可观，他们没有完全谢绝竞赛活动，但对此的偏好却带有一种回味的性质，或多或少将其视为一种偶一为之的娱乐消遣，而不是一种必要的可持久存在的兴趣。后者塑造了思维习惯的复杂情结，并构成了其中的一个主导性因素。

这项偏好正如它在今日竞赛活动生活中所表现的那样，或许看上去并不具有严重后果。仅仅就其自身而言，它对于任何特定个体的工业效能和个体消费都没有太大的直接作用。但这项偏好作为人性类型盛行和发展的一个显著特点来说，却是举足轻重。无论是对于个体经济发展速度而言，还是对于经济发展所取得的结果性质而言，它都会影响到集体经济生活。大众思维习惯在一定程度上受到这类性格的支配，这一事实不论好坏都极大地影响了集体经济生活的范围、方向、标准和理想，也同样影响了集体生活对环境的适应程度。

构成野蛮性格的其他特征也有类似的效果。从经济理论的目的来看，这些更进一步的野蛮特质或许可以视为以勇猛作为表现形式的掠夺性气质的伴生变体。这些特质在很大程度上根本不具有经济性质，当然也没有多大的直接经济意义。不过，它们可用于表明具备这类特质的个体所能适应的经济阶段。因此，其重要性在于：以它们所构成的性格作为目前经济条件下的适应程度的外在检验标准。而且这些特质作为一类倾向，对于增强或减弱个体经济实用性来说也同样具有某种程度的重要性。

尚武在野蛮生活中的表现主要体现在武力和欺诈两个方面。这两种表现形式又以不同程度近似地出现在现代战争、金钱类职务和竞赛活动中。这两种倾向通过竞赛活动形式以及较为严格的竞争性生活形式得以培育和强化。策略和狡猾是竞技活动中必不可少的元素，正如其在战争和狩猎中一样。策略在所有这些职务中具有发展成为权术和变得更狡诈的趋势。在任何体育竞赛和一般竞技的行为过程中，狡诈、虚伪和恫吓都占有稳固的地位。在竞赛活动中，习惯性聘用裁判员以及制定精细的技术性条例，规定了欺诈和策略发挥作用可容许的限度和细节，这足以说明这样一个事实：实施欺诈手段和战胜对手的企图并不是经济活动的偶发性特点。照此推理，惯于竞赛活动本应导致欺诈倾向的充分发展，而且促使人们偏爱竞赛活动的这类掠夺性气质在社会中盛行，这也意味着欺诈手段和无视他人利益（无论是个人利益还是集体利益）之风盛行。只要诉诸欺诈，不论是以何种托词还是以法律和习俗作为正当依据，都是一种狭隘的利己思维习惯的表现。因此，热衷竞赛活动这一性格特征的经济价值也就显而易见，无须多着笔墨。

在此还应该注意到，从事体育活动和其他竞赛活动的人所呈现的外在效果最明显的就是极其诡计多端。无论是对于竞技活动的实质性推进作用而言，还是对于狡黠竞赛者在同道中所赢得的喝彩而言，尤利西斯（Ulysses）的天赋和战绩都不逊于阿喀琉斯（Achilles）。举个更为恰当的例子，当一名青年通过入学考试进入任何一所声名远扬的学校时，因为受到专职竞赛者的同化作用，通常其第一步要做的就是呈现出狡黠的姿态。而且这种狡黠的外在呈现，作为一种从未停止过的做作姿态，受到了一些人的高度关注，这些人对于体育竞技或其他具有竞争性质的类似竞赛都具有浓厚兴趣。为了进一步表明他们的精神契合度，或许还可指出：下层阶级中的游手好闲之徒在狡黠姿态方面通常表现得非常突出，而且他们也通常会展示出那种戏剧性的夸张表情，该表情同年轻的体育健将在得奖时所经常做的表情一样。顺便说一下，这种表情是年轻人追求恶名而用俗语称为“无法无天”（toughness）的最直白的说明。

狡黠之人或许可以说对社会毫无价值，除非他在和其他社会成员打交道时使用欺诈手段。他的作用并不在于促进一般社会进程。对于直接经济意义来说，其作用充其量只是将集体经济实质转变为向与集体生活进程相反的方向发展。这一点非常类似于医学上所称的良性肿瘤，其转变趋势超出了良性肿瘤和恶性肿瘤之间的不确定性界线。

凶暴和狡黠这两种野蛮特质，一同构成了掠夺性气质或精神态度。它们都是一种狭隘的自私思维习惯的表现。两者对于人们在个人生活利益方面追求巨大的成功具有高度的实用性，也具有高度的美学价值。它们在金钱文化下孕育而成，但都对集体生活的目的毫无益处。

第十一章　信赖运气

赌博习性是野蛮气质的又一附属特质。对于那些热衷竞赛、生性好战以及积极进行各类攀比活动的人来说，赌博习性几乎是普遍盛行性格中的一种伴生变体。这一特质也有其直接的经济价值。人们熟知，在任何一个社会，只要该特质盛行到非常显眼的程度，就会成为工业效率最大化的一个阻碍。

将赌博习性完全归类于人类天性掠夺形态中的一种特质，这一点有待存疑。赌博习性的主要因素在于信赖运气。这一信念，至少就其本质而言，明显起源于人类进化过程中处于掠夺性文化时期之前的阶段。信赖运气或许在掠夺性文化时期就已发展成目前的这种形态了，也就是作为竞赛气质中赌博习性的主要因素。它之所以在现代文化中呈现出如此特殊的形态，大概要归功于掠夺性文化的影响。但实质上，信赖运气实质上是比掠夺性文化更为古老的一种习性。它是万物有灵观念（the animistic apprehension of things）的一种表达形式。这种信念实质上是从更早时期传至野蛮时期的一种特质，然后被赋予了掠夺性文化的特殊形态，进而转变和延续至人类发展的较晚阶段。但无论如何，信赖运气都被视为一种古老的特性，是从遥远的古代传承而来，与现代工业进程的要求有些不相容，而且对目前集体经济生活效率的充分实现或多或少构成一种妨碍。

尽管信赖运气（belief in luck）是赌博（gambling）习性的基础，但它却不是构成打赌（betting）习性的唯一元素。人们就比拼力量和技术而进行打赌有更深层次的动机。假使没有这一动机，信赖运气将不可能成为竞赛活动的一个显著特征。这种深层次动机就是期望以失败者为代价提升潜在赢家或者获胜一方的支持者的优势。赌博的意义不仅仅限于金钱，而更在于期待优势一方获得明显胜利，以及弱势一方所遭受的更大痛苦和羞辱，尽管就赌注本身而言，其金钱比重也相当重要。赌博的意义还在于提高被押竞争者获胜的机会，这是赌博中下注者常有的一种感觉（这一想法不会公开，甚至下注者自己内心深处也没有意识到）。这种感觉就是：在此目的上所耗费的物质和焦灼不安，不会对结局毫无价值。工作本能在这里就有一种特殊表现，且支持这种表现的甚至是一种更为明确的感觉：基于万物有灵论下的事物一致性，当有如此多的意念（conative）和能动力（kinetic）对这一事件加以调和并增强时，胜利的结果就一定会是代表这种利益偏好的一方。这种赢取赌注的动机，毫无保留地在任何竞赛中，以支持其钟爱的一方的形式表现出来，这无疑是一种掠夺性特征。赌博中表现出的信赖运气是伴随着原有的掠夺性冲动而来的。因此，大概能够断定：既然信赖运气以下赌注的形式来表现自己，那么它就应该被视为掠夺性性格形态中不可或缺的一部分。这种信念，就其本质而言，是属于早期的、未开化的人性中的一种古老的习性。但当这种信念受到掠夺性竞争冲动的推进，并分化成赌博习性的特有表现形式时，至此它就以这种高度发展的特殊形态，被看作是野蛮性格的一种特征。

信赖运气是对连续发生的现象产生的一种“偶然的必然性”（fortuitous necessity）意识。它有各种各样的变化和表现，当其在任何社会流行到相当显著的程度时，就会对社会经济效率产生极其重大的影响。因此，它的起源、内容及各种派生表现对经济结构及功能的影响，都值得进行更为详细的探讨，同样值得探究的还有有闲阶级与信赖运气信念的成长、分化及持续发展的关系。这种信念，在其发展的、完整的形态下，正是从掠夺性文化下的野蛮人或现代社会竞赛活动者那里最容易观察到的形态。它至少包括两种明显区别的要素——这两种要素，既可被视为同一基本思维习惯的两个不同阶段，也可以说是它演进过程中同一心理因素的两个连续阶段。就算这两种要素是这一信念成长的同一主线中两个连续的阶段，这一事实也不会妨碍两种要素在任何特定的个人思维习惯中共存。两种要素中比较原始的形态（或较为远古的阶段）是一种初始的万物有灵信念（animistic belief），或者是一种对事物及其关系的一种万物有灵感觉（animistic sense），两者都具有类似人类的性格。对远古时期的人来说，其周围一切突发的并具有明显的前因后果联系的事情都具有人格化特性。这些事物被认为具有强大的意志力，或者说具有种种偏好，这些偏好混合着各种复杂的原因，并以一种不可思议的方式影响着事件的结果。热衷竞技的人对运气和机遇的感知，或是偶然的必然性的意识，是一种模糊不清或刚刚萌芽的万物有灵论。这种原始的万物有灵信念总是以一种极其模糊的方式关联到各种客体和情形；它通常被界定为隐含在事物内部的可展开的种种偏好，可能具有安抚、欺骗和诱骗，要不然就是扰乱的作用，而这正好构成任何运用技巧或机遇取胜的竞赛中所使用的器材及配件。那些参加竞赛的人很少有不佩带护身符或避邪物的习惯，他们认为这些物品或多或少有些功效。还有一些同样普遍的情况：许多人出于本能，惧怕自己下注的竞赛者或他们使用的装备遇上“不祥之兆”；有人也认为他们支持的已下注的竞赛者或竞赛者所在的一方，理应并且的确会在竞赛中得到增强；又或人们相信自己所供奉的“吉祥物”会有所灵验，绝对不只是徒有虚物。

信赖运气的简单形态是一种对事物和形势的不可思议的、有目的性偏好的本能意识。人们往往具有将物体或事件归于特定结果的倾向，无论人们认为这一目的的客观结果是偶然产生还是故意为之。这种信念从简单的万物有灵信念悄然演变至上文所提及的第二种衍生形态或阶段，这时人们对不可思议的超自然主体（preternatural agency）或多或少有了明确的信念。人们相信，超自然主体通过与之结合的有形物体发挥作用，但就个性而言，超自然主体并不等同于这些物体。这里使用“超自然主体”一词，并不在于人们对其主体本质的进一步深究，它仅仅只是万物有灵信念的进一步发展。没必要将超自然主体看作充分意义上的人格化主体，但它确实在某种程度上带有人格化属性，并无形之中影响了任何冒险事业，尤其是竞技活动的结果。人们对“哈民雅”（Hamingia）或“吉普塔”（Gipta）的广泛信仰，就是在日常进程事件中存在超自然偏好这种意识的一个例证，这些传说中的神祇为冰岛英雄传说和日耳曼早期的民间传说增色不少。

信念的这种表现和形态，虽然在不同程度上将偏好个性化，但极少将其人格化。而且人们有时认为个性化的偏好要受制于环境——通常是精神或超自然性的环境。有关信念的一项广为人知和撼人心弦的例证就是，将战争作为赌注。这时信念已处于分化相当深刻的时期，而且当人们呼吁超自然的神时，往往就导致将神、人同形同性的拟人论（anthropomorphism）的人格化。在这里，超自然主体应邀担任裁判，并依据某些规定好的判定依据——例如各方参赛者所声称的公正或合法——来决定竞赛结果。在事件演进过程中，人们往往持有一种模糊的观念，认为超自然主体虽不可思议，但精神上却是必然的。例如一句广为传诵的格言说：“得理不饶人。”（Thrice is he armed who knows his quarrel just.）这句话即使在如今的文明社会，对一般不常反省的人而言，仍具有重要意义。从人们信奉这句格言的事实可以看出，当今对哈民雅或冥冥之中自有天意的信仰是非常薄弱的，甚至无法确定其有无，而且它似乎在任何情况下总和并不明显属于万物有灵性质（animistic character）的心理要素混合在一起。

在这两种偏好万物有灵论的理解中，后者由前者衍生而来。就目前的研究目的来说，我们无须对其心理过程和人种的遗传链作进一步探讨。这一问题或许对民族心理学或宗教教义以及教派演进理论极为重要。即使涉及两者在发展顺序上是否为相继发生的关系这种更为基本的问题时，情形亦是如此。这里之所以提及这些问题，仅仅是为了表明目前的研究方向并不在此。就经济理论而言，信赖运气或是相信事物之间存在超因果关联或偏好的这两种元素或阶段，在本质上当属于同一性质。二者作为思维习惯，会影响到个人对所接触事物及其事物关系的习惯性看法，进而影响个人对工业目的实用性的看法，故它们有其重要的经济意义。所以，除了任何与万物有灵信念有关的美感、价值或善行这类问题之外，其作为一项经济因素，尤其是作为一项工业动因，对个人适用性所蕴含的经济意义，还是有其值得探讨的地方的。

上文已经指出，为了在当今复杂的工业生产程序中求得最高的实用性，个人必须具备随时依据因果关系来理解事物并联系事实的倾向和习惯。无论是从整体还是从细节上来看，工业生产程序都是一个量化的因果关系程序。工人以及某个工艺主管所要求的“智能”（intelligence），只是对某种以量化来决定因果关系的理解和适应达到一个熟练的程度罢了，除此之外就没有别的了。拙劣的工人所缺乏的正是这种理解和适应上的熟练程度，所以只要教育的目的是为了提高工业效率，那么这种熟练程度的提高就是他们受教育所要达到的目的。

如果个人由于先天的遗传或后天的训练，不能依据因果关系或事理来考虑事实及其先后关系，那么就会降低其生产效率或工业实用性。从全局来看，即把信奉万物有灵论的某一特定民族作为一个整体来看，这种喜好以万物有灵论的方式来理解事实而造成效率低下的事实是极为明显的。万物有灵论对经济的妨碍，在现代大工业制度下比其他任何制度下都更为突出，影响结果也更为深远。在现代工业社会中，工业是由相互制约的机构和功能所组成的一个广泛体系，而且这一倾向越来越显著。因此，从事工业生产的这部分人，免于这种缺点的约束，而对各种现象因果关系加以理解，已逐渐成为提高效率的必备要件。在工业制度下，一个工人具备灵巧、勤勉、体力或持久力等方面的优势，或许在很大程度上可以抵消其在思维习惯上的类似缺点。

手工业和传统农业相类似，它们在本质上对劳动者的要求基本相同。在这两种产业中，劳动者主要依赖的原动力就是自身，而所涉及的自然力大都被认为是不可思议又无法预料的中介力，该自然力的运作不受劳动者的控制和支配。在大众理解中，这两种产业形式很少能够在工业程序中对整个机械运作的先后关系产生决定性作用。这种先后关系必须依据因果关系来理解，而且工艺流程和工人劳作必须与其相适应。随着工业技术的不断发展，手工业者的优势越来越难以抵消其智力不足或接受因果关系时反应迟钝所造成的劣势。工业化组织越来越具有机械论性质，其中工人的职责就是辨别并选择能够在其工作中产生效用的自然力。劳动者在工业中的角色从一个原动力转变为对量化的先后关系的机械事实进行辨别和评价。工人拥有对其周围环境的因果现象进行明确理解和公正评价的能力，这种能力随着经济重要性的增长而增强。而且工人的复杂思维习惯中任何一种元素都有可能干扰他对上述事实先后关系的理解，并产生偏差，从而降低劳动者的工业实用性。即使是日常事务，如果诉诸量化因果关系以外的依据，这将影响普通大众的习惯态度而产生累积性偏差，即使这一偏差非常轻微，不为人察觉，但都可能会大大降低一个社会的集体工业效率。

万物有灵的这种思维习惯可能出现在早期万物有灵信念尚未分化时的形态中，又或者是出现在较晚且比较完整的形态中，在后一情形中，对事物的偏好带有一种拟人论的人格化。无论是这样一种生物的万物有灵意识，还是如此求诸一种超自然主体或受到一只看不见的手的指引，它们所产生的工业价值都等同。而且它们对个人工业实用性的影响所产生的效果也相同。但是这种思维习惯主导或形塑个人思维习惯所达到的复杂程度，却随着个人在处理周围环境事务时，习惯性采用万物有灵论或拟人论这种方式所表现出来的直接性、紧迫性或唯一性的程度而发生变化。无论如何，万物有灵习惯都会妨碍人们对因果关系的理解。不过，比起高级形态的拟人论来说，早期的、缺乏反思的、较模糊的万物有灵偏好意识，对个人智力进程的影响或许更加广泛。原始形态的万物有灵习惯呈现的范围和限度是不明确的，或者没有任何界限。因此，它将在个人生活的各个方面——凡是个人不得不处理的物质资料生活——影响人的思维。万物有灵论发展到后期时，其已经过了拟人论的阐释。因此人们明确界定其适用范围，亦即那些渺茫隐约的事物，如此一来，人类日常事务的范围也不断扩大，暂时无须考虑求诸超自然主体这个借万物有灵来表达自我的工具。一个高度一体化、人格化的超自然主体并不是处理生活中琐碎事务的依据，因为这很容易养成一种依据先后关系来解释许多琐碎和通俗现象的习惯。由于人们漫不经心，因此轻易地将这种临时解释用于一些琐碎事件，除非发生了特殊的刺激或困惑，才能唤起个人对超自然主体的信仰。但如果发生特殊的紧急事件，也就是说，在特别需要求助于因果规律时，个体通常会求诸超自然主体，将其作为一种万能的解决之道，当然前提是他具有拟人论信仰。

这种超因果偏好或作用力作为解惑之道有着极高的效用，但其效用性却完全属于非经济性质。这种拟人论的偏好或作用力一旦达到一致性和专业性程度，它就成为人们的避难所和安乐窝。当个人受困于难以用因果关系解释的现象，这种偏好和作用力就成为他的逃避手段，不过除此之外，它还有很多用处值得一提。从美学、道德或宗教利益的观点来看，甚至是从政治、军事或社会政策这些更为贴近生活的观点来看，拟人论的神学都有其公认的突出优点，但是这些都不适于在此处探讨。这里所关心的问题是，如此超自然力的信念，当被看作影响信仰者勤劳实用性的一种思维习惯时，其日常的经济价值何在。在狭窄的经济范围内，我们所要探究的也必须局限于该思维习惯对其信仰者在工业实用性上的直接影响，而不能扩展到包含其较远的经济影响在内。而且这类较远的经济影响难以捉摸。与这样一位神明保持精神交流会促使生活达到何种程度，这是一个问题；由于受到当下人们先入为主的观念的干扰，任何试图探讨该观念的深远经济价值的探讨，都将徒劳无功。

万物有灵的思维习惯对信仰者一般心境的直接影响是逐步降低其有效智力，而这种有效智力对现代工业有着特殊的重要意义。无论超自然主体的信仰是高级形态还是低级形态，它们都会产生影响，只是程度不同罢了。这点适用于野蛮者和热衷竞赛者对运气和偏好的认识，同样也适用于同一阶级对拟人论神学方面所持有的某种高度发达的信念。这种说法同样适用于发展较为充分的拟人论信仰——例如宗教观念浓厚的文明人所倡导的信念，只不过其相对中肯程度难以判定罢了。由于坚持高度拟人论信仰而造成的工业失效程度或许相对轻微，但却不容忽视。而西方文化中所存在的这些高级形态拟人论的信仰，并不是人类超因果偏好意识的最后残余。除此之外，同样的万物有灵信念还表现在 18 世纪对自然秩序和自然权利的诉求上，这是一种淡化的拟人论；而且拟人论还体现在其现代典型的、表面上属于后达尔文（post-Darwinian）主义关于世界进化过程的改良观念。这种对任何现象的万物有灵解释是逻辑学家称之为“无力论证”（ignava ratio）谬论的一种形式。就科学目的而言，这种观点对事实的理解和评价堪称犯了大错。

万物有灵习惯除了对工业产生直接影响外，在其他方面对经济理论也有特定的重要意义。(1) 这一习性的存在相当可靠地证明，还有别的一些远古特质——甚至在某种程度上还相当有力——存在，并具有实质性意义。(2) 基于万物有灵习惯而获得发展的拟人论构成了宗教礼俗，并具有重要的实质性影响：(a) 影响社会物品的消费和品味规范的流行，这在前面章节中已经提及过；(b) 引导人们保持一种与上级关系的特定惯性认知，因此也就强化了目前有关身份和忠诚的意识。

就上面 (b) 项所提及的那一点而言，当那类思维习惯构成个人的性格时，这种思维习惯本身在某种意义上就是一个有机整体。思维习惯的任何一点朝着特定方向上发生显著变化，将导致在生活习惯的其他方向或其他活动上也会发生相应的伴生变化。这些思维习惯和生活习惯表现构成了个体单一生活过程中的各个阶段。因此，回应某一特定刺激而形成的习惯将必然影响到回应其他刺激时的性格。人性在任何一点上的转变都是对整个人性的转变。基于这一观点，或许在更大程度上还基于此处无法探讨的、难以言说的理由，人性中的不同特质之间就有了伴生变化。比如掠夺性生活方式充分发展的野蛮民族通常也持有强烈盛行的万物有灵习惯，拥有完备的拟人论信仰以及鲜活的身份意识。然而，处于野蛮文化之前和随后各个阶段的民族，将其生活中所拥有的拟人论和对具体事物所持有的万物有灵偏好予以践行的意识并不突出。总的来说，身份意识在和平社会里也较为薄弱。值得一提的是，在前掠夺型的蒙昧时期，即使不是全部也至少是大部分民众都带有活跃但稍显特殊化的万物有灵信念。原始蒙昧民族所持有的万物有灵论不像野蛮人或退化了的蒙昧人那样认真。野蛮人所持有的万物有灵论，与其说是强制性迷信，倒不如说是奇异的神话创造。野蛮文化显示出来的是运动精神、身份制和拟人论信念。在今日文明社会民众的气质中，通常可以看到这方面类似的伴生变异。掠夺性野蛮气质构成了热衷竞赛活动的元素，而拥有这些元素的现代代表人物通常都是运气的信赖者。至少他们对事物有着强烈的万物有灵信念，他们受其驱使，并热衷赌博。这一阶级对拟人论信仰亦是如此。他们这类人如果要信教的话，往往会信仰那些在拟人论信仰上粗浅而直率的那类教派。相比较而言，只有极少数热衷竞赛活动的人会从拟人论色彩淡薄的教派中寻求安慰，如唯一神教（Unitarian）或宇宙神教（Universalist）。

拟人论信仰和尚武精神相互作用，与这一事实相关的是，拟人论即使不是发动，但至少也有助于保存身份制的思维习惯。对这一点而言，我们无法断言这种狂热信念的锻炼效果将在何处终结，以及遗传特质伴生变异的踪迹又从何处开始。掠夺性气质、身份意识以及拟人论信仰，其最完整的发展状态都属于野蛮文化。而且当这三种现象出现在野蛮文化那个水平的社会中时，它们之间就会存在某种相互作用的关系。这种相互作用的方式反复再现于今天每个个体、每个阶级的习惯和态度中，这也意味着，被视为个体的习惯或特质的同类心理现象之间也有着类似的因果关系或有机关系。前文已经提及，作为社会结构特征之一的身份制关系是掠夺性生活习惯的产物。而就其起源而言，身份制关系实际上是掠夺性态度的一个精心表达。另外，拟人论信仰的实质是由对有形事物的不可捉摸和超自然偏好的这一概念再加上详尽的身份制关系的礼俗所构成。因此，就这一信念起源的外部现象而言，它可以被看作远古人类普遍存在万物有灵意识的产物，经过掠夺性生活习惯的界定和某种程度上的转化，从而形成了一种人格化的超自然主体，且被充分赋予了掠夺性文化时期人们所特有的思维习惯。

上述讨论的与经济理论有着直接关系的主要心理特征，可以概括如下：(a) 在前面章节讨论过的掠夺、攀比的思维习惯，在这里被称之为尚武精神，它们只是人类通用工作本能的一个野蛮变体，是受个体歧视性对比习惯的指引而形成的特殊形态；(b) 身份制关系，按照公认的规格来评价和分级的歧视性对比的一种正式表达；(c) 拟人论信仰，至少在其活跃的初期是一种制度，其特殊的元素是一种将人类卑微化，同时神化超自然主体的身份制关系。只要记住这一点，在理解人类生活和人类天性中这三种现象之间存在的紧密关系时，应该就没什么困难了。就其中的主要因素而言，它们的关系具有同一性。一方面，身份制和掠夺性生活习惯是工作本能作为歧视性对比习俗下的一种表达；另一方面，拟人论信仰和祭祀习俗是人类对有形事物持有万物有灵偏好意识的一种表达，其实质是受到同属一般性的歧视性对比的引导，然后加工而成。因此，攀比的生活习惯和祭祀习俗这两个范畴被视为是野蛮时期人性以及现代的野蛮变体中相辅相成的元素。二者都属于相同类型的倾向表达，只是为回应不同类型的刺激而形成。

第十二章　宗教仪式

随意列举现代生活中的某些事例，就足以显示那些持拟人论的各教派与野蛮文化及其气质之间的关系，同时也可以说明各种宗教仪式（devout observance）的盛行同有闲阶级制度的关系，以及它们与维系该有闲阶级制度的动机又有何关系。这里无意对宗教仪式的具体做法或借此仪式表现出的一些精神和智力上的特质加以赞扬或贬低，现有的拟人论信仰的一些日常现象，可从其经济理论意义的角度进行探讨。这里所能详细探讨的是宗教仪式的有形的、外在的各种特征。至于宗教生活在道德上乃至信仰上的价值，均不在此讨论范围之内。当然这里也不会提及各类教派所提倡的教义是否为真理或具美感的问题。甚至就其所蕴含的比较深远的经济意义，在此也不予论述。这个问题是如此深奥，又具有如此深层次的含义，以至在此有限的篇幅中无法完全概述。

前面的章节曾提及金钱的价值标准在对与其无关的标准进行评估的过程中所发挥的影响。这种关系绝不会是单向的。经济上的评估标准或价值标准，反过来也会受经济之外标准的影响，人们对许多事物经济意义上的评估，很大程度上受重大的非经济利益的影响。甚至有一种观点认为，经济利益，只有在其有益于更高一层的非经济利益时，才有其重大意义。所以，为了现在讨论的目的，必须考虑如何将属于拟人论信仰的这些现象所具有的经济利益分离出来。要想摆脱较为通俗的观点，并尽可能减少经济理论外那更高一层利益影响带来的偏差，从而作出一个经济性的评价，这将颇费周章。

前文谈到竞赛运动特质时曾说明，那些热衷竞赛的人士的赌博习惯的精神基础，是一种认为各种事物或事件均含万物有灵倾向的观念。从经济角度看，这种观念与持不同万物有灵信念或拟人论的教义所表现的意识，实质上具有相同的心理成分。就经济理论中必须涉及的那些可感触的心理特征来说，那种充斥在竞赛运动中的赌博精神，在难以察觉的进展层次中逐渐变化，转变成宗教仪式中得到满足的那种心情。于是从经济理论上看，热衷竞赛的性格逐渐转变为宗教虔诚信徒的性格。当赌徒们的万物有灵信念得到传统的一贯支持时，这种意识就会发展成为一种对超自然力或超物质力的明确信念，同时还会带有一种拟人论的观念。如果情况果真如此，通常会有一种试图借助某种亲近或协调的手段来和这种超自然力打交道的明显倾向。这种和解中带着诱骗的成分，它与比较粗浅的信仰方式不乏共同之处——即使不在历史渊源方面，至少在实际心理内涵上如此。于是赌徒的这种信念，又明显地且不间断地转变成被人们所认知的迷信的习俗和信念，也因此同那些较为浅陋的拟人论的信仰一脉相承。

由此可见，热衷竞赛或赌博成性的气质，确实带有构成宗教信徒或宗教仪式奉行者的某些主要心理要素成分。一个主要的共同点是，相信在事物演进过程中具有不可思议的偏好或超自然力的干预。就赌博行为而言，其对超自然力的信仰，或许并不像通常说的那样有条理，尤其是涉及将思维习惯或生活方式上的信念归于超自然力的问题上更是如此。或者换言之，关于超自然力的品性和干预事态的目的并不是那么清楚。热衷竞赛者可以感觉到种种借着时运、机会、凶兆或者吉祥物等体现的媒介，甚至有时会因恐惧而急于摆脱这种媒介，但他们对此媒介的个性或人格的看法，并不是那么清晰、完整和一致。赌博者嗜赌行为的依据，在很大程度上，仅仅是一种本能感觉，即认为各种事物或局势中到处存在一种具有超物质的专横力量或偏好（这种力量或偏好很少被看作一种人格化的媒介）。赌徒们往往是这种朴素意识下的命运的信仰者，同时也是某个公认教派的虔诚信徒。他们特别倾向于接受教义中他们所信奉神祇的那些不可思议的力量及专断的习性，这也是其信仰的来源。在这种情况下，他们处于两种——甚至不止两种——不同的万物有灵论阶段。实际上，在任何竞赛团体的精神装备中，都可以找到万物有灵信念的连续阶段的完整系列。包含于这样一连串万物有灵概念中，一端是属于运气、机会和偶然的必然性的最原始形态，而另一端是已有完整发展的拟人论，还有介于两者之间的所有阶段的集合。伴随这种超自然力信念的是两种意向，一种是本能地顺应幸运机会所推测出的各种要求；另一种是对神祇不可思议的意旨所持的虔诚态度。

热衷竞赛的气质和游手好闲阶级的气质在这方面颇有共通之处，并且两者都与倾向拟人论信仰的气质相关联。与社会中的普通大众相比，游手好闲之徒和热衷竞赛者通常更容易转变为某个公认教派的虔诚信徒。这一观察得到的事实，被许多运动竞赛的代言人所接受，特别是在为呈现出赤裸裸掠夺性的体育竞赛辩解时。的确，经常参加体育运动的人，在某种程度上特别热衷于宗教活动，而这一点也经常被看作热衷竞赛的一个值得称道的优点。还有一点值得注意的是，热衷竞赛者和掠夺性的游手好闲阶级，或是这一阶级中新皈依的信徒，通常都不信奉那些所谓的高等级教派，反而信奉那些必须承认拟人论的一类教派。古老的、掠夺性的人类天性不会仅满足于这类深奥的概念，这类概念将人格分解逐渐转化为量的因果关系，例如在基督教的冥想中，将万物的起源归于造物主、万能之神、宇宙之灵或灵异界等。这里列举出一个与热衷竞赛者和游手好闲之徒性情相投的那种教派，如旅途教会（the church militant）中称为“救世军”（the Salvation Army）的一个支派。救世军有很大一部分是从下层的游手好闲之徒中招募而来的，并且在其组成分子中，尤其是在军官一级，很多人都有从事竞赛活动的记录，这类人在救世军中所占的比例，要远远高出其占社会总人口的比例。

大学中的体育运动也可以为这点提供例证。有些对大学生活中宗教活动有研究的人断言——我们似乎没有任何理由去反对这一主张——这个国家所有学生团体中那些最优秀的体育人才，大都同时笃信宗教，或至少比那些对体育运动及其他院校竞赛活动缺乏兴趣的学生更愿意在宗教仪式上花费更多功夫。这也是能根据理论得出的结论。有必要顺带指出，这一现象从某个角度会给大学中的运动竞赛活动、体育竞技活动以及从事这类活动的人增添光彩。大学运动员们致力于宗教宣传，不论是作为一种职业或仅是兼职，这都不是罕见之事了。同时还可以看到，这些人宣传的是拟人论色彩比较浓厚的某个教派。在他们说教的过程中往往强调拟人论中常见的神与个人之间的身份制关系。

大学体育运动和宗教仪式之间的密切关系，是众所周知的一项事实。但其中还有一个特点，虽然极其明显，但又未能引起人们的注意。大学竞技运动中普遍存在的那股宗教热忱，特别容易表现为对不可思议的神意表达出一种绝对的虔诚和心悦诚服的顺从。因此，这种宗教热忱格外容易与那些同气相投的世俗宗教组织相结合，这些世俗宗教组织，例如基督教青年会（Young Men's Christian Association）或者基督教青年力行会（Young People's Society for Christian Endeavour），以宣传通俗基督教义为宗旨。这些世俗的宗教团体，好像要特意强化上述主张和牢固确立热衷竞赛的气质与古老宗教信仰之间的紧密关系一样，它们通常花费很大的精力去促进体育竞赛以及性质相似却凭借运气或技巧的各类竞技活动。甚至可以这么说，这类竞技活动被视为一种获取荣誉的有效手段。因为这类活动显然可以用来作为招揽信徒的手段，并且也可以在皈依之后作为维持虔诚态度的手段。也就是说，各种竞赛使万物有灵意识和竞赛的偏好获得演练的机会，有助于形成并保存那种与比较通俗的信仰相结合的思维习惯。如此一来，一些世俗的宗教组织，将这类运动竞赛活动作为一种见习或诱导的手段，从而使精神境界的修炼生活得以充分开展，而这种生活是可以享有领受圣餐者（the full communicant）的特权。

这种充满竞争的低级万物有灵论习性的践行实际上有助于宗教目的，这一点几乎无可置疑。因为许多教派的神职人员在这方面开始追随世俗组织的引导。那些教会组织，尤其是那些坚持实用性立场并最趋向于世俗组织的教会，很大程度上已倾向于采取这类措施或与之类似的措施。因此在牧师授权下出现了所谓的“少年团”以及其他类似的组织，其目的在于发展会中青年的竞争习性和身份制观念。这类准军事组织旨在弘扬并强化对竞争和歧视性较量的偏好，从而巩固与生俱来的对人际关系间主仆关系的领悟和认可。一名虔诚的信徒一定是一位最懂得以优雅的姿态来服从并心悦诚服地接受惩罚的人。

但通过这类实践所养成并保留下来的习惯，仅构成那种拟人论信仰中实质内容的一半。宗教生活的另一项补充因素——万物有灵论——是由教会认可的另一系列措施来加以培养和保持的。这类措施属于赌博习性的范畴，诸如教会义卖或抽签销售货物的办法，可视为该类措施的典范。这些抽签销售货物及类似赌博的细小机会，似乎特别迎合宗教组织中一般成员的心意，其程度似乎已经超过宗教意识淡薄的那类人。由此可以说明这类措施与宗教仪式本身相关联的契合程度。

这一切似乎都在说明：一方面，使人们热衷竞赛的气质与让人们易于接受拟人论信仰的气质是同一事物；另一方面，乐于从事竞赛活动，特别是从事体育竞赛活动，可以促进从宗教仪式中获得的满足感。反过来说，宗教信仰习性的养成，似乎有助于体育运动及一切竞技活动，而这些竞赛活动让歧视性对比和信赖运气的习惯有了发挥的空间。实际上同一范畴的各种偏好在上述两方面的精神生活上都有表现。受掠夺性本能和万物有灵论主导的野蛮的人类天性，通常倾向于向这两方面发展。掠夺性思维习惯包含个人尊严及人际间相对地位的强烈意识。凡是以掠夺性习惯为制度构建主导因素的社会结构，都是以身份制为基础的。掠夺性社会中普遍存在的规范是以上与下、尊与卑、统治与服从为内容的个人与阶级、主人与奴隶之间的关系。拟人论信仰从产业发展的那个阶段承袭下来的，是在同一阶段的经济方式下——分化为消费者和生产者——形成的，并且它们都弥漫着统治与屈从这样最有力的原则。各类教派将思维习惯归之于神，正好符合该教派形成阶段中经济分化的需要。这种拟人论的神被认为在对待所有问题上都是十分认真的，并且坚决主导一切事务，任意行使其权力——习惯将武力作为最终的裁决者。

在后来的、更为成熟的拟人论教义中，神被赋予了威灵显赫且高深莫测的统治习性，已被简化为“天父”（the fatherhood of God）之类的说法。超自然力媒介所被赋予的精神态度和习性向往此时仍未超出身份制的范围，不过已具有准和平文化阶段特有的父权色彩。还应当注意到的是，即使在教派的高级阶段，人们借以表现虔诚之心的那些宗教仪式，其一贯目的仍是借助称赞神的伟大及荣耀，并通过宣誓臣服与表示忠诚，来求得神的恩宠。取悦与崇拜的举动被认为是对身份制意识的渴望，而这些意识正来源于上述人们企图亲近的高深莫测的威力。这种取悦型的祈祷方式，最为显著的还是其隐含或表现歧视性对比的意味。对于赋有如此古老人类天性的拟人论的神表达这样的忠心爱戴，意味着信奉者也有类似的古老性格特征。从经济理论的角度看，这种无论是对凡人还是神的忠诚关系，皆可以看作个人奴性的一种变体，而这个变体却是掠夺性及准和平生活方式中一个显著的构成部分。

对神的概念，野蛮人将其视为一个主宰一切的傲慢好战的酋长。从早期掠夺性阶段到现在，经过这个阶段文化特有的温和态度及沉稳生活习惯的熏陶后，神的概念已经变得柔和多了。但即使经过了这样的整饬，且一贯赋予神行为和性格上比较粗暴的特质也随之减少，人们对神本性和气质的理解仍带有大量野蛮时代概念的残余。如此一来，就出现了这样的情况，例如，在描绘神及神与人类生活的进程关系时，演说家和作家仍毫无限制地使用战争及掠夺性生活态度中的词语作直喻，并且他们使用歧视性对比的语法也是一样的。这类风格的演讲即使在那些并不好战的现代听众（他们所信奉的教义都是比较温和的）面前发表，也可以取得较好的效果。通俗的演说家随心所欲地使用野蛮时期的形容词和比喻词，这说明当下的一代人对属于野蛮性质的品质和优点，仍存有强烈的向往之情，同时也表明虔信的态度与掠夺性习性之间具有一定程度的一致性。现代信徒不喜欢将凶暴、复仇等类型的情感和行动加之于自己所崇拜的对象上，即使出现这种情形，也是经过深入思考的。通常来说，以血腥的词汇来形容神，普通大众会感到高度审美的愉悦，并以之为荣。这就是说，这类形容词在我们不假思索的情况下深合我们的胃口。

> 我已亲眼见证我主的降临，
> 他正肃清那遭天谴的败类；
> 他那可怕的利剑散发出慑人的光芒，
> 主的真理在不断前行。

一个虔诚的信徒的主导思维习惯，竟游走在古老生活方式的水平上。这种生活方式对现代集体生活的经济要求来说，早已过时并且没有多大用处了。现代经济组织要与现代集体生活的要求相适应。就此而言，身份制已经过时，个人间的奴役关系也失去其效用变得无立足之地。就社会的经济效率来说，个人忠心的情感及这类情感所要表达的一般习性都是上述古老思维习惯的残余，有碍于人类制度对当前环境作出适当调整。与和平的工业社会最相适应的是实事求是的气质，在这种气质之下，人们将有形事物作为机械中的各个环节来认识其价值。有了这样的精神态度，在认识事物时才不至于本能地产生万物有灵论的倾向，也不会依靠不可测的神力来促进事态的发展进程而为人类所用。为了适应现代条件下最高经济效能的需求，必须习惯从量化、不带任何感情的动因和关系来理解世界的进程。

从现代经济发展的立场来看，信奉宗教也许在任何场合都被视为是早期团体生活阶段的一种残余——一个精神发展处于停滞状态的标志。当然，不可否认的是，当社会的经济结构从本质上仍从属于一种身份制，当社会普通大众的态度最终还是受到个人统治与服从关系的影响，并必须适应它时，抑或，除了任何其他原因——传统的或遗传的关系——整个民族都具有强烈的宗教倾向时，任何个人的宗教情绪，如果不超过其所属社会的平均水准，就只能看作一种主流生活习惯。由此看来，一个信教的个人出自一个信教的社会，不能视为是一个返祖的案例，因为他和社会中一般人的步调是一致的。但从现代工业局势出发，异常的笃信行为——宗教热忱明显高于社会的平均水平——在任何情况下都可视为一种隔代遗传的特质。

当然，从不同的立场考虑以上问题，也能得出言之有理的结论。上述现象如果用别的观点来评价，则此处得出的推论可能要转变方向。从宗教利益或信徒的爱好这方面来说，现代工业生活所孕育的人们的精神态度是不利于信仰生活的自由发展的，这个论点也是有说服力的。工业进程后期的发展可能因其转向“物质主义”（materialism）或摧残虔诚信仰的偏向而受到抵制。再者，从美学的角度来看，也可作出类似的论述。然而，无论上述这些观点及类似的见解，基于自身立场是如何地言之成理，又是如何地宝贵，在这里都没有任何讨论的必要，我们现在唯一关心的是从经济的观点来评述以上现象。

拟人论的思维习惯和热衷宗教仪式在经济上具有重大意义，我们必须就此问题作进一步的探讨。在宗教气氛如此浓厚的社会，若将此问题当作经济现象来讨论，势必引起极大不快。宗教仪式之所以在经济上具有重大意义，是因为它气质中一种伴生变化的指标带有掠夺性，因此也表明其在工业上具有各种非实用性的特质。宗教仪式表明的是一种精神态度，这种精神态度由于对个人在工业实用性方面的影响，从而产生一定程度的经济价值。不过，宗教仪式也具有其他更为直接的重大意义，那就是对社会经济活动的调节作用，尤其是在商品的分配和消费上。

这些仪式最为显著的经济意义体现在商品和劳务的宗教消费上。任何教派所需要的在仪式设备上的消费，诸如神龛、宗庙、教堂、祭服、祭品、节庆礼服等，都不适合直接充当物品来使用。因此，所有此类物质用品均可概括为炫耀性浪费项目之类，这里并不包含任何贬低之意。关于个人劳务在这方面的消费，如神职教育、神职礼拜、圣地朝拜、斋戒、节庆活动、家庭祈祷等，大体也属于这种情况。与此同时，宗教仪式——上述消费就是为了执行仪式——拓展及延长了拟人论所信奉的思维习惯。也就是说，宗教仪式推动了身份制下人们特有思维习惯的发展。同时，它们对现代环境下最有效的产业组织形成一种阻碍，并与现代经济制度的发展方向是相对立的。就目前的目的来说，这类消费直接或间接的影响都带有社会经济效率的性质。因此，从经济理论上看，并就其可能的后果考虑，在对拟人论神祇的侍奉方面消耗的财物和精力，含有降低社会活力之意。至于这类消费在深层次、间接的、道义方面的影响如何，难以作出简明的答复，并且也不是此处所需要考虑的。

这里值得注意的关键点是，宗教信仰上的消费与其他消费对比时的一般经济特征如何。找出宗教信仰方面消费的各种目的和动机，有助于对这种消费本身及与之相契合的一般习性进行价值评估。用来侍奉一位拟人论神祇的消费与侍奉一位野蛮文化时期社会上层的有闲绅士——酋长或族长——的消费极其相似，即使在动机上有着本质差异。无论是对受供奉的酋长还是神祇而言，富丽堂皇的建筑是必不可少的。这类建筑及侍奉时陪衬的各种道具，在质量或等级上必须不同于流俗——带有极大炫耀性消费的成分。或许还可以看到这些建筑在结构和装配方面都带有一些远古之风。仆从人员亦是如此，不论是酋长还是神祇的仆从，都必须穿着特殊的、装饰性的服饰。此类服饰鲜明的经济特征极其强调炫耀性消费。还有另一项从属特征，就是这类礼服必带一些远古之风。就这一点而言，教士阶级比蛮荒统治者的仆役或朝臣表现得更为注重。即使是社会普通大众，在他们出席盛会时也会比平常穿着奢华一些。另外，神灵的圣殿与君主的朝堂相对比也是极其相似的。在这些场合，对出席者的着装都有一定要求，那就是必须带有一定的礼节性。从经济的角度看，这类场合穿着的服饰理应尽量避免带有任何生产性工作的气息或平时惯于从事这类实用性工作的任何痕迹。

炫耀性浪费和在礼仪上不沾染生产性劳动迹象这类讲究纯洁度的要求，不仅扩展到神圣节日中所穿着的服饰方面，而且以较低的程度延伸到饮食方面。也就是说，那些节日的禁制是专为神祇或超自然有闲阶级的某些低级成员而设定的。就经济理论而言，神圣的节日很明显被认为是为神祇或主人执行代理休闲的日子。因此在这样的日子里，以神祇或主人之名实行禁制，并且为了他们美好的名声还必须禁绝实用性劳动。每逢斋戒的日子，不但应当摒弃有利可图的事业以及能增进人类物质生活的各种追求，而且应进一步禁绝那些能给消费者生活带来舒适或使其满足的消费行为。

或许值得说明的是，那些世俗的节日也出自同一来源，只不过在性质上略为间接。俗世的各种节日是从神圣的日子经过某种程度上被神圣化的君主和伟人的半神圣性诞辰这个中间阶段，逐渐转化为刻意创造的专门节日。这类节日旨在提升某些著名事件或惊人事迹的好名声，或是对某些需要恢复名誉的事件进行表扬。这种运用代理休闲作为增加某一现象或某一事件的声誉的手段日益纯熟，近来更是炉火纯青。典型的事例就是，有些社会已将代理休闲的某个日子定为劳动节。这一举措的用意在于，借助强制停止实用性劳动这种古老的掠夺性手段来增加劳动本身的荣耀。这是将禁绝劳动所展示出的财力而带来的好名声，强加到一般劳动上并使之成为事实。

神圣的节日和普通的假期一样，一般都具备向人民征收贡品的性质。贡品以代理休闲的方式上缴，其产生的荣誉性效果自然归属于某个人或某件事。因为这类节日正是为了这个人或这件事的声誉而设立的，代理休闲是超自然有闲阶级所有成员的额外津贴。对他们的荣誉来说，这一点也是必不可少的。作为一名圣徒而没有人为其庆贺，那可真是一名倒霉的圣徒了。

除了这小部分的代理休闲由俗人执行外，还有特殊阶级人士——不同等级的教士和献身于神的奴隶，他们的时间全部奉献于这类服役。教士阶级所担负的义务不仅仅是禁绝世俗的劳动，尤其禁绝那些有利可图或对人类尘世幸福生活大有裨益的劳动。教士阶级的禁令远胜于此，甚至严格到，即使在不牵涉从事生产的情况下也不得追逐尘世的利益。作为一名神祇的仆从而去追求物质利益或关心俗务，是与神祇仆从的身份不相称的，或者说是与他所服侍的那位神祇的尊严不相称的。“在所有卑鄙的事情中，借助上帝神职人员的名声而为自己谋求福利的行为，是最卑鄙的。”

有利于人类富足生活的行为与举止，与有利于拟人论的神祇美好声誉的行为与举止之间存在一道明显的界限，凡是对宗教仪式有所了解的人，都可以清楚地看出两者的差异。在典型的野蛮制度之下，教士阶级的行为完全局限于上述分界的后一类。属于经济范畴的事务在一个德行高尚的教士眼中是不值一提的。但也有例外的情况，如有些中世纪的僧侣骑士团（其成员实际参与某些实用性劳动），这几乎能损毁该规则。这些外围的教团成员其实并不能算是名副其实的圣职分子。还有一点值得注意的是，这些纯洁性值得怀疑的骑士团，因暗中鼓励其成员参与劳作，以致违反了他们所处社会的礼仪而名誉扫地。

教士们是不应当从事体力生产的，但却应当大手笔地消费。不过必须指出，他们采取的消费方式，不能明显有利于其自身的舒适或生活的富足，而应当符合代理消费的各项通则，这类通则在前面的章节已有所解释。对于教士阶级而言，以丰衣足食的体态或喜不自禁的神情出现是有失体统的。的确，在许多更为严谨的教派中，对教士阶级代理消费以外的禁令甚至严格到禁绝肉食。即使在现代工业社会，那些根据最新教义所构建的现代教派，一切轻浮之举和沉迷于世间美好事物的享受的行为，也被认为与真正的教士礼仪相违背。这些为虚无的主人服务的仆人所过的生活只要有丝毫不是宣扬其主人的声誉而是为了谋求自己的私利，必将强烈震撼到我们，并被视为彻底的无可挽回的错误。这些人虽然都是仆役阶级，但他们的主人却是至高无上的，借着主人的光环，他们得以取得较高的社会地位。他们的消费都是代理消费，也因此，在高阶的教派中，他们的主人对物质利益一无所求，他们的职责就是充分履行代理消费。“职责之故，无论尔食、尔饮或尔所作为，一切都是为了上帝的荣耀。”

这里还要补充一句，当俗人被吸收到神职这个群体，他们也被认为是神祇的仆从时，上述这种代理性质也同样出现在一般信徒的生活中。这一推论应用的范围相当广泛，尤其是应用在带有虔诚、苦行气质的宗教改革或革新运动上，这时人们的生命被视为受精神主宰直接奴役。也就是说，在教士制度逐渐衰退或在日常生活中神祇无处不在的意识非常活跃时，俗世的人就被认为是直接受神祇奴役的，而且他的生活就被理解成是执行代理休闲以增加其主人的荣誉。在这种返祖的情况下，人神之间的关系直接回归到奴役关系，并成为信仰态度中的主要因素。这样一来，生活中就强调一种简朴和不求舒适的代理休闲，并以背离炫耀性消费作为博取恩宠的手段。

这种关于圣职生活的叙述是否完全正确，还有值得商榷的地方，因为现代神职人员中很大一部分人在许多生活细节上都背离了上述方式。这种方式也不适用于这样一些神职人员，他们的信仰或举行的仪式与旧有的方式出现许多分歧。考虑到俗人阶级以及其本身在尘世的福利，这类教派至少在表面上比较宽容。他们在家庭的私密空间，甚至大庭广众之下表明的生活态度，不论是对仪表上的严格要求，还是其生活用具所呈现的远古之风，都和世俗之人没有多大区别。处于边缘地带的那些教派更是如此。有关这种质疑，我们要说的是，这里值得探讨的不是圣职生活理论的矛盾，而是这类圣职人员的生活方式也绝不能被当成是合格的和正式的圣职生活方式的展现。我们这里把这类教派的圣职人员归类于一种半吊子的神职者，或正处于改造和转变过程中的神职者。这些非正规神职人员所属的组织，其宗旨除了万物有灵论和身份制观念外，还存在别的不稳定因素，以致可以预想到，这样的神职人员在教务上表现出的特征必然掺杂着和隐藏着异样的动机和传统。

一名神职人员可以做什么或不可以做什么才不会遭受责难，都可直接取决于个人的品味，只要他对礼仪具有辨别力及训练有素的意识；或取决于任何社会对构成牧师礼法内容的普遍意识，使其既符合社会的期望，又能通过社会的批评。即使在最为庸俗的教派，也应该能观察到它对圣职的生活方式和教外生活方式间的区别意识。一旦该教派的圣职人员在行为举止和服饰仪表上不够严谨或不具古风而导致脱离传统习惯，那么敏感的人就会认为他们越出了神职人员的礼法。在西方文化所影响的社会或教派中，关于允许放纵的范围，大概没有一个不是对在职的神职人员比一般的教外人士要严格得多。如果一名神职人员在圣职礼法上没有给自己设定这样一个明显的限度，那么社会上关于礼法的普遍观念将产生强制作用，使得神职人员要么就范、要么离职。

这里附带提到的是，任何圣职团体的成员绝不会公然为自己的利益而要求加薪，如果真的有人这样公然表达，其他的会众就会认为他有违礼法。还有一点相关的是，除了原本对宗教持有讥讽态度和真正愚钝的人之外，所有人对庄严讲坛上出现的玩笑话，都会本能地感到心痛。同样，如果一位牧师在生活方面流露出轻佻的迹象，除非这些行为明显带有戏剧性效果并且无伤大雅，否则他必然遭到人们的鄙视。在提及圣所、教堂和圣职时应当注意措辞，应该尽量避免与日常生活相关的话语，更应当避免使用涉及现代商业或产业的词汇。同样，圣职人员对生产问题及其他纯属俗世的问题作出过于详尽的探讨，也会有损人们对宗教礼法的尊崇。一名有良好修养的圣职人员在传教的演讲中涉及尘世利害关系时，只能泛泛而谈并遵守一定的限度，不得逾越宗教礼法所定下的某些原则性界线。凡是涉及人事及俗世影响的事务，应当用某种淡然和原则性的态度来处理，借以暗示演讲者是代表那些神圣的主人在发言，而主人对这些俗务的态度至多只是宽容性地默许。

还应当注意到一点，这里所讨论的都是那些非正规的教派及种种不守正道宗教的变体，这类教派自身遵守典型宗教生活的程度也是参差不齐的。一般而言，在这方面差距最大的是那些资历较浅的教派，尤其是那些以中下层阶级为主的新兴教派。它们通常大量混杂着人道主义情怀的、博爱的或其他不能列入虔诚信仰态度的各种动机，诸如对求知或寻欢的渴望，这些都大量列入这些成员所关心的事项之内。这些非正规或从事分离教派的运动，往往带有种种不纯的动机，其中有些动机在很大程度上又与神职责任所源自的身份制观念相抵触。的确，有时候这些动机都是反对身份制的。在这样的情况下，圣职人员的制度逐渐变质，遭到破坏，至少是遭到局部的破坏。这样一类组织的代言人，刚开始不过是组织的仆人或代表，并不是圣职人员中的一员，也不是具有神性主人的代言人。唯有历经一连好几代逐步专业化的过程，这类代言人才有望取得圣职人员的地位，通过圣职当局的授权，从而享有随之而来的简朴的、古老的代理性生活方式。宗教仪式，在经历由破坏到恢复的剧变后，其情况也大体相同。当人类对固有宗教礼法的意识再度回归到以超自然的利害关系为主题时，圣职人员的职责、生活方式及宗教仪式的程序才逐渐地、不知不觉地恢复旧观。附带说明的是，当组织在财富上继续增长，就会染上更多有闲阶级的观念及思维习惯。

按等级制度的升序排列，在教士阶级之上通常还存在一个包括圣徒、天使等超人类层次的代理休闲阶级——或者是异教信仰中的对等神祇。这类分层都是按照一套精密的身份制逐级而上的。身份制的原则贯穿于不论是尘世还是异灵界的整个等级制度之中。从属于超自然等级下的成员，其良好的声誉通常来源于一定程度的代理消费和代理休闲。在许多情况下，他们依靠低阶的随从或依附者为其执行代理休闲，这种情况与前面章节所说的父权制下寄生的有闲阶级极其类似。

这些宗教仪式所隐含的气质特征，或其信仰中所包含的对商品和劳务的消费，如何同现代社会的有闲阶级或与以该阶级为代表的现代生活方式下的经济动机相联系，似乎不经过深入思考就不那么容易理解。因此，将与此相关的某些事实作出简要评述，应该有所帮助。

上文中曾提到，就现在集体生活的目的而言，尤其是涉及现代社会产业效率方面，那些属于宗教气质的专有特质是一种阻碍而非助力。还应当看到，现代工业社会生活选择性地将人类天性中的这些特质从直接从事生产工序的各个阶级的精神结构中消除。大体上可以这样说，在所谓实际工业界的成员中，对宗教的虔信之心正在日渐衰退或者逐渐消失。与此同时还可以看到，这类倾向或习惯，在工业因素不需要或不直接投入社会生活过程中的那些阶级中，却表现得极为活跃。

前文已经指出，属于后一类的阶级是依靠工业生产而活，而不是生活在工业生产之中。这些阶级大体有两种类型：(1) 正式的有闲阶级，可以免受经济形势的压力；(2) 贫困阶级，包括下层阶级中的游手好闲之徒，处于过度的经济压力之下。就前一阶级而言，因为没有实际的经济压力迫使这个阶级调整其思维习惯来适应变化中的局势，因而它们仍保有古老的心智习性；而后一阶级，没有随着已经变化的工业效率需求来调整其思维习惯，是由于这类阶级成员的营养不良，其缺乏一种灵活调整所需的额外精力，同时他们也缺乏获取及养成现代观点的机会。在这两类阶级中，这种选择过程差不多是朝着同一方向发展的。

按照现代工业生活所形成的观点，事物现象被习惯性地包含于机械性演进的量化关系之中。贫困阶级不仅仅缺少必要的闲暇来融会贯通上述观点所涉及的较为新近的科学概念，而且它们还依附或从属于财力更为优越的阶级，以致延缓了它们从身份制所专属的思维习惯中解放出来。结果就是这类阶级在相当程度上保留了一般的习性，主要表现为个人拥有强烈的身份制观念。而且，宗教信仰也成为这类观念的一个特征。

在欧洲文化较为久远的国家里，只要存在一个数量庞大的具有勤劳性格的中产阶级，传统的有闲阶级和大量的贫苦大众对宗教的热忱就远高于中产阶级的平均水平。但是有些国家，上述两类具有保守性格的群众实际就组成全部人口。当这两个阶级占压倒性优势时，它们的志趣就会成为大众的普遍习性，因此，微不足道的中产阶级不可能出现性格上的分歧，这样虔信宗教的态度也就贯穿于整个社会。

当然，这里的意思并不是说，这些异常热衷宗教的社会或阶级，必将严格遵守那些我们所熟知的这类或那类宗教信条有关道德准则中的各种细节规定。大部分信仰之心并不一定需要通过严格遵守摩西十诫（the Decalogue）或习惯法的各种禁令来表现。实际上，那些罪犯及行为放荡阶级的人如果与常人有所不同，那就是他们有强烈的宗教信仰，这几乎已成为欧洲社会犯罪生活观察的陈腔滥调了。只有在财力处于中等的阶级和奉公守法的市民中，我们才能看到宗教信仰相对淡薄的迹象。那些极度肯定高阶教义和教派优点的人，会反驳这里所说的一切，他们认为下层阶级中的游手好闲之徒的信仰态度是装出来的，或者充其量是一种迷信。这种说法完全正确，而又简洁中肯。但是，就这里所要讨论的目的来说，这些经济学、心理学范围之外的差别，无论就其所要完成的目的来说是多么言之有理、多么有决定性，在这里必须略而不谈。

有关阶级从宗教仪式中解放出来的实际情况，可通过近来有些牧师发出的抱怨之声来说明。教会正逐渐失去技术工人阶级的共鸣认同，并逐步失去对该阶级的掌控。同时，通常被称为中产阶级的人，尤其是其中的中年男性，对教会的热忱正在逐渐减退，这项事实目前已被人们公认。这些都是如今不可否认的现象，随便举一些事例，似乎就足以证实前面所说的一般性结论。教会中的普通会众都存在抱怨情绪这种一般性现象，或许足以使这里的命题有充分的说服力。但在现代较发达的工业社会，其精神态度已发生了变化，对事态演变的经过及造成这种变化的各种特殊力量加以详细分析，也是十分必要的。由此足以说明各项经济动机对人们思维习惯向着世俗化发展的影响。关于这一点，美国社会应当可以作为一个特别令人信服的例证，因为与任何地位相仿的工业强国相比，该国所受到的外界环境的束缚最少。

除去偶尔脱离常态的例外现象在所难免之外，美国目前的宗教情况可以简要概述如下。在经济效率或智力方面，或两者都处于劣势的各个阶级都笃信宗教，这几乎已形成一个通例。比如说，南部的黑人、大多数下层阶级中的外来人口、大多数乡村人口，尤其是那些教育、工业发展落后或与国内其他成员在工业上的接触方面较少的地区更是如此。此外还有那些职业固化或世袭的贫困阶级、受隔离的罪犯以及行为放荡的阶级这几个破碎的团体情况亦复如此。虽然后一类阶级，其所持的宗教信仰态度常常表现为对运气抱有一种纯朴的万物有灵论信念和对萨满教（Shamanism）功效深信不疑的形式，而并不是正式依附于某一公认的教派。另外，技术工人阶级趋向于摆脱种种拟人论教义以及一切宗教信仰。这个阶级能格外感受到现代有组织的工业所特有的智力和精神上的压力。这种压力迫使它们时刻认清非个人性质的、事实的演进过程中的真实现象，并毫无保留地遵守因果律。与此同时，这一阶级尚不至于衣食不足，也不至于疲劳过度到毫无余力以适应新环境。

美国的下层有闲阶级或疑似有闲阶级——一般称为中产阶级，其情况则有些特殊。这个阶级在宗教生活方面与欧洲的同类阶级有所不同，但这种不同仅仅表现在程度上和方式上，并非实质性差别。各个教会仍能获得该阶级在财力上的支持，虽然这个阶级最易于接受的教义总是缺乏拟人论的内容。与此同时，还有一种现象，在许多场合或许不那么明显，活力十足的中产阶级宗教聚会，越来越以妇女及未成年人为主。中产阶级的成年男性明显缺乏宗教热忱，虽然他们对赖以成长的公认的教义纲领仍保有较大程度的自我认同和赞许。他们的日常生活与工业生产或多或少有着紧密联系。

这种将宗教仪式的任务委托给妇女和儿童来执行所导致的特殊的性别分化，至少部分是出于这样一个事实——中产阶级妇女在很大程度上是一个（代理）有闲阶级。各个下层技术工人阶级的妇女也是如此，只不过没有那么明显。她们生活在由早期生产发展阶段遗留下来的身份制之下，所以保留着一种心智和思维习惯，使她们有着一种用古老眼光来看待一般事物的倾向。同时，她们与产业生产工序没有如此直接的关系，以致她们不会强烈倾向于摒弃对于现代工业社会早已过时的那些思维习惯。也就是说，文明社会中的妇女由于其所处的经济地位，很大程度上带有保守的心态，她们特有的宗教信仰态度就是这种保守心态的一种表现。对于现代男性来说，父权制下的身份制关系并不是他们生活的主要特征；然而对现代妇女而言，尤其是对上层中产阶级妇女来说，她们因旧俗和经济环境而被局限于“家庭领域”之中，由此这项身份制关系成为最真切和最现实的生活因素。这样就形成了一种习性，她们乐于从事宗教仪式，也喜欢以身份制为依据来解释各类生活事物。

在妇女的日常生活中，她们将对事物的探究及推理过程套用到超自然领域中，并在其中怡然自得，而这一切对于男性来说却是不可思议和难以接受的。

当然，该阶级的男性并非不存虔诚之心，只是通常并不表现得非常积极或激情澎湃。上层中产阶级的男性对宗教礼仪与技术阶级的男性相比，通常抱着一种比较自得的态度。这也许部分可以这样来解释，这些论点对该阶级的妇女和男性同样适用，只是程度上稍有不同而已。他们在很大程度上属于一种受庇护的阶级，并且在他们的婚姻生活和使用仆役的习惯中仍坚持父权制下的身份制关系，这一点或许足以使他们保留古老的习性，也可能对其思维习惯世俗化的过程产生延缓作用。美国中产阶级男性和经济社会的关系一般都相当密切并具有强制力。在此顺带补充一点，他们的经济活动在某种程度上也带有父权制或准掠夺性的性质。该阶级中声誉最好并且与塑造其思维习惯最密切的职务，要数有关金钱方面的职务了，有关问题在前面章节已有所讨论。这类职务中充满着强迫命令和强制服从，类似于掠夺性欺诈的狡猾作风也随处可见。所有这些都属于掠夺性野蛮人的生活范围，而野蛮人也怀有虔诚的信仰之心。此外还有一点，出于获得荣誉的理由，宗教仪式也正合该阶级的心意。关于信仰上的这一动机值得单独讨论，下面将要提到。

在美国社会，除了南部各州，并不存在任何有影响力的世袭有闲阶级。南部的有闲阶级对宗教信仰颇为热衷，比该国其他地区地位对等的阶级都要明显。还有一点众所周知的是，南部人们所信奉的教派，同北部对等人们所信奉的教派相比更为旧式。与南部这种古老风格的宗教信仰相适应的是该地区的工业发展是颇为落后的。目前南部的工业组织，尤其是到最近为止这段时间的工业组织，较整个美国社会的一般情况，在性质上还是比较原始的。这里的机械设备非常缺乏，也十分简陋，其生产情况与手工业相近，统治和服从的成分也比较明显。或许还值得一提的是，由于这个地区特有的经济环境，这里的民众，不论是白人还是黑人，他们对宗教信仰的高度热情与他们的生活方式息息相关，这种生活方式从许多方面让人回忆起蛮荒阶段的工业发展状况。那些饶具旧时代作风的恶习，例如决斗、口角、械斗、酗酒、赛马、斗鸡、赌博、男性的纵欲（黑白混血儿众多足以证明）等，比其他地区更为盛行，但却受到最少的责难。此外，他们的荣誉意识特别强烈，这是运动竞赛习性的一种表现，是源于掠夺性生活的。

至于北部较为富裕的阶级，也就是美国真正的有闲阶级的代表，很难说抱有传统的宗教信仰态度。这个新近崛起的阶级，存在的时间过于短暂，在宗教方面还没来得及形成完整的遗传习性，甚至连本国特有的传统信仰也尚未充分形成。但可以轻易发现，该阶级对某个公认的教派，也至少存在表面上、有时候明显有诚心去信奉的倾向。而且，每逢婚丧或类似的隆重典礼，这个阶级总爱举行带有宗教色彩的仪式以示庄重。这种依附于某种教义的行为，也许是真诚地复归到虔信宗教，也许是出于对外来观念的荣誉准则作外表上的同化的目的，至于这两者之间更偏向于哪一方，很难断定。某些宗教信仰似乎发生了实质性作用，尤其是从上层阶级所信奉的教派在仪式上的特殊发展情况来看更是如此。从上层阶级的信徒中可以看到这样一种倾向，他们所加入的教派特别重视仪式和在仪式中使用精美的配套设备，并且以上层阶级教友为主的教派也有同样一种倾向：宁愿牺牲从礼拜和宗教仪式的设备中所包含的智力特征，也要注重仪式的形式。即使是在仪式和器具较为简陋的教派所属教堂，情况亦是如此。在仪式要素上的这种特殊的发展，部分无疑是对属于炫耀性浪费壮丽场面的一种偏爱，但部分也可能表明信徒们所存在的一些虔诚态度。后一条论述要是真实可信，则其表现的是宗教习性比较古老的形式。当社会文化处于相对原始的阶段，智力发展尚不充分时，这样的社会在宗教信仰方面特别注重壮丽的场面。这是野蛮文化的一个特别显著的特征。野蛮时期的宗教仪式都是借助感官接触而直接诉之于感情。而当前上层社会的教派要回到这种质朴的、感情的诉求方式的倾向也是非常清楚的。这种情况也出现在那些以下层有闲阶级和中产阶级为主要信徒的教派中，只是没有那么显著罢了。关于宗教礼仪上的复古表现比比皆是，如五彩缤纷的灯光和富丽堂皇的场面，符号、管弦乐队和香料的随意使用等，甚至从“游行圣歌”和众人列队在礼拜结束时唱的“赞美歌”及丰富多彩的各种跪拜起伏的展开动作中，都可以觉察到对神圣舞蹈之类古老仪式的一种初步复归现象。

这种讲究仪式壮丽场面的复归现象并不只局限在上层阶级的宗教信仰之中，不过在这方面作出最好榜样并予以高度重视的，的确是在金钱和社会地位上处于较高水平的那类阶级。社会中的下层阶级部分，如南部的黑人和外来人口中的落后分子所信奉的教派也显示出高度重视仪式、象征和华丽效果的倾向，这是可以从这类阶级的祖先和其文化水平中推想出来的。对这些阶级来说，注重仪式和拟人论的盛行，主要不是对古老习性的复归，而是从过去不断发展一直延伸到现在的。但关于宗教仪式运用和有关宗教的一些特征，其发展的方向并非一成不变。众所周知，美国社会早期流行的各种教派，刚开始时在仪式和道具的使用上极其简陋，但随着时间的推移，这些教派不同程度地逐渐采用它们过去所拒绝的壮观外表。大致说来，这方面的发展与财富的增长和信徒们生活的改善密不可分，那些在财富和荣誉上处于巅峰的阶级更是表现得淋漓尽致。

关于宗教信仰在财力上出现分层的原因，前面讨论思维习惯的阶级差异时已指出了大概，宗教信仰上的阶级差异只是各种普遍现象中的一个具体表现。中下层阶级对信仰诚心的松懈，或许可以笼统地将其称为这一阶级虔信之心的衰退，表现得最为明显的是从事机械生产的城市人口。一般来说，时至今日，已不能在从事与工程师或机械师这类相近行业的阶级中找到无可挑剔的虔信之心了。这类机械行业算得上是一个现代的事务。早期的手工业生产者所追求的工业目标和现今机械师所追求的目标性质上类似，但在宗教的戒律方面却没有那么固执。自从现代产业的生产工序流行起来，从事各个工业部门工作的人，在其智力的锻炼之下，思维习惯已经发生了很大变化。机械师这类人在日常工作中所受到的熏陶，也会影响他对日常生活以外的事务所采取的思考方式和标准。一旦熟悉了目前高度组织和高度非个人化的现代工业生产程序，就会扰乱万物有灵论的思维习惯。工人的任务已越来越集中于一系列机械性的、毫无感情的前后相关的程序的判断和监督。只要在生产程序中个人是主要的、独特的动力，只要工业生产程序的机械性靠的是个别手工业者的技巧和力量，则凭借个人动机和偏好来理解事物现象的习惯，就不会因受到严重的、持续不断的破坏而趋于消失。但是在近来发展的工业生产当中，当生产程序所借以启动的各种动力和设计都属于非关人际、与个人性质无关时，工人意识中各种概念的依据及他通常所理解事物现象的观点，乃是对事实前后相继的因果关系的强制认识。如此一来，对工人信仰生活方面所产生的结果就是不带敬神观念的怀疑主义。

这样看来，虔信之心似乎是在相对古老的文化中获得了最高的发展程度。"虔信"这一词语，在此当然仅就其在人类学上的意义来讲，除了表明宗教仪式倾向这个事实外，并不隐含任何与精神态度特别相关的事务。同时，还可以看出这种虔信之心代表着一种人类性格类型，这种性格比较合适掠夺性的生活方式，而不是近代发展出来的更加明确、更具系统性的工业生活方式。这类性格很大程度上是古老的个人身份制——统治与服从关系——的一种表现，因此与掠夺性和准和平文化下的生产结构相适应，却和现代的生产结构格格不入。也要看到，在现代社会中凡是在日常生活中远离机械生产程序，并在其他层面上也是最为保守的阶级，它们的这类性格是根深蒂固的；而凡是经常与现代工业生产直接接触，并且其思维习惯也受到工艺技术要求的拘束力所支配的阶级，则会逐渐无视万物有灵论解释的各种现象和人们从宗教仪式中得来的尊重。还可以看到一个同这里的讨论紧密相关的现象，现代社会在财富和休闲上积累到最令人瞩目的水平的那些阶级，其宗教信仰的习性在实施范围和精炼程度上都在不断进步。于是在这一方面正如同在别的关系上一样，有闲阶级制度的作用是对人类性格中的古老类型和古老文化中的那些元素进行保存甚至重建，而这些性格和元素都是社会在工业化发展到后来阶段所要消灭的。

第十三章　非歧视性利益的残存

随着时间的推移，由于经济的紧迫压力和身份制的衰退，拟人论信仰以及宗教信仰礼俗越来越陷入瓦解的境地。在这一瓦解过程中，敬神态度会掺杂着其他某些特定的动机和冲动，不过，这些动机和冲动不总是来源于拟人论，也不起源于个人服从习性。同晚近信仰生活的信仰习惯掺杂在一起的这些附属性冲动，并非全都与敬神态度或对各种现象先后关系的拟人论认知相一致。它们的起因不同，自然对信仰生活方式也不是朝着同一方向进行。它们以多种方式违反了个人服从或代理生活的基本准则，而深究可知，这类准则是信仰礼俗和教会以及教士制度的根本性基础。正是由于这些异类动机的存在，社会中和工业中的身份制才会逐渐瓦解。而且，个人服从准则也失去了来自坚不可摧传统的支持。这些外来的习惯和偏好蚕食了这一准则原有的活动领域，不久就出现了这样的结果：教会和教士结构部分被移为他用，而这在某种程度上和神职全盛发展时期所标榜的信仰生活方式的目的相矛盾。

这些影响信仰形式晚近发展的异类动机，其中或许值得一提的是：仁慈动机、和睦的人际关系或欢乐动机，或者，从更为广泛的角度来说就是人类团结精神和同情意识的不同表达。还有一点就是：即使有些人可能已经准备放弃教会结构的实质内容，但是这些教会结构的外在用途却使其在名义上和形式上得以保存。在这些形式上维持信仰生活方式的动机中，一个更具特色且更为普遍的异类元素就是不带虔诚之心地对环境保有审美调和意识，它是晚近敬拜行为中，在拟人论内容消失之后的一个残存意识。由于这一意识掺杂了服从动机，所以它对教士制度的维持产生了促进作用。这种审美调和意识或冲动本不具有经济特征，但是，在后工业发展阶段，它在塑造个人的经济目的的思维习惯方面有着深刻的间接影响。而且，它在这方面最显著的影响则是减轻了相当显著的自我关注的偏差程度，该项偏差传承于早期的、更具权能的身份制时期的传统。因此，这种审美调和意识的经济意义似乎和虔诚的宗教态度相左。前者是自我和非我的对立或对抗，即使不能消除也能够改善自我偏差的程度；而后者是一种个体服从主导意识的表达，从而强化了这种对立，并主张个人利益和人类生活进程中的群体利益之间存在着分歧。

宗教生活的非歧视性残存——同环境或人世和谐共存的意识——以及仁慈冲动或社交冲动，普遍发挥作用，并深刻影响了人们有关经济目的的思维习惯。但是，所有这类倾向的作用都有些模糊，并且其效果难以详查。然而，这一整类动机或倾向的作用，同有闲阶级制度已经形成的基本原则背道而驰，这一点应该非常清晰。有闲阶级制度和在文化发展上与其相联系的拟人论信仰所依赖的根基是歧视性对比习性，而这一习性与现在讨论的这些倾向格格不入。有闲阶级生活方式的根本准则是炫耀性浪费时间和物质以及脱离工业生产；然而这里所讨论的这些特殊倾向，从经济方面而言，则是坚决反对铺张浪费和无所事事的生活方式。而对于生活进程，无论是从经济方面还是从其他方面而言，都有认同或参与其中的冲动。

这些倾向以及在有利于它们表达时或它们居于优势地位时所发展形成的各种生活习惯，与有闲阶级生活方式背道而驰，这是很明显的事实。但有闲阶级体制下的生活，从它的后期发展来看，一直趋向于抑制这类倾向的发展，或是消除其所表现的思维习惯，这一点就不那么明显了。然而，在其他任何方面，有闲阶级生活方式的积极训练却相当明了。有闲阶级生活方式通过示范和优胜劣汰作用的积极锻炼，使浪费和歧视性对比的基本准则在生活的各个方面都占有主导地位，并得以普遍盛行。然而，在其消极效果方面，有闲阶级的锻炼作用却不是那么明确地符合该体制的基本规范。有闲阶级准则为了金钱礼仪准则的目的，在节制人类活动方面，坚持摆脱劳役。也就是说，该准则禁止有闲阶级成员参与社会中穷人惯于投入努力的那方面活动。这项禁令对妇女们——而且特别是发达工业社会中的上层阶级和中上层阶级的妇女们——尤其严格，甚至连担任金钱类职务这种准掠夺性方式来积累财富的攀比过程都坚决禁止。

金钱文化或有闲阶级文化，一开始是工作冲动下的一种竞逐性变体，但在其最近的发展中，通过消除在效率甚至是金钱地位方面的歧视性对比习性而逐渐淡化其自身的根基。另外，不论男女，一切有闲阶级成员，在某种程度上都没必要为了生计而与其同类相竞争，这就使得该阶级成员在竞赛斗争中，即使在不具备获胜性格倾向的条件下，不仅有可能继续存活，甚至可以活得随心所欲。这也就是说，在最近、最完善的发展体制下，该阶级成员的生计无须具备并不断发展那些成功的掠夺者所具备的性格倾向。因此，在竞争体制下，对于不具备这类性格倾向的个体来说，作为有闲阶级成员的存活机会要高于作为普通大众的一员。

在前面章节中讨论远古特质残存条件时，就已经指出了有闲阶级的特殊地位，为较早和过时文化阶段所特有的人类天性中的各种特质得以残存提供了格外有利的机会。该阶级免于经济形势的压力，因此也就没有遭受经济形势变化而带来的无情打击。有关有闲阶级中以及在有闲阶级生活方式下残存的那些让人联想到掠夺性文化的特质和类型的问题，前文已经讨论过。这些性格倾向和习惯，在有闲阶级制度下具有格外有利的残存机会。有闲阶级得以庇护的金钱地位导致了这样一种情形：不仅有利于不具备现代工业进程所必需倾向的成员个体的存活，而且与此同时，有闲阶级的良好声誉使得某些掠夺性倾向显著发挥作用。使掠夺性倾向得以发挥作用的那类职务具有证明财富、门第和免于工业生产的作用。掠夺性特质之所以能够在有闲阶级文化下得以残存，消极的原因是该阶级能够免于工业生产，而积极的原因则是它获得了有闲阶级利益规范的认可。

至于前掠夺型的蒙昧文化所持有的残存特质则与上述有些不同。有闲阶级得以庇护的地位虽然有利于这些特质的残存，但和平和仁慈这类倾向的发展，并没有得到礼仪准则的肯定。具备这种前掠夺型文化气质的个人，若身处有闲阶级之内，则要优于具有同类气质却处于有闲阶级之外的那些人，因为前者不用迫于金钱的需求而去扼杀这类有助于非竞争性生活的性格倾向。但这类人仍然受到道德的约束，迫使他们无视这些倾向，因为礼仪准则要求他们基于掠夺性倾向来养成生活习惯。只要身份制完整无缺，只要有闲阶级除了漫无目的、徒劳无功地虚度光阴之外，还有其他别的非劳役性活动可以参与，就不会发生背离有闲阶级荣誉生活方式的情况。当非掠夺性气质在这一时期出现在有闲阶级之内，它就被视为是一种偶然的返祖复归现象。但随着经济发展的不断进步、大型猎物的灭绝、战事的减少、专制政体的废止以及神职的没落，适合人类活动的具有荣誉性和非劳役性的出口就会被逐渐阻塞。这种情况一旦发生，情形也会开始发生转变。人类生活若在这一方面得不到表现，就一定会在另一方面寻求突破，因此，如果掠夺性出路行不通，必然会在其他方面释放。

正如上面所提，发达工业化社会中的有闲阶级妇女，在免于金钱压力方面，要远远比其他任何大群体中的人们表现得更彻底。因此，或许可以预测，妇女要比男子更明显地表现出非歧视性气质的复归。不过，在有闲阶级中，也有男子的参与，这明显扩大了活动的范围和幅度，此类活动不能归因为自私（self-regarding）一类的倾向，其目的也不是歧视性差别。例如，大多数男子因从事金钱性质的经营活动和企图而进入工业中，他们事业有成，工业效能高，为此而抱有浓厚兴趣，引以自傲，然而却不考虑这类改进可能带来的利润。商业俱乐部和手工业制造组织，在产业效能非歧视性改进方面所能做的贡献，也是众所周知的。

许多组织关注生活歧视性目的以外的其他方面，其目的是从事一些慈善工程或社会改良工程。这些组织往往带有准宗教或类宗教性质，而且男女皆可参加。与此相关的例子不胜枚举，但为了说明目前讨论的这些偏好的范围及其特性，或许可以引用一些比较典型的具体例子，例如禁酒运动及类似的社会改革，改良监狱，普及教育，抑制恶习，通过仲裁、裁军或其他手段来避免战事；在一定程度上类似的组织有大学服务社、邻里互助协会、类似于基督教青年会和基督教青年力行会的各种组织、缝纫团、社会俱乐部，甚至是商业俱乐部；又如略微带有这种倾向的组织有以慈善、教育或娱乐为目的半公共性质的财团基金会，这些机构的建立，无论是由富人个人资助还是由财力较弱的集团捐助，只要它们不是宗教性质，都可归入此类。

当然，这并不意味着这些努力完全不带任何自私动机。可以断言的是，通常情况下，非自私动机确实存在，而且这类努力在现代生活环境下，要比在坚不可摧的身份制原则下更为显著，也更为盛行。这意味着，在现代生活中，人们对攀比性生活方式是否具有充分合法性产生了深刻怀疑。在这类工作的诱因中，往往掺杂着许多其他非目的性动机，如自私类动机，尤其是歧视性差别动机，这一臭名昭著的事实，已然沦为老生常谈的笑柄。许多无私的、具有大众服务精神的面子工程，毫无疑问，在其创始之初以及实施之时，主要目的是为了提升发起者的声誉，甚至是中饱私囊。许多类似组织或机构的成立，无论是其创始者还是赞助者，很明显他们的主要动机是这类歧视性动机。凭借巨额且显著的花费来给执行者增加名利的工作，尤其适用于我们刚刚提及的情形。例如，大学、公共图书馆、博物馆的创立，以及参与明显属于上层阶级组织的一类机构或运动这种更为常见的工作，也同样适用。这类组织和机构印证了其成员的金钱荣誉，而且，通过他们自身和因改良工作（如现在盛行的大学服务社）而受益的那些身份卑微者之间的对比，使其成员怀着感恩之情，谨记他们优越的身份。不过，尽管我们这里贬损了一番，但还是存在着一些非攀比性动机的。采取这样的方法来寻求荣誉或声誉这一事实本身就证明了：非攀比性、非歧视性利益作为现代社会思维习惯的组成因素，应该有效地存在着，人们将普遍认识到其合理性。

值得注意的是，在所有这些基于非歧视性和非宗教性利益而开展的近代有闲阶级活动中，妇女的参与性要远比男子更活跃、更坚定——当然，需要巨额花费的那类事业除外。妇女在金钱上的依赖地位，致使其无法从事需要巨额花费的事业。至于一般范围的改良工作，那些神职人员、虔诚度稍弱的教派牧师、世俗化的教派人士和妇女们往往会团结协作。理论上也是如此。在其他经济关系中，牧师处于妇女阶级和从事经济追求的男子之间这样一种模棱两可的境地。按照惯例和盛行的礼节观念来说，牧师阶级和富裕阶级妇女的地位都属于代理休闲阶级。构成这两个阶级思维习惯特有的关系就是服从，也就是说，这是一种持有个人利益的经济关系，因而这两个阶级都具有明显的依据人际关系而非因果联系来分析现象的特殊倾向。而且，这两个阶级都被禁止从事礼仪准则之外的营利产业或劳役性职务，因而它们在道德上不可能参与当今工业生产进程。礼仪准则排挤这类粗俗的劳役性职务所带来的结果就是，现代妇女和神职阶级人员的大部分精力都应用到了非自私性的各种服务上。这一准则阻断了目的性行为冲动得以表现的途径。有闲阶级妇女从事实用性工业活动的行为一再受到遏制，结果就是导致她们的工作冲动在商业活动以外的其他方面寻求展示。

前面已经提到过，富裕阶级的妇女和牧师阶级的日常生活比起普通男子，尤其是那些从事现代工业职务的男子所经历的日常生活更具身份制特色。因此其敬神态度比起现代社会的普通男子来说更加虔诚。因此，这些代理休闲阶级成员在非营利性的职务中寻求表现时所需要的大部分精力，最后大概要投入敬神仪典和虔诚事业。所以，就像在上一章节曾提到的，妇女有着强烈的敬神偏好。这一偏好究竟如何影响此处讨论的非营利运动和组织的行为与目的，这一点是目前格外需要注意的。为了任何经济目的而成立的组织，一旦带有敬神色彩，就会立即降低其经济效率。许多慈善性质和改良性质的组织，致力于增进人民的福祉，同时也将人们的注意力分散到了信仰和世俗利益之上，如果这些组织能够以同样的认真态度和集中精力投入人民的世俗利益，那么，它们工作的经济价值很明显会比现在高出许多，这一点毋庸置疑。当然，或许也能这样讲（如果在这里讲合适的话），因信仰而从事这些改良工作，如果没有受到普遍存在的世俗动机和目标的阻碍，那么它的直接效能势必会更高。

由于渗入了宗教性利益，这类非歧视性事业的经济价值有所削弱。不过，其他异类动机的出现也会使其经济价值有所减弱，这些异类动机多少粗略地阻碍了工作本能这种非攀比性表达的经济趋向。进一步深入考察之后，也是如此，而且甚至会发现，如果以个人或阶级生活的充实度或便利性来衡量那些改良工程（声称是为了个人或阶级谋利益）的话，它们的经济价值完全值得怀疑。例如，当下蔚然盛行的为大城市贫困人口改良工作所作的努力，实际上大部分是出于文化使命。这是一种手段，上层阶级文化中的特定元素借此可以更加迅速地融入下层阶级的日常生活中。例如，“贫民救济社”的部分意图在于提高穷人的工业效能，教授他们更加充分地利用手头资源；同时至少还有同样重要的意图在于通过言传身教，将上层阶级在礼节和习俗上的特定规范传授于他们。仔细审查之后，通常就会发现，这些礼节的经济实质其实就是时间上和物质上的明显浪费。主动教化穷人的那些好心人通常都有意极为小心谨慎地默守着礼节和生活礼仪。而且他们通常过着供人效仿的生活，在日常生活的各个方面，赋有强烈的墨守成规的倾向。关于时间和商品消费方面正确思维习惯的谆谆教导，其文化或教化之效不容忽视；同样对于那些致力于生活更为高尚和更为荣誉的个人而言，其经济价值也不容小觑。在现存的金钱文化背景下，个人荣誉自然也是个人成就，在很大程度上取决于其举止风度和消费方式的精通水准——证明了其在时间和商品上的习惯性浪费。但是，就更富价值的生活方式经受训练所具有的深远意义而言，应当说，在很大程度上，这种影响使用一种花费较高、成效较差的方式来实现同样的物质结果，而这种物质结果恰恰是其经济价值的实质所在。文化宣传在很大程度上是一种新品味的传授，或者说是一种新礼节安排的传授，这一礼节安排受到有闲阶级身份制和金钱礼仪准则的指导，并与上层阶级生活方式相适应。这种新的礼节安排来源于生活在工业生产过程之外的一部分人的精心安排，然后再强加于下层阶级生活方式中。然而，对于这些下层阶级的紧急生活而言，并不能指望入侵的礼节安排能够比其之前通行的礼仪准则更合适，尤其是不会比其在现代工业社会压力下自发形成的准则更适当。

当然，上述并非质疑新的礼仪准则要比它所代替的那些准则更高雅这一事实。这里质疑的仅仅是这项改进工作的经济利益——亦即这项改革所能够有把握带来的直接的物质性经济利益，这种经济私利并不是站在个人立场上，而是出于生活的便利。因此，评估这类事业的经济利益时，即便这项事业主要是为了实现经济目的，而且在其进程中不含有自私自利或歧视性想法，也不能仅依其表面价值来衡量其实际效果。由此达成的经济改革，其性质往往是炫耀性浪费方式的变换。

但是，关于所有这类具备无私动机的特质和程序准则，但同时受到金钱文化思维习惯特质影响的工作，还需作进一步探讨，而且深入思考之后，或许会对之前得出的结论作进一步修正。正如在前面章节中提到的：荣誉或礼仪准则在金钱文化下坚持将习惯性无用工作作为优越金钱生活的标志。因而不仅导致了无视实用性职业的习惯，而且对任何组织中的成员追求社会良好声誉的行为产生了非常明显的决定性指导作用。因而也就形成了传统：要求有闲阶级成员不应过于熟知与生活物质必需品有关的任何细节和过程，以免沦为世俗。有闲阶级可以通过捐赠或从事管理委员会及其他类似的工作，展示对世人福利事业的充分关怀，这令人钦佩；也可以通过设法来提升世人品味以及为他们提供精神改造的机会，展示有闲阶级对世俗文化福利事业普遍的、具体的深切关怀，这更令人赞赏。但有闲阶级不应该流露出精通世俗生活物质环境或世俗阶级的生活习惯，以免将这些组织的努力最终朝向实质上有用的目的发展。这种不情愿公开宣称对下层阶级具体生活状况有深切了解的态度因人而异，而且程度也高下有别。但在这里讨论的任何一类组织中通常都存在这种态度，而且会深刻影响到这些组织的行为动向。熟知世俗生活被视为不体面，这种急切摆脱该罪责的心态，通过塑造这类组织惯例和陈规的累积作用，逐渐抛开了该组织的初始动机，而追求良好声誉的某些指导性原则，最终简化成了以金钱功绩为依据。如此一来，这类历史悠久的组织促进下层阶级生活便利的初始动机，正逐渐沦为表面形式，而且为世俗谋利的实际工作组织也趋于没落。

上述有关各类组织从事非歧视性工作效能方面的说法，同样也适用于具有相同动机的个体从事此类工作的情形，只不过，用于个体要比用于组织企业要考量更多的因素。使用有闲阶级浪费金钱和不熟悉世俗生活——无论是生产方面还是消费方面——这一准则来衡量功绩的习惯，对于那些渴望从事实用性公共工程的个体来说，必然十分牢固。若一个人忘记其身份，并将其努力投入世俗的实用性，那么社会常识——金钱礼仪准则——就会马上否定其工作，并促使其改正。遗产管理就是该看法的一个例证，富有公德心的人，仅仅是为了某些特定方面增进生活便利性的目的（至少表面上是这样）而捐赠遗产。目前这类遗产最常见的用途就是用于学校、图书馆、医院以及庇护弱者或不幸之人的收容所。在这些事例中，捐献者在遗嘱中标明其公开的目的：为了改善特定领域的人类生活。但在这项工程的执行过程中，就会显露出不少其他动机，往往与初始动机不一致，不只是呈现出来，而且决定了部分遗产最终会分拨到其他特别的用途上，这一点已是通行的规则。例如，特定基金或许是分拨作为建立弃儿收容所或弱者休憩之用。然而，基金在使用过程中，却被转移到荣誉浪费支出方面，这样的例子比比皆是，这不禁令人目瞪口呆、嗤之以鼻。大笔基金用来建造大厦，表面贴着毫不美艳却价格不菲的石块，并雕刻着风格奇异、毫不协调的花纹，外形上采用城垛式围墙和角楼，并辅以宏伟的大门和要塞式通道，整体带有某种野蛮战争方式的意味。这一建筑的内部结构也同样显露出其受到炫耀性浪费和掠夺性侵占准则的普遍指导。不必深究细节，以窗户为例，它的设计是为了给外面偶然路过之人留下主人优越地位的深刻印象，而不是为了其设计的表面功效——为了里面受益者的便利或舒适。至少室内的其他设计细节，也都在尽量符合金钱审美这项迫切要求，尽管这一要求与实用目的不相符。

当然，上述所言并不是说捐赠者自己会觉得有什么不妥，或者是，若是换他来亲自来操办的话，情形就会有什么不同。显然，在这些事例中，即使是捐赠者亲自指挥——该项工程采用直接拨款和亲自监管的方式，而非通过遗赠方式，其管理目的和方式在这方面也不会有所区别。不仅如此，就连受益者或在安逸和虚荣上不受直接影响的旁观者，都不会对别的基金处理方式感到满意。如果该项工程采用最经济有效的方式，并本着该基金初始的物质目的这种态度来直接分配手头资金，那么大概没有人会适应。该工程的一切相关者，无论其利益是直接的或是自私的，还是仅仅只是旁观，都赞同基金花费中的很大一部分应分拨于较高的或精神方面的需求上，这些需求是一种掠夺性侵占和金钱浪费下歧视性攀比的习惯使然。不过，所有这些仅仅是为了表明：各种攀比和金钱荣誉准则，目前已经在社会的普遍意识中根深蒂固，即使是表面上完全基于非歧视性利益而开展的过程，也无法逃脱或回避。

情况甚至可能是这样，作为提升捐赠者良好声誉手段的这项工程，由于此类非歧视性动机的存在，才彰显出其荣誉性价值，但这并不妨碍歧视性利益来引导其具体开支。源自这类非攀比性事业的攀比性或歧视性动机非常有效，在上述所提及的任何一类机构中展露无遗。在这种情况下，一旦这些荣誉性细节出现时，往往将其伪装描述成属于美学、道德或经济利益范畴之内的事务。这些源于金钱文化标准和准则的特殊动机，会暗中引导这种非歧视性努力的实质性服务发生转移，然而这却不会困扰代理主事者的行善的心意，人们也不会使其对实质上的无用工作感到不安。这种影响范围大概覆盖了所有非歧视性改良工程，而这些工程在富裕阶层的公开生活方式中具有重大意义，格外醒目。这一现象在理论方面的论述已经足够明了，无须作进一步阐释，其中这类工程之一——高等学校的创立——会在另一章节里作详尽探讨。

因此，在有闲阶级处于庇护的情形下，似乎出现了这样一种现象，复归至前掠夺型的蒙昧时期所特有的非歧视性冲动。这种复归一方面是工作意识，另一方面是懒散及友善偏好。但是在现代生活方式中，基于金钱或歧视性标准的种种行为准则却妨碍了这些冲动的自由发挥；而且，这些行为准则决定了，基于非歧视性动机所作的努力将转变成依赖金钱文化的歧视性利益而服务。为了目前讨论所需，金钱礼仪准则可降为浪费、不求实用和凶暴这些准则，凭借细节上的指导或调适手段，使得一切非歧视性愿望或努力完全失效。这一普遍的、非私人的和淡然的不求实用原则，时时刻刻广泛地妨碍着许多残存的金钱掠夺性倾向（被归为工作本能之下）的有效表现；不过，这一原则的存在并不妨碍这些倾向的遗传或自我表达冲动的不断重现。

在金钱攀比文化后期及进一步的发展阶段中，为了避免社会憎恶而脱离工业生产这项要求居然演变到节制一切攀比性职务的境地。因此，金钱文化在这一进化阶段，对攀比、掠夺或金钱类职务价值的重视度相较于产业类或生产类职务价值要有所减弱，从而消极地促进了非歧视性偏好的发展。正如上文所提及的那样，这种脱离一切对人类有用的职务的要求，对上层阶级妇女要比对其他任何阶级更为严厉，除非某些特定教派的神职人员或许可以被视为例外。妇女要比同一社会等级的男子更加固守不求实际的生活，是因为她们不仅仅属于上层有闲阶级，而且同时属于代理休闲阶级。她们如此坚定地脱离实用性生活源于这样的双重理由。

著名的作家们和演说家们在谈到社会结构和功能这类问题时，能够反映出富有见识之人的共同看法，他们反复并且恰当地指出，任何一个社会中妇女所处的社会地位是这个社会所达到的文化水平的最有力的指标，或许这能引申而言，它是任何阶级所达到的文化水平的最有力的指标。这一论述对于描述经济发展阶段而言，或许要比描述其他任何方面的发展而言更为准确。与此同时，在任何社会或任何文化下，妇女在公认的生活方式中被赋予的地位在很大程度上是某些传统的一种表现，这些传统形成于早期发展环境，并且针对现存的经济环境或气质和思维习惯——这些气质和思维习惯影响了生活在现代形势下的妇女们——作了部分调整。

前面章节对经济制度的演进进行一般讨论时，尤其是讨论代理休闲及服饰时，曾顺便提及：妇女在现代经济体制中所处的地位，比起同一阶层的男子来说，与工作本能的刺激不相容的程度更加广泛，也更为彻底。然而，同样显而易见的是：妇女气质中包含有很大一部分热爱和平和反对无用的这种本性。因此，现代工业社会中的妇女，对于公认的生活方式和经济形势之间的矛盾，表现出一种更为敏锐的意识，这并非偶然。

“妇女问题”的各个方面已清晰表明，现代社会尤其是上流社会妇女的生活范围，受到早期发展阶段中经济环境所造就的一系列共同意识的支配。如今，妇女的生活在文化、经济和社会关系方面，仍然根本地、普遍地被视为一种代理生活，这种生活的功过得失，从事情的本质来看，都应归罪于对此妇女拥有所有权或监护权的某个人。所以，例如，若是一个妇女本身的任何行为违背了公认礼法的某项禁令，那么就会马上影响到其所属男子的荣誉。当然，关于妇女意志软弱或性情乖张问题的这类观点，每个人的看法都不一致，但毕竟社会将毫不犹豫地对这类问题作出常识性判断，而且，在任何情况下，鲜有男子会对他们可能损害监护权的意识的合法性产生质疑。从另一方面来讲，如果男子有不端行为，却不会怎么损害与其生活的妇女的名誉。

如此一来，从幸福美好的生活方式，也就是说我们习以为常的生活方式来看，委派给妇女的那个“领域”是依附于男子的。如果脱离传统上的义务范围，就会被视为不守妇道。若是涉及公民权或选举权的问题，我们的常识，亦即我们对这一问题在一般生活方式上的逻辑解释会告诉我们：妇女不应该亲自直接参与团体和法律事务，而应经由她们所属的家庭主人来代表。追求以自主、自我为中心的生活，这与女性的应有气质不配。而且我们的常识告诉我们：不管是在民事方面还是实业方面，妇女直接参与社会事务，对社会秩序是一种威胁，而社会秩序所表达的是我们在金钱文化传统指引之下所形成的思维习惯。“所以这些‘将妇女从男性奴役中解放出来’的观点等，用伊丽莎白·卡迪·斯坦顿（Elizabeth Cady Stanton）简洁有力的话来说就是‘胡说八道’——当然，这是反其意而用之。两性的社会关系是天定的。我们的整个文明——也就是当中的一切美好之事——都基于家庭之上。”所谓“家庭”，就是以男子为尊的家族。这种观点是对妇女地位的普遍看法，但通常会表现得更直白，这种看法不仅仅存在于文明社会的一般男子中间，而且在女性中间也一样。妇女对礼仪体制的各项要求十分警觉，而且即使许多女性对礼仪强制规定的一些细节感到不自在，但她们中很少有人否认，源于必要且凭借神圣特权的道德秩序，将妇女置于依附男子的地位。总之，根据妇女的审美意识和道德观念，她们的生活其实是男子生活的次一级的呈现，而且在理论上也必须如此。

不过，尽管人们普遍认为，妇女所处的现今地位非常妥当，顺应天意，但是关于监护权和代理生活以及荣誉归属的整体安排是错误的这种观念正在发酵。或者可以说，人们至少会觉得，即使就特定的时间、空间而言，妇女的地位或许是一种自然演进和恰当安排，并具有明显的审美价值，但它仍然不足以满足现代工业社会中日益增进的经济目的。甚至有着良好教养的上层和中层阶级妇女中的相当一部分（她们对传统礼仪抱有冷静、严肃的态度，且视身份制关系为根本的、亘古不变的真理），虽然态度保守，也通常会发现事物的现状和应有状态之间的种种细微差别。不过，还有一些不受拘束的现代妇女，由于受年轻、教育或气质的影响，某种程度上并不认可源于野蛮文化的各种身份制传统，而且，她们中或许有人具有过度复归到自我表现和工作本能的冲动——这是因受到这种义愤的意识影响而情绪高昂，久久不平。

在这场“新妇女运动”中——也就是所谓恢复妇女在前冰河时期地位而作的盲目且无序的努力——至少有两项可辨别的元素，它们两者都属于经济性质。这两项元素或动机通过“解放”和“工作”这两个含糊的口号来表达。而且它们都被认为是各自代表着广泛存在的不满意识。甚至是那些看不到他们对如今情形有任何真正不满的人们，也认可这种情绪的盛行。持这种不满情绪要予以补救的主张的人中，最热切、最频繁的是在工业发展最先进社会的富裕阶级妇女。换句话说，这种从身份制、监护职权或代理生活关系中解放出来的主张是认真的。在生活方式传承于身份制且极具代理生活色彩的妇女阶层，以及处于经济发展已远离传统体制环境的社会中，这种情绪表现得格外剧烈。解放的要求来源于这样一群妇女，她们在良好声誉准则之下，脱离一切实用性工作，而且过上了代理休闲和炫耀性浪费的生活。

许多批评“新妇女运动”的人其实误解了其动机。最近，一位著名的社会现象观察家就美国“新妇女”的事例，饱含热情地作了一番概述：“她深受丈夫宠爱，而且她的丈夫是世界上最忠诚、最勤劳的人。……在受教育程度以及几乎所有方面，她都胜过她的丈夫。她受到了无微不至的关怀和源源不断的注目。但她仍然不满足。……盎格鲁·撒克逊人（Anglo Saxon）的‘新妇女’是新时代最荒谬的产物，并注定是这个世纪最糟糕的失败者。”这番概述或许不无道理，但除了贬低之意，只是更加模糊了妇女问题的实质。“新妇女运动”不满的那些事情正是该文认为她本应感到满足的那些理由。她备受宠爱，且有权或甚至被迫大肆炫耀性浪费——为她的丈夫或其他自然监护人代理消费。她可能脱离或被排除在粗俗实用的工作之外——为了她自然（财力）监护人的良好声誉执行代理休闲。这些职务是非自由的传统标志，同时与从事目的性活动的人类冲动相矛盾。不过，上天也赋予了属于妇女自己的工作本能，并且我们有理由相信，上天所赋予的本能超出了平均水平，而就这一本能来说，不求实际的生活或消费是令人憎恶的。她必须施展她的生命力来回应她所感触到的经济环境中直接的、切身的刺激。按照自己的方式来生活，更进一步地参与社会工业进程，而不是以次级的身份来生活，对于妇女来说，这样生活的冲动要比男子来得更强烈。

一般来说，倘若妇女的地位总是局限于艰苦力作，那么她就会相对较满足。因为她不仅有具体的、有目的的事情要做，而且也没有多余的时间或精力使得遗传的、类似于自主决断的人类偏好获得抬头机会。当妇女从事苦活的时期结束，就可以不费吹灰之力进行代理休闲，承担富裕阶级妇女所公认的职务。这时，金钱礼仪准则的法定势力就会要求她们遵守在自己能力范围内仪式性的不求实用性的法则，如此一来，心高气傲的妇女将长期远离一切在情绪上学会自主决断和“实用性领域”的事务。这种情形在金钱文化早期尤为突出，那时候，有闲阶级的休闲在很大程度上还是一种掠夺性活动，一种统治权的有效发挥，其中带有切身的歧视性目的，足以让人将其视为一种职务，并问心无愧地投身其中。在某些社会里，这样的情形仍然延续至今。由于个体对身份制的意识深浅不一以及工作冲动禀赋的强弱不同，上述情形对不同个体也会产生不同程度的影响。不过，社会经济结构已经有了较大的发展，与基于身份制的生活方式不相适应，个人服从关系已不再是唯一的“自然的”人类关系。这时，在那些协调性较弱的个体当中，有目的性活动的远古习性就会重新复燃，来对抗掠夺性文化和金钱文化所造就的生活方式中那些较为肤浅且短暂的习惯和观点。只要是在掠夺性和准和平时期锻炼之下形成的思维习惯和生活观点已不再同后期发达的经济局势密切适应时，这类习惯和观点就开始丧失其对该社会或阶级的强制力。这一情形在现代社会各工业阶级中十分明显，而且，对他们来说，有闲阶级生活方式，尤其是与身份制相关的因素，已经丧失了大部分强制力。这种情形同样能在上层阶级中得以印证，不过方式不同而已。

自掠夺性和准和平文化衍变而来的各种习惯，都是种族某些特定偏好和精神特质相对短暂的变体。这些偏好和特质形成于早期原始类人猿和平相处文化时期的长期锻炼。那个时期，物质环境较为单一，变化也较少，因而经济生活也相对不曾分化。然而一旦由攀比式生活方式所导致的习惯不再符合现存条件时，分化过程由此而生。那些较为新进的、遗传特质较弱的思维习惯在某种程度上不得不让步于该种族中那些更为原始、也更为盛行的精神特质。

因此，从某种意义上讲，“新妇女运动”标志着人类性格的一种复归倾向：向着更为一般的形态发展，或者是向着分化较弱的方向发展。这种人类天性也就是原始类人猿的特性，而且，如果就其主要特质的本质而非表面形式而言，该人类天性属于一种大概可以归为次人类的（sub-human）文化时期。一旦这种社会发展显示出复归到经济演进早期的未分化时期所具有的精神状态这种迹象，那么目前所讨论的特殊运动形式或进化特征，就一定会同晚近社会发展其他方面的运动有着共同的特性。这种从歧视性利益支配复归到原有性格的一般趋势，虽非无凭无据，但也不是那么令人信服，只是证据不那么充分罢了。在现代工业社会中，人们的身份制意识普遍减弱，在某种程度上可视为这方面的证据。而且，反对不求实用的生活，反对以集体或其他社团利益为代价而谋取私利的类似活动，这种倾向的明显恢复也同样是有效的证明。还有一项明显的趋势：反对将痛苦强加于他人，以及反对所有掠夺性企图心，即使这种歧视性利益的表达，对社会或对提出异议的个人，并没有明显的实质性危害。甚至可以这样讲，在现代工业社会中，一个普通的、平心静气的男子会这样说：理想的人类性格是有益于和平、善良以及经济效率的那种性格，而不是追求私利、权势、欺诈和统治生活的那类性格。

在复归原始类人猿的人类天性的问题上，有闲阶级既不是一贯支持，也不是一贯反对。对于那些原始特质禀赋格外明显的个人，有闲阶级能够予以庇佑，有助于其成员直接远离金钱之争。但间接来看，凭借有闲阶级炫耀性浪费商品和精力的准则，有闲阶级制度降低了这类人在全体人民当中的生存机会。浪费的礼仪要求使人们将剩余精力投入歧视性竞争中，从而使他们再无精力在非歧视性生活中有所表现。与上述情形相比，礼仪准则所产生的较远的、抽象的以及精神上的影响，在同一方向上——而且或许在同一目的上——效果更甚。礼仪准则是歧视性对比原则的一种阐释，因此，它们一贯阻止一切非歧视性努力，并且提倡自私自利这种态度。

第十四章　高级学识作为金钱文化的一种表现

为让后代子孙能够保有属于某些范畴的恰当思维习惯，社会的共识认可学院式的训育，并将它纳入令人尊敬的生活方式中。在教师和学院传统的指引下的思维习惯有其经济价值——足以影响到个人适用性的价值，这种价值与日常生活规律的指引下所形成的思维习惯的经济价值相比，实不遑多让。在众所公认的教育方案与学术训练中，所有可以追溯至有闲阶级的嗜好或金钱准则的指引的特征都将被确立为制度，而具有这些特征的教育方案的经济价值也都是该制度价值的具体表现。因此，有必要辨别出教育体制中可以追溯至有闲阶级生活的独有特征，不管这些特征涉及的是学科的目标和方法，还是所授知识主体的范围与性质。但有闲阶级影响最为显著的，是学识本身，尤其是高级学识（higher learning）。由于本章的目的不是对金钱文化影响教育的方方面面作穷尽性的列举，而只是说明有闲阶级影响教育的方法和趋势，基于这一研究目的，本章将尝试概要性地描述高级学识的一些显著特征。

从学识的起源和早期发展的角度来看，它与社群的敬祀职能紧密相关，尤其是涉及超自然有闲阶级（supernatural leisure class）传达天命的种种礼仪规矩。用以服务原始崇拜中的超自然主体的礼仪将消耗社群的时间与投入，它不利于生产。敬祀职务很大程度上被视作一种为超自然力量服务的代理休闲，人们向神祇通诚达意，通过服务和服从来换取神的恩宠。因此，早期的学识主要存在于服务超自然主体过程中所获得的相关知识和经验。这里所需要的训练跟服侍一位尘世中的主人所需要的训练非常相像。从原始社会里的神职教师那里所学到的知识主要是有关仪式和典礼方面的内容；也就是说，以一种最恰当的、最有效并最容易让神接受的方式来接近和服侍超自然主体。此处所需的知识是如何让自己成为神力不可或缺的部分，并请求神祇在某项事业中介入或不再干预。赎罪就是人们的目的，而要达到这一目的，基本上只有服从神祇才能做得到。而有效服务主子以外的内容，只能日后逐渐地渗入教士和祭司们的教学范围。

作为外部世界中不可思议的神的仆人，祭司们处在联结神与未经训练的普通民众的中介地位；由于他们拥有超自然信仰的礼仪方面的知识，因此获准参拜神灵。正如一般平民与其主人的中介者那样，无论中介者的主人是尘世的还是超自然的，他们都有办法让民众相信，即不可思议的神将按照他们的请求去做。如此一来，可以用来解释神奇现象的某些自然作用的知识，再加上一些巧妙的手法，就逐渐构成祭司学识的主要内容。这类知识后来被当作“不可知的”知识，并且正因为它深奥难懂，恰恰适用于圣职的目的。由此看来，作为制度的学识就起源于这种情形；而它从原属于幻术仪式和萨满教式诈术的母体中分化出来的过程极其缓慢，使人难以忍受。直到现在，即使在高等学校所研究的一些最高深的学问中，这一分化过程也还没有彻底完成。

同过往的历代一样，要想深刻影响甚至打动那些无教养的人，学识中的神秘元素仍然是一项极具吸引力和行之有效的因素。对于那些目不识丁的人来说，教职人员声誉的建立很大程度上取决于他们同某种神秘力量的亲密程度。有一个非常典型的例子，即甚至直到 19 世纪中叶，挪威的农民仍本能地将神学博士如路德（Luther）、墨兰顿（Melanchthon）、佩德·达斯（Peder Dass）以及近代神学家如格伦特维（Grundtvig）等所具有的高深学识框定为一种魔力。路德、墨兰顿、佩德·达斯等这些权威人物，以及那一长串等级稍次的名人名单，已故或现存的，都被赞誉为魔幻大师。在这些善良的普通大众的认知中，身居高位的神职人员，必然要具备高深的魔幻法术和神秘的科学知识。在普通大众看来，即便是近在身边也不乏这种类似的高深学识与

“不可知”之间紧密关系的事例，这也同样可以用来概略说明在有闲阶级生活中对智识感兴趣的这一取向。当然，抱有这种信念的绝对并不局限于有闲阶级，但时下这个阶级内部对形形色色神秘科学崇信的崇信者却占了不成比例的大部分。对于那些思维习性并非通过接触现代工业而形成的人来说，“不可知”的知识即便不是唯一真正的知识，也被视为一种根本的知识。

由此可见，学识某种程度上起始于祭司代理休闲阶级的副产品，至少直到最近，高级学识某种程度上仍是一种副产品，或者仍由祭司阶级所掌控。伴随着系统化知识内容的日益丰富，随之而来的便是秘传知识与公开知识的分离，这可追溯到教育史上久远的时代。如果两种学识有实质性的差异的话，那么这种差异体现在：前者是一种根本没有经济和工业效用的知识，后者则是主要涵盖着工业生产和自然现象方面的知识，可用于实现物质生活的目的。至少在普通大众的理解中，这条分界线久而久之就成为了高级学识与低级学识之间的标准界线。

在原始社会中，学识阶级在形式、惯例、品味、等级、礼仪、礼服以及学术用具等方面极其谨慎认真，这一点是相当重要的，它不但可以用来解释证明学识阶级与祭司这一行业的紧密关系，而且说明了为什么这些人的活动在很大程度上是属于讲求礼仪和礼貌的炫耀性休闲一类。可想而知，高级学识相关职务在发轫初期就属于有闲阶级的职务，更具体一点讲，这是一种代理服务于超自然有闲阶级的职务。然而，这种对学术工具的偏爱也同样说明了教师职责与祭司职责之间更进一步的交融与延续。就其起源而言，学识与祭司职责一样很大程度上是交感幻术的自然结果，因此对这些形式与礼仪的幻术工具的运用，毫无疑问会在有学识的原始社群阶级中占有一席之地。这些礼仪与工具在服务于幻术方面有着神秘的功效，因此，它们之所以能在幻术与科学发展的早期阶段成为主要因素，实肇因其所提供的便利，这一点非常类似于人们对象征文化的纯粹热爱。

这类意识——象征仪式的功效和通过利用传统辅助工具的巧妙预演来促成某些行为或达到某种目的的交感效果——在幻术活动中自然比在科学，甚至是在神秘学科中都更明显且更重要得多。但就我所知，即便是对学术价值有真知灼见的人，也往往很注重科学仪式的辅助工具，认为这类工具全然不值得一提的人是很少的。这些礼仪在晚近发展历程中有着强劲的生命力，而这一点对于任何想要回顾我们文明学识史的人都是一个绝好的事例。即使直到今天，有些事项在有学识的社群中仍然很是盛行，例如使用制服和制帽、举行入学礼、入会礼、毕业礼以及授予学位、荣誉、特权等，某种程度上，这意味着一些师徒时代学术特色的延续。毋庸置疑，在所有的学术仪式、装扮、神圣的开学典礼、通过按手礼来传授特殊荣誉等类似的特征中，祭司典礼这一惯例是最接近源头的。以上这些特征的起源可以追溯到这样一个时间节点，专职的祭司阶级在分化演变过程中适时地接纳了它们，其结果是，一方面牧师同巫师有别，另一方面则是牧师同作为尘世主人的卑微奴仆的不同。就其起源和心理内容而言，这些惯例以及其所依据的概念所属的文化演进阶段不晚于爱斯基摩人巫医（angekok）以及印第安人祈雨术士（rain-maker）的时代。从这些惯例在敬祀仪典的各个晚期阶段以及高等教育体制所处的地位来看，它们是早期万物有灵论在人类天性发展过程中的残存。

我们有充足的理由认为，时下以及晚近教育制度中这些仪式性特征主要存在于高级的、通识的以及古典的机构和学识领域中，而不是教育系统中那些低层次的、技术型的或是实用性的等级和分支部门。教育系统中那些较低层次的、声誉稍逊的机构显然借鉴了高级教育部门的那些特征，最不济而言，如果没有来自高级和古典等级教育系统持久的鞭策，它们想要在实用性学校领域长久存在几乎是不可能的。对那些较低层次的实用性学校和学者来说，这些惯例的获得与培养是一个模仿的过程，这种模仿源自达到或满足较高等级的教育系统所保有的学术荣誉标准的渴望，而后者则是通过合法的直系相传获得这些附属特征的。

以上分析不妨更进一步。在此类仪式上的残存和复归现象中表现得最活跃、最自然的，主要是与祭司教育和有闲阶级有关的学校。因此，如对近代大专院校生活的演进状况作一观察，就会发现，而且事实上也相当明显，为下层阶级所创建的这类学校，它们所教授的是一些直接有用的琐碎知识，当该类学校发展成为高级学识教育机构时，仪式化的典礼偏好以及阐释学术的功能将会紧随学校的转型而来，随之，低层级的学校也就由平庸的实用性学校变成了高级的古典型学校。在该类学校早期演进的两个阶段中，它们的初始目的及其主要的必要工作就是帮助青年劳动阶级适应工作所需。一旦该类学校演进到高级的、古典的学识层面——自然这是它们通常的演变趋向，它们的主要目的就转变为，在遵照通常公认的、荣誉的范围和方式下，教导青年祭司者和有闲阶级——或是新兴有闲阶级——进行有形或无形的物品消费。那些由“人民之友”创建的、旨在帮助青年奋斗的学校，通常会有这样一个皆大欢喜的结局，这样的过渡过程通常——即使不是千篇一律——也都会让学校的生活往更注重仪式的方向转变。

现如今的校园生活，尤其是那些以培育“人文精神”为宗旨的学校，在学风方面一般都精通仪式。美国大专院校近期发展的生活史兴许比任何其他事情都更能清晰地展示这种关联。当然也会有许多例外，尤其是那些格外重视荣誉和仪式化的教会创建的学校，它们以保守和古典水准起家，可以说通过捷径来达到古典状态。然而，对于那些 19 世纪美国社区所创建的新学校来说，通常的情况是这样的：只要社区的经济还比较落后，而吸收入校的社区学生仍然具有勤劳简朴的习性，那么大学的生活方式中那种巫医盛行的做法就并不浓厚。但是一旦社区中的财富开始显著增加，一旦这些学校开始依赖有闲阶级的支持，随之而来的就是更加注重学术仪式，对古代的服饰、社交及学术上的仪典也越来越认同。例如，当美国中西部任何一所大学赞助者的财富增长时，就会出现男子穿晚礼服、女子穿露肩礼服出席学术仪式或大学圈内社交礼仪的场景，这种现象开始是无奈之举，随后就演变成了一种不可或缺的风尚。除却这项工作的技术性难题，探究这种相互之间的关系根本不算难事。礼服和礼帽的风尚的兴起同样如此。

过去几年，这里有许多大专院校将制服和制帽作为博识的标志。如果不是有闲阶级情愫在社会中获得充分发展，强劲支持将复古观念作为合法教育目的，这件事在早些时候根本不会发生。应当注意到，这条有关学术仪式的条款不仅将导引它自己趋向有闲阶级对事物恰当性的意识，亦即追求古典壮丽功效的倾向与酷爱古代象征文化的偏好，与此同时，它还逐渐适应了有闲阶级那种出了名的挥霍浪费的生活方式。此时制服、制帽恢复使用，与此同时，它波及数量众多的学校，这一事实似乎起因于一些推动认同和讲求声誉的隔代遗传的潮流，当此之际，这种潮流风靡全社会。

此处还要提到一点——兴许不尽然是离题，这股奇异的复归浪潮似乎与某种古典情愫风尚的高潮期不期而遇。美国内战所造成的精神分裂效应似乎为这个复归浪潮提供了初始动力。习于战争所导致的结果就是产生侵夺的思维习惯，宗派主义观念一定程度上代替了集体意识，等级差异性的观念代替了公正的、日常服务的冲动。这些因素的累积使得战争之后的这一代人易于讲求身份制的元素，无论是在社会生活中，还是在宗教信仰和其他象征的仪式中，尽是如此。在 19 世纪整个 80 年代，还有那个迹象不甚明显的 70 年代，可以感受到准掠夺性商业习性、身份制、拟人论和保守主义等情怀逐渐高涨。这类野蛮气质更直接、更露骨的表现是，法外行径的死灰复燃以及某些“工业巨头”准掠夺性的巧取豪夺变本加厉，在 19 世纪 70 年代早期到达巅峰，到 70 年代后期则走向衰退。至于拟人论情怀的复燃，似乎在 80 年代结束前就过了巅峰阶段。但这里所说的学术仪式和工具仍然是野蛮时期万物有神论的一种较为迂回、玄奥难懂的表现。因此，它们进化并最终引领风尚潮流则来得比较缓慢，其最佳的发展状况自然也只能在更晚的时期发生。我们有理由相信，它的巅峰期现在已经成为过去。除非一场全新战争体验提供新的刺激，不断增加的富裕阶级足以担负得起所有仪式，尤其是仪式上的挥霍和突出强调身份制，否则学术表征与学术仪式的晚近发展和增长，将会逐渐减弱。制服和制帽的采用及随之而来的对学术礼节仪式的高度重视，出现于美国内战后向野蛮主义思潮复归的高潮期，这是毋庸置疑的。同样毋庸置疑的是，倘若不是有产阶级手中财富的积累足以支付开展这一活动——将美国大专院校提升到有闲阶级在高级学识方面的品味要求——所必备的金钱，这样一个仪式复归风潮似乎根本就不会在校园生活中起到任何影响。采用制服和制帽是现代校园生活中最显眼的复古特征，并且与此同时，它使得这些大专院校都无疑变成了有闲阶级的机构工具，无论是在实际效果方面，还是在精神气质方面。

还有一个值得注意的倾向，它进一步表明了教育系统与社会文化标准的紧密关系，那就是工业巨头逐渐代替祭司人员，成为研究高级学识的学校领导人。这一代替过程尚未完成，也并不普遍。那些能够将圣职任务与高水准的金钱效能结合起来的人成为最受欢迎的教育机构领导人。还有一种相似但不怎么明显的趋势，就是将高级学识中的传授职能托付给一些拥有金钱资本的人。拥有管理才能及掌握推销的技能往往更能胜任教学工作。这种情形尤其适用于那些与日常生活息息相关的学科，对那些专注于经济的社区所建立的学校也同样有效。金钱职能对圣职效能的部分取代成为最重要的获得声誉的途径，这是伴随着炫耀性休闲向炫耀性消费的现代化转换而来的。这两件事之间的相互关系再清楚不过了，根本不需要作更进一步的阐释。

从学校和学识阶级对女性教育的态度可以看出，学识以何种方式、在何种程度上脱离祭司与有闲阶级特权这一古老的特性。它同时还表明，学识是怎样走向现代的、经济的或工业的、实事求是的观点的。直到最近，高等学校和有素养的职业对女性来说仍是禁忌。该类学校从一开始是，而且大多数现在仍然是专门为祭司和有闲阶级的教育而设立的。

正如上文所指出的那样，女性最初是作为一个从属阶级存在的，并且某种程度上——尤其是涉及有关名义上或仪式上的地位时——直到现在她们仍处于这样的地位。人们甚至有一种强烈的看法，认为允许女性进入高级学识阶级所享特权（如参加希腊谷神祭奠）的领地将会是对学识阶级尊严的极大玷污。因此直到最近，并且只有在高度发达的工业社会中，高等学校才向女性自由开放。另外，即使是在现代工业社会迅猛发展的氛围中，那些最高级的、最负声望的大学仍极不情愿向女性开放。这种依据智力优劣来进行性别尊卑分化的阶级观念或身份意识，在贵族式学术团体中依然强有力地存在着。一般认为，女子只能获取如下其中一项知识为宜，这类知识可分为：（1）直接有益于提高家庭服务效能的知识，也即家庭范围内的知识；（2）显然来自执行代理休闲项下的那些准学术和准艺术的才艺和技巧。如果知识的目的是改善学习者自己的生活，且知识的汲取必须依赖学习者的自觉兴趣，既不受礼仪准则的驱使，也不能因为使用或展示该知识而回馈女性的主人的享受和好声望的话，那么这类知识就是不适宜女性的。同样，所有那些用来证明有闲的知识，除了代理休闲，几乎都是不适宜于女性的。

当我们对高等学校同社会经济生活的关系作出评价时，应当知道，上文所提到的一些现象的重要意义，并不在于它们能产生一流的经济效果这一事实，而在于其被作为一般态度的象征。它们向人们展示了学识阶级对工业社会生活过程的态度和意向。为了工业发展，高级学识阶级与知识阶级采用它们作为工业社会发展的指标。因此，这可以表明，当这个阶级的学识和生活直接影响到经济生活和效能，并影响生活方式以适应时代要求时，我们就可以从这个阶级身上期待些什么。这些残存的仪式，那些培养传统学识的高等学校所盛行的倾向，如果不是复古情结的话，至少也是保守主义。

除却这一保守态度的迹象外，还有一个同一方向的特征，它比那些讲求无足轻重的形式和仪式的繁文缛节更能产生严重的后果。例如，到目前为止，大部分美国大专院校与各种宗教派系有关，对宗教信仰相当虔诚。按理来说，教授们应当精通科学方法和科学观点，这有助于学校的全体职员摆脱万物有灵论的思维习惯，但是他们中仍有很大比例的人公开宣称他们崇信拟人论信仰和早期文化中的仪式。当然，无论是具有法人资格的学校，还是教师团体中的各个成员，这种极其虔诚的宗教信仰很大程度上是一种权宜之计，明显有敷衍了事的性质，但目前高等学校中拟人论信仰仍然相当显著，这一点也不容否认。既然实情的确如此，我们也不得不将它视为一种古老的万物有灵论的表现。在某种程度上，这种思维习惯必然会在教学场景中表露出来，并同样影响到学生思维习惯的形成，使他们趋向保守主义和复古主义。这会妨碍学生在最能适应工业目的的实用知识方面的发展。

在当今颇负盛名的高等学术机构里，体育运动已成为流行趋势，这与上述所说的情况有着相同的趋势；诚然，大学中的体育运动和宗教虔诚的精神在心理基础及训练效果上具有许多共同之处。但这种野蛮气质的表现主要来自学生本身，而不是学校的意思；除非运动得到学校或校方人员的积极鼓励和推动——这种情况有时也会发生。大学生联谊会的状况与体育运动类似，但也有不同。后者主要是对掠夺性冲动的简单表达，而前者更多是宗派观念的具体表现，这是野蛮时期气质的主要特征。此外，我们还可以发现，联谊会与运动活动间存在着紧密的联系。鉴于先前章节已讨论过运动和赌博习惯之间的关联，这里就没有必要再讨论关于体育运动及在派系组织或活动中锻炼的经济价值。

但是，学识阶级的生活方式以及那些致力于传承高级学识的高校的这些保守特征大部分具有偶然性，绝对不能把它们视为学校所公开标榜的教学与科研工作中的有机元素。这些论断之所以成立，我们可以从一些迹象中得到证明，如学校所执行任务的性质——从经济角度来看——以及在校方的监督下所认真推行的工作对在校青年的影响。通过这些考察所得出的假定表明，高等学校在其工作或仪式上通常采取保守的措施；但是我们不能孤立地看待这一假定，应当把它与实际完成工作的经济性进行比较，同时还要对高等学校所应当传承的学识情况展开考察。谈到这个问题，众所周知的是，这种被大家认可的高等学校直到最近还保持着保守的立场。它们对所有的创新持反对态度。一个普遍现象是，新的观点或新知识的产生只有在校外获得认可后才能被学校接受。也有例外的情况，主要是一些不显著的革新，它们与传统的观念或传统生活方式没有任何实质性联系，例如数学或物理学科的新贡献，对经典著作尤其是语言学或文学方面经典作品的新解读与新注释等。一般情况下，素负盛名的学识阶级和研究高级学识的学校对创新总是有所怀疑，除非是在狭义的“人文学科”之内革新或革新者对人文学科的传统观点没有改变。科学理论中的新观点或新发现，尤其是人类关系理论中的任何一点创新，都是一再延宕才在大学的教学体系中占据一席之位的，获得的待遇是勉强容忍而不是爽快欢迎；那些致力于扩展人类知识领域的人也无法得到同行的认可和礼遇。高等学校对知识在方法和内容上的巨大进步一般都吝于奖励，等到革新知识被接受时，它早已不再具有新颖性，大部分内容也不再具有实用性，并已成为新生一代智力中的平凡之物，而这一代青年人的思维习惯就是由校外的新知识与观点塑造的，他们就是在这样的环境下长大的。晚近情况就是如此。而就当前情况而言，这一观察是否正确还很难断定，因为对当前事实作出正确的分析，从而合理地把握其间的关系是不可能的。

到目前为止，我们还从未讨论过富人阶级对文学和艺术进行赞助的事情，而这是研究文化与社会结构发展的作家及演说家们热衷深入谈论的问题。有闲阶级对高等教育及知识和文化的传播速度的影响并非无足轻重。有闲阶级通过赞助的方式促进了学术的进步，其方式与程度已被大家熟知。常常有演说家用极其生动和有感染力的语言向其听众阐述这一问题，由于他们熟悉这个问题，因此其听众确信这一文化因素的深远意义。但是这些演说家是从文化利益或规范利益的角度而非经济利益的角度阐述问题。从经济的角度来理解并按照工业实用性来评价，富裕阶级的赞助行为及成员的知识态度值得注意和分析。

应当指出，富人阶级对学术的赞助行为这一事实，如果从外部形式来考量，也就是从经济或产业关系来衡量时，它就是一种身份制的关系。获得赞助的学者承担了代理学术生活的职责，之后将特定的声誉归于赞助人所有，这正如为主人完成某种形式的代理休闲之后，将好的声誉归于其主人一样。此外还应当注意到，从历史事实的视角看，通过赞助行为而获得的学识增进或学术活动的延续，促成了人们对古典知识或人文科学方面的精通。然而，这类知识却倾向于降低而非提高该社会的工业效能。

下面我们进一步讨论有闲阶级成员在直接参与增进知识方面的作用。体面生活所起的示范作用，在于古典的或只求外观而不究实际的学识，而不是与工业社会生活有关联的一类科学。有闲阶级成员如果在古典知识范围以外有所涉猎的话，通常只是有关法律、政治，尤其是行政管理一类的学科。这些所谓的学科实质上是便利于指引有闲阶级在执行统治职能（office of government）的箴言集，自然这是在所有权的基础上展开的。因此，涉及这类学科的兴趣，通常不单纯是出于智力或认知的兴趣。这很大程度上是出于该阶级处于统治地位应对现实需要的实际用途。就其起源而言，统治职能是一种掠夺性功能，大体上附属于古代有闲阶级的日常生活。它从控制和统治人民的活动中获得维持其存在的生活资料。这条行事规则外加一些实践案例就构成了它的全部内容，因此，排除一些认知性问题，它对该阶级还是很有吸引力的。只要统治职能继续从属于所有权职能，无论是虚幻的还是实在的，上述看法都是适用的。更有甚者，虽然基于所有权的统治形式已经过去，但在统治形式的演进过程中，只要这一古老的传统能在现代社会生活中延续下来，上述看法仍然成立。

至于那些以认知和智力兴趣为主的学识领域——所谓的正式学科——情形或许就会大不相同，这不仅仅是指有闲阶级的态度，也包括金钱文化的整个趋向。知识本身应是一种不带隐藏目的的发挥理解力的活动，它本应由没有迫切物质需求的人士来探索，这是我们能够预见到的。有闲阶级处于免于劳役的地位，这就给了该阶级成员在探寻认知兴趣方面的充分自由，因此，该阶级理所当然地会涌现出许多学者、科学家、专家，他们在有闲生活中产生从事科学研究与思考的热情。类似的结果是值得期待的，但有闲阶级日常生活中的某些特征——上文对此已进行过充分的分析——使该阶级的智力兴趣，从学科内容现象的因果关系方面转移到了其他主题。这种有闲阶级的思维习惯注重的是个人支配关系的延续，由此而衍生的是有关荣誉、价值、成绩、个性等方面的歧视性概念。构成学科主题的事物间的因果联系在这一倾向中并不突出。同样，良好的声誉与那些明显有用的知识并无多大关联。因此，足以引起有闲阶级注意的是对金钱或其他荣誉性价值的歧视性对比的兴趣，而不是认知兴趣。即使它们对后者产生兴趣，它们的思索与研究也往往会转移到荣誉性的和徒有虚名的事项上，而不是探索科学知识。当大量的系统化的知识尚未从校外引入学校的学术教育中时，这的确构成了祭祀职员与有闲阶级学识的历史。但只要这种统治和服从关系不再是生活进程中重要的构成因素，生活进程中的其他因素和其他观点，就强行进入了学者的视野中。

一个纯正的有闲阶级绅士应当——事实上也确实如此——从私人关系的视角看待这个世界。当他产生了求知的兴趣，就会在此基础上寻求系统化的现象。在老派绅士中，情形的确如此，他们中间仍然保留着有闲阶级的典型形态。如果他们的现代后人能够充分继承遗留下来的上层阶级的品质，其态度也必然如此。但遗传的路径是曲折而不定向的，并不是每个绅士的儿子都能一出生就得到领地。尤其是掠夺性征服者所具有的思维习惯特征，要想在子孙中传承下来更是充满了不确定性，也许只有其中最近的一两项能够在有闲阶级的训练中保留下来。有闲阶级中最富求知资质的人，无论是先天的还是后天的，显然最容易出自那些下层或中层阶级的人士，也就是说他们继承了劳动阶级特有的天赋，这一品质帮助他们在有闲阶级中占有一席之地。比起有闲阶级生活方式的形成时期，这些品质在当下更为重要。但在这批新进的有闲阶级之外，仍有一群数量众多的人，他们歧视性的利益仍不足以影响他们的理论观点，而他们的求知兴趣足以引导他们走上科学探索的道路。

科学之所以能闯入高级学识领域，部分是由于有闲阶级中离经叛道的后裔，他们深受晚近非个人关系传统的影响，他们所继承的性格癖好与身份制下的那类气质特征明显有所不同。然而，科学知识这一异类成分能够构成高级学识的内容，在很大程度上是源自劳役阶级中的人士，在那种宽裕的生活环境中，他们的注意力很容易转移到单纯维持生计的物质需求之外的兴趣上，且其所继承的天赋应当追溯至身份制之前，因此拟人论信仰并不能支配他们的智力发展。促进科学发展的力量不外乎这两类人，而在这两类人中，后者作出的贡献最大。就这两类人而言，他们所起的作用与其说是作为知识之源的工具，毋宁说构成一种转换工具；那些现代生活环境中由于与机械工业相接触而形成并强力推行的思维习惯，经由他们的作用，从而转换为理论知识的解释。

科学是对各种自然现象和社会中的因果关系的明确表达。从这个意义上看，科学成为了西方文化的一个特征，工业操作在西方社会已实质上成为机械设计的一种手段，在这一工业操作中人们的职责就是辨别和评估这种物质力量。科学的繁荣发展大致与社会工业生活顺应科学的进展程度相一致，并且某种程度上与工业利益支配社会生活的程度相一致。科学，尤其是科学理论，在人类生活和知识的各个方面的进展，与工业过程和经济利益的联系的紧密程度相契合。或者更为恰当地讲，当人类生活的各个方面相继摆脱个人关系、身份制、拟人论等观念或荣誉价值这类准则的支配时，科学，尤其是科学理论，会在各方面获得相应程度的进步。

只有当人类在环境的实际接触中，迫于现代工业生活对因果关系认识的要求时，人们才会以因果关系为依据，对环境的种种现象及自身接触到的事实加以系统化。因此，当作为经院哲学和古典主义的高级学识发展到顶峰阶段时，高级学识不过是祭司职责及有闲阶级生活的一个副产品；同理，现代科学可能也被称为工业程序的一个副产品而已。大部分研究者、学者、科学家、发明家、理论家是在学校佑庇之外完成其科学成就的，经过他们的努力，现代工业社会所强制推行的思维习惯获得了与理论科学——主要是与现象的因果关系紧密相关的理论科学——具有一致性的表述与阐释。正是由于学校之外的科学探索，研究方法与目的的变化才时不时地闯进学术领域。

值得注意的是，小学和中学所提供的教育与高等学校所提供的教育，无论在实质上还是在目的上都有着极其明显的差异。就所传授知识的直接实用性及所达到的熟练程度而言，这些方面的差异有相当重要的意义。但两者的学科中智力与精神倾向之别或许是一个更为实质性的差别。值得注意的是发达工业社会晚近发展阶段时的小学教育，这里，高级学识与低级学识这类学科之间不同的发展趋向就更为明显。这里初级教育的主要目的在于理解和运用客观事实，训练体力和智力方面的熟练度或机敏度，其依据是事物的因果关系而非荣誉性。初级教育曾经主要是有闲阶级的一种商品，在这样的早期传统下，许多初级教育仍随时采用竞赛作为一种激励勤奋的工具。然而当初级教育不再受教会或军队传统控制时，社会中初级教育对竞赛的运用即使是一种权宜之计，也显然大大减少了。以上所述有相当程度的真实性，尤其在精神方面更是如此，且以受到幼儿园教育方法和理念影响的那部分教育系统为最。

幼儿园教育特别带有非歧视性倾向，受其影响，幼儿园以外的初级教育也存在类似的气质。这种情况应当与已经提到的有闲阶级妇女在现代经济环境下的特殊精神状态有关。在发达的工业社会里，有许多有智力而又闲散的女性。在这里，工业生活的解构性影响以及身份制的重要性在顽固的军事传统与宗教传统不复存在的情形下显著下降，在这种情况下，幼儿园教育达到其完美的境地，或者说已远离古代父权制的理想教育观念。幼儿园教育正是从那些处境安逸的女性那里获得了精神上的支持。幼儿园教育的目的与方法指引着其尽力迎合这些女性，而她们在荣誉生活的金钱准则下是心神不宁的。

幼儿园精神以及现代教育受幼儿园精神所影响的教育，与“新妇女运动”一道，成为了对有闲阶级的反抗，后者在现代环境下直接诱使女性厌恶无用和歧视性对比的倾向。这里又一次证明，有闲阶级制度间接地有助于非歧视态度的增强，从长期来看，结果可能会危害制度本身的稳定性，甚至会威胁到制度本身所依靠的个体所有制。

近来学院或综合性大学的教学发生了某些具体变化，主要是那些有助于提升公民及工业效率的更实际的学科部分替代了人文学科——人们认为可以促进传统的“文化”、特色、品味及观念的学科。换句话来说，这些有助于提升效能（最终提升生产效能）的知识学科与那些能够促进消费或降低工业效率并能形成与身份制相适应的性格类型的学科相比，其地位已在逐步提高。从教学计划的修改变化中可以看出，高等学校普遍比较保守；它们前进的每一步在某种程度上都是一种让步。将科学引入学科领域，与其说是从下面进来，不如说是从外面进来。显然，人文学科很不情愿地对科学作出让步，但人文学科依然非常普遍地尝试去塑造学生的性格，令其与传统的以自我为中心的消费方式相一致；这种消费方式在性格上是依据传统的礼仪和卓越标准对真善美进行的思考和享受，其突出特点为休闲，一种悠然自适的有闲。人文学科的代言人，以他们自己所习惯的古老的、端庄的观点所掩盖的措辞，表明他们一直坚持蕴含在“生活即享受果实”这句老话里的态度。这种态度对于那些由有闲阶级文化所塑造并以此为依据的学校来说不足为奇。

人们一直在寻找能够尽量维持文化标准及文化方法完好无损的专业理由，这些理由其实是古老气质和有闲阶级生活理论的特征。例如，流行在饶有古风的有闲阶级中的消耗时间与物品的方法以及对生活、观念、理想的思维习惯所产生的享受和意向，与现代社会中普通人所熟悉的日常生活、知识和兴趣比较，前者令人感觉“更高级”“更高贵”“更有价值”。与人文学科相比，内容纯粹属于现代人类和事物的知识的那些学术往往被认为是“低级的”“悲俗的”“地位低下的”；甚至有人将运用于人类和日常生活的实用性知识说成是“次人类的”。

有闲阶级代言人对人文学科的这种看法似乎在本质上是合理的。例如，从事实的本质来看，作为一位处于旧时代的绅士，他的精神所惯于寄托的是拟人论信仰、宗派观念和悠然自得的态度，他所熟悉的是万物有灵思维习惯和荷马英雄式的好勇斗狠。从审美角度来看，由此带来的精神满足和文化愉悦，比从事物的实在知识以及从现代公民或工业效能等方面的思考得来的结果要恰当得多。毫无疑问，上述前一类习性在审美或荣誉方面的价值上自有其优点，而这种“价值”是用来作为对比的评判基础。品味准则尤其是荣誉准则的内容，实质上是种族过去生活与环境的结果，并通过继承或传统传递给下一代；由于掠夺性和有闲阶级的生活长期处于支配地位，因而其有力地塑造了种族的传统观点及思维习惯。这为该生活方式继续处于支配地位提供了充分的价值基础，从审美角度来看，人们也认为合情合理。从目前的研究主题来看，品味准则构成种族的习性，它是在对事物的同意与否建立在喜欢与否的基础之上这种长期的习惯中形成的。在其他情况不变时，这种习惯的时间越长，人们越会认可品味准则的合法性。对一般品味的评价固然如此，对价值或荣誉方面的评价更是如此。

然而，无论是审美角度持赞成态度的人文学科的代言人对新学识有所贬损，还是古典学更有价值从而能够给人类带来更多货真价实的文化与性格这种观点有多么正确，都与我们所谈论的问题没有关系。当前的问题是，学识的这些分支以及其在教育系统中所支持的观点能够帮助或阻碍现代工业环境下的有效集体生活到什么程度，能在多大程度上推进当今经济局势的进一步顺利适应。这是一个经济问题，而非审美问题；高等学校对实用性知识的不赞成态度存在于有闲阶级的学习标准中，就当前的目的来说，这种标准仅仅从经济的角度来看是有价值的，在这样的主旨下，对“高贵”“悲俗”“更高级”“更低级”等这些词语的使用，只有在表现仇恨和争论分歧时才有意义，无论他们争论的是新学识还是旧学识的价值。这些形容词都带有褒贬含义；也就是说，它们是含有歧视性对比意义的术语，归根结底不出于荣誉或非荣誉的范畴。这是身份制下生活方式所特有的一些范畴，它们本质上是对运动竞赛精神的表达——掠夺性及万物有灵论的思维习惯。这些词语体现了一种古老的观点和生活理论，这也许与它们所源自的掠夺性文化以及经济组织相适合，但从更具广泛意义的经济效能的角度看，是百无一用的落伍事物。

古典学，以及它们在高等学校被一直偏爱的教学计划中的特权地位，足以塑造新生一代的知识态度并降低其经济效益。学校为了贯彻这一方针，不仅努力褒扬人格的古老理想，还在教学中对知识作出荣誉或非荣誉的歧视性区分。学校通过两种方式来达到这一目的：（1）激发人们习惯性地去反对实用主义的知识（与纯粹荣誉主义学识相对照），从而塑造新学者的品味，即他相信能够满足其品味的只是——或者几乎只是——正常情况下不会产生工业或社会收益的智力运动；（2）使学习者的时间与经历消耗在对无用知识的取得上，只是由于积习相沿，这些无用知识与作为一个学者所需要具有的学识总和结合在一起，影响到了实用性的那些知识所使用的措辞和术语。除了术语上的困难——它本身源自古典风尚——之外，古代语言这种知识对于任何一位科学家或并不从事语言特性研究的学者，都没有实质性影响。当然，上文所述与古典学的文化价值没有任何关系，同样也没人会存心去诋毁古典学，或污蔑传授学生知识的倾向。这种倾向似乎在经济上毫无用处，但这一众所周知的事实尚不至于扰乱那些希望在古典知识中寻求安慰与力量的善良之人。对于那些认为工艺技巧在高雅思想修养面前微不足道的人而言，古典学有碍学者实用性技能的倾向这一事实根本不值得一提：

> 前一代的信仰、荣誉和德行是不能被轻视的，
> 过去所忽视的事物将逝如流水，一去不复返。

由于古典学知识已经成为我们教育系统中一种最基本的要求，所以对南部欧洲已废弃不用的语言的理解与运用，不仅将使那些有机会展示其在该领域所获成就的人获得极大的满足，而且古典学知识的掌握总是能引发听众——无论是外行还是内行——对饱学之士的崇敬。当前，人们普遍认为获取这种事实上毫无用处的知识需要长年累月的学习，倘若没有了苦学的过程，大家会认为这人的学习非常轻率、不够扎实，感觉那种流俗的实用性气息未免过于浓厚，从相沿成习的智力与学识标准来看未免惹人憎嫌。

这就和一名对材料或工艺缺乏专业判断的买主在购买一件消费品时的情形一样。他评估一件商品的价值时主要依据那些装饰性部分与完工后的表面特征，而这些与商品是否有用的本质并无直接关系。因此，商品的实际价值与便于销售的装饰性价值的比例关系是难以确定的。学术方面的情况同样如此，如果学术中缺少了古典学和人文学科，那么这种学识就是不完善的，这种看法导致芸芸学子在学习这些知识方面浪费了很多时间和精力。这种把炫耀性浪费当作一切荣誉性学识的附带事物的传统做法，对我们在学识方面的品味准则和适用性准则产生了影响，这正如影响我们关于制造商品时的适用性的判断原则一样。

自从炫耀性消费日益取代炫耀性休闲成为获取声望的一种途径，学习那些已被废弃的语言已不再像曾经那样必不可少，其作为学术明证的功效也受到了附带的损害。尽管如此，古典学并没有丧失作为学者声望明证的绝对价值，学者只需证明他具有哪些被习惯认为是耗费时光的学识就行了。在这个方面，古典学具有极大的优势。的确，毫无疑问，古典学具有作为浪费时间和精力的证明这一功效，并且也具有支撑这种浪费的金钱力量，这就不仅保证了古典学在高级学识序列中的特殊地位，而且也因此获得了所有学识中最高荣誉的尊严。比起其他知识内容，古典学服务于有闲阶级学识中的修饰性目的，并因此成为收获声望的有效方法。

在这种效用方面，古典学直到最近都鲜少有竞争对手。它们在欧洲大陆仍没有任何势均力敌的竞争者，而在美国和英国，情形有所不同。由于近年来学校体育运动作为一种公认的学识素养获得了大众的认可，学识的这一后来分支——如果体育运动能够勉强归类为一种学识——就能成为古典学在英美学校有闲阶级中的教育地位上的一个竞争对手。对运动员来说，要取得成功，不仅意味着要浪费时间，也意味着要耗费金钱，还意味着其有着高度的不事生产的古老性格和倾向。正因为如此，体育运动在满足有闲阶级学识这一目的上，比起古典学有着明显的优势。然而，在德国大学里，那种规矩烦琐的饮酒风气和敷衍了事的决斗某种程度上代替了体育运动和古典学研究（以希腊字母命名的兄弟会），成为有闲阶级的一种学识业务。

有闲阶级及其品质标准——拟古主义和挥霍浪费——本质上与古典学被引进到高级学识系统之中一事风马牛不相及。但高等学校之所以坚决要求保留古典学和古典学之所以仍具有高度的声望，无疑是因为古典学与拟古主义及挥霍浪费的要求是如此地契合。

“古典”一词总是带有挥霍浪费与拟古主义的含义的，无论它是用来表示已被废弃的语言，行将报废的思维形式和术语，抑或是指适合度较低的其他学术活动或学术工具，皆是如此。因此，英语中的古代谚语就被称为古典英语。在涉及严谨性话题时，古典英语的运用在所有说辞与写作中都是不可或缺的，并且即便是点缀式的简单运用也能给最普通琐碎的谈话带来某种荣誉。当然，最新的英语措辞之形式绝不可见诸文字。有闲阶级的礼仪观要求在演说中力求古雅，即便是最不学无术或哗众取宠的作者在用典方面也不敢越雷池一步。另外，最高级的和最具格式化的古典措辞——极具特色——只能专门运用在拟人论的信徒向其神祇通诚祝祷。一方是最新措辞，另一方是竭力摹古，有闲阶级的谈话和写作通常介于这两个极端之间。

无论是在写作还是在言谈中，高雅的措辞总会是收获声誉的有效方式。在任何给定的主题谈话中，准确揣摩出通常所需的古风元素的程度是非常重要的。布道讲坛与市井场地在俗约惯例上显然大相径庭。可以预想得到，即便是极端苛刻的人，也会允许使用一些相对比较新颖有效的词语与表达方式。刻意回避新词是值得尊重的，这不仅是因为获取过时言说习惯需要浪费大量时间，还在于它显示了言说者从孩提时代就已经和熟悉过时古语的人们相处。由此可见，他出身于有闲阶级。高度纯正的言辞是推定几代人不曾从事鄙俗的实用性职业的明证，尽管此处的明证并非确凿不移。

除了远东方面的情形外，最能恰当体现出古典主义华而不实的例子就是英语的传统拼法。写作中违背拼写规则是极度令人恼火的，犯这种错误的作家在那些追求真与美的人们眼中也必定名誉扫地。英语的正字法足以适应炫耀性浪费准则下的荣誉准则的一切要求。它让人觉得是一个累赘并且没有效果；要耗费大量的时间和精力才能精通；如果功夫不到家则容易被人看出来。因此，对学识荣誉而言，这是第一道难关，也是最有效的考验；符合正字法的典范，是拥有一个无懈可击的学术生涯的必需条件。

对语言要求纯正的这一准则，正如拟古主义及浪费准则这个传统一样，它的代言人总是本能地加以辩解。实际上，他们认为一丝不苟地用古老的公认语法来表达思想，要比直接使用当代口语更有助于表达的完整性及准确性；然而大家都知道，当下的思想只能用当下的俗语才能有效地传达。古典语拥有尊贵性这一荣誉品质；它是有闲阶级生活公认的交流方式，要求聚精会神并心怀敬意，因为它有力地向人们表明，使用这种语言的人已摆脱劳役。古典语的优势在于其荣誉性；古典语的荣誉性就在于，它是累赘且过时的，它浪费时间，并足以证明使用者并不使用直截了当的现代语言。

图书在版编目（CIP）数据

有闲阶级论/（美）索尔斯坦·邦德·凡勃伦著；李风华译. —北京：中国人民大学出版社，2017.5
ISBN 978-7-300-24269-9

Ⅰ.①有… Ⅱ.①索… ②李… Ⅲ.①制度学派-经济思想 Ⅳ.①F091.349

中国版本图书馆 CIP 数据核字（2017）第 056377 号

有闲阶级论
索尔斯坦·邦德·凡勃伦　著
李风华　译
Youxian Jieji Lun

出版发行	中国人民大学出版社		
社　　址	北京中关村大街 31 号	**邮政编码**	100080
电　　话	010－62511242（总编室）		010－62511770（质管部）
	010－82501766（邮购部）		010－62514148（门市部）
	010－62511173（发行公司）		010－62515275（盗版举报）
网　　址	http://www.crup.com.cn		
经　　销	新华书店		
印　　刷	北京联兴盛业印刷股份有限公司		
开　　本	720 mm×1000 mm　1/16	**版　　次**	2017 年 5 月第 1 版
印　　张	14.5 插页 3	**印　　次**	2025 年 7 月第 3 次印刷
字　　数	210 000	**定　　价**	68.00 元